Sie kamen aus den Wolken

Umschlaggestaltung: ARTELIER/Peter Hofstätter
Satz und Layout: Agentur Pegasus, Zella-Mehlis
Druck und Bindung: GGP Media, Pößneck

ISBN 3-930219-66-2

Gerne senden wir Ihnen unser Verlagsverzeichnis
Kopp Verlag
Graf-Wolfegg-Str. 71
D-72108 Rottenburg
Email: info@kopp-verlag.de
Tel.: (0 74 72) 98 06-0
Fax: (0 74 72) 98 06-11

Unser Buchprogramm finden Sie auch im Internet unter:
http://www.kopp-verlag.de

PETER KRASSA

SIE KAMEN AUS DEN WOLKEN

DIE DRACHENGÖTTER DES ALTEN CHINA

Mit einem Vorwort
von Hartwig Hausdorf

JOCHEN KOPP VERLAG

Dieses Buch widme ich, in memoriam, meiner geliebten Glückskatze »Goldi«. 15 Jahre lang war sie mir eine hingebungsvolle Begleiterin und darüber hinaus das einzige Lebewesen, das mir während meiner dreiwöchigen »Schreibklausur« in Spanien beim Entstehen des vorliegenden Werkes treu zur Seite stand.

P. K.

INHALT

Frischer Wind und neue Fakten

Vorwörtliches von Hartwig Hausdorf

Eigentlich zähle ich zu den Präastronautikern der allerersten Stunde. Denn mit der hinter diesem Wortungetüm stehenden Idee, fremde Raumfahrer könnten dereinst unseren Planeten besucht und sich in den Überlieferungen der Völker als »Götter« einen festen Platz erobert haben, kam ich bereits 1966 in Berührung. Da fiel einem zarten Knäblein von zehneinhalb Jahren eine Ausgabe des russischen »Digest« in die Hände, worin die Hypothese eines sowjetischen Professors mit Namen Matest Agrest vorgestellt wurde. Der hatte in der Bibel sowie im vorderasiatischen Raum zahlreiche Indizien für das Wirken von »Astronautengöttern« gefunden.
Dann kam das schicksalhafte Jahr 1968 und mit ihm ein junger Schweizer, der es mit ähnlich klingenden Schlußfolgerungen zuwege brachte, sowohl literarische als auch wissenschaftliche Kreise zu schockieren. Erich von Dänikens Erstlingswerk »Erinnerungen an die Zukunft« schlug mich bereits in seinen Bann, ehe es noch auf dem Buchmarkt erschienen war. Und das kam keineswegs von ungefähr.
In jenen Tagen besuchte ich das Gymnasium und war, gemeinsam mit einem Mitschüler, für die Dekoration eines Schaukastens neben der Tür zu unserem Klassenzimmer verantwortlich. Da fiel unser Blick auf eine Münchner Boulevardzeitung, die – sozusagen als Vorabdruck – eine mehrteilige Artikelserie über jenen Schweizer Autor und dessen ungewöhnliches Sachbuch veröffentlichte, das schon bald danach zum Tagesgespräch in aller Welt avancieren sollte.

Eine richtiggehende Lawine wurde damals losgetreten. Plötzlich interessierten sich Menschen unterschiedlichster Interessen für die provokante Frage, ob unsere Vorfahren mit Besuchern aus dem Weltall konfrontiert worden waren.

Mit der Zeit erhielt Erich von Däniken »Schützenhilfe« von vielen Seiten, mußte also nicht länger allein auf weiter Flur gegen festgefahrene Lehrmeinungen und unfaire (oft ins persönliche gehende) Attacken »Andersgläubiger« ankämpfen.

Wohl einer der ersten »Mitstreiter« war ein pfiffiger Journalist aus Wien, und wäre dieser nicht ein eingefleischter *Katzen*fan, sondern erklärter Hundeliebhaber, würde ich keinen Augenblick zögern, ihn mit Herge's genialem Reporter *Tim* aus der gleichnamigen Comic-Serie zu vergleichen. Peter Krassa ist sein Name, und dank seiner sauberen Recherchen und eigenen Ideen schuf er sich rasch ein wohlklingendes Image auf dem Gebiet der Grenzwissenschaften. Speziell durch seine Nachforschungen im damals – noch weit mehr als heute – geheimnisumwobenen Reich der Mitte wurde Peter bekannt. Er schaffte es nämlich zu einer Zeit, da kein Ausländer seinen Fuß in die Chinesische Volksrepublik setzen durfte – noch während der Ära Mao Tse-tungs –, dorthin eingeladen zu werden.

Das war im Mai 1972. Und schon im Jahr danach erschien Krassas mittlerweile schon legendär gewordenes erstes Sachbuch über präastronautische Spuren in China – »Als die gelben Götter kamen«.

Zehn Jahre nach seiner ersten Chinareise, 1982, war der umtriebige Österreicher erneut auf großer Fahrt durch das Reich der Mitte. Alles was er an Neuigkeiten, Eindrücken und Schlußfolgerungen von dieser Reise mitbrachte, fand seinen Niederschlag in Peters 1984 erschienenem Werk »…und kamen auf feurigen Drachen«.

Wenn ich heute so zurückdenke, war es Erich von Däniken, der mich für diese faszinierende Forschungsrichtung der Präastronautik zu begeistern vermochte. Aber es war Peter Krassa (mit dem mich mittlerweile eine langjährige Freundschaft verbindet), der in mir die unbändige Neugier und das zielgerichtete Interesse für die Rätsel des alten China zu wecken wußte.

Unsere erste persönliche Begegnung fand in einem sehr außergewöhnlichen Rahmen statt. Wir weilten beide Anfang August 1993 in Las Vegas, bekanntlich die größte »Spielhölle« der Welt in der sonnendurchglühten Wüste von Nevada.

Doch nicht die verlockende Aussicht auf schnellen Reichtum hatte uns dorthin verschlagen, sondern vielmehr ein Weltkongreß der sich damals noch *Ancient Astronaut Society* nennenden nunmehrigen *Forschungsgesellschaft A. A. S.* Dort, an der Bar des *Imperial Palace Hotel*, mußten Peter und ich nicht erst lange nach einem geeigneten Gesprächsthema suchen, hatte ich doch in jenen Tagen gerade erst selbst das Manuskript für mein erstes Sachbuch fertiggestellt. Es hat erfreulicherweise unter dem der deutschen Ausgabe vorangestellten Titel »Die weiße Pyramide« weltweit Verbreitung gefunden – und ist inzwischen auch in der Volksrepublik China erschienen.

Von Peter hatte ich zuvor noch rechtzeitig wichtiges Bildmaterial sowie einige wertvolle Informationen zum Thema erhalten.

Zusätzlich hatte sich außerdem die – damals noch vage – Möglichkeit angedeutet, zu den sagenumwitterten Pyramiden im Reich der Mitte vorzudringen. Peter hatte in dieser Richtung bereits 1972 und 1982 zwei vergebliche Anläufe genommen, und auch ich war während zweier späterer China-Reisen, 1990 und 1992, nicht erfolgreicher gewesen. Ganz zu schweigen von einer Reihe anderer Autoren und Journalisten, die zwar über Pyramiden in China gehört und geschrieben, selbst aber noch keinen Fuß in dieses riesige Land gesetzt hatten.

Als ich dann Peter damals an der Bar im *Imperial Palace Hotel* ankündigte, daß sich eine Möglichkeit abzeichnete, während einer gemeinsamen Chinatour einige dieser mysteriösen prähistorischen Bauwerke besuchen zu können, und ich ihn fragte, ob er an einer derartigen Forschungsreise in jene bewußten Gebiete interessiert sei, verriet seine spontane Reaktion die Passion hinter all dem, was Peter Krassa in diesem Leben vorantreibt: Er sagte mir sofort zu, an einer solchen Reise teilzunehmen.

Und wir schafften es tatsächlich, im März 1994, bei unserer bereits legendären »Expedition in Chinas verbotene Zonen« die Pyramiden und weitere geheimnisvolle Lokalitäten des einstigen Kaiserreiches aufzusuchen. Wir waren die ersten gewesen, die weltweit zuwege brachten, was für zahlreiche Autorenkollegen und Forscher vielleicht bloß Wunschtraum und vergebliches Streben bleiben wird.

Diese gemeinsame Forschungsreise führte schließlich zu einem gemeinsamen Buchprojekt, in welches wir die damals brandaktuell gewonnenen Erkenntnisse unserer Spurensuche einzubringen vermochten.

Heute kann ich es ja eingestehen: Ich versteckte darin auch eine kleine Hommage an meinen Freund Peter Krassa, der mir – seine China-Ambitionen betreffend – stets ein großes Vorbild geblieben ist. Im *Banpo-Museum* der Stadt Xian (in dem jede Menge wertvoller Tonwaren aus prähistorischer Zeit besichtigt werden können) fotografierten wir auch eine stattliche Anzahl an tönernen Täfelchen aus der Jungsteinzeit, die mit Schriftzeichen ähnlich den unseren übersät sind. Als mir dann später bei der Auswahl für den Bildteil unseres gemeinsamen Sachbuches »Satelliten der Götter« eine Aufnahme mit zwei Tontäfelchen unterkam, auf denen die Zeichen »P« und »K« deutlich zu erkennen sind, war für mich klar, daß dieses Foto in unserem Buch seinen Niederschlag finden mußte.

In der Zwischenzeit hat sich auch im einstigen Reich der Mitte einiges geändert. Und zwar durchaus zum Positiven. Man ist dort heute gegenüber bestimmten Ideen und Theorien, wie sie etwa von uns vertreten werden, überraschend offenherzig eingestellt. Eine Fundstätte in Zentralchina wird beispielsweise emotionslos »E.T.-Landeplatz« genannt – und dies keineswegs von irgendwelchen dubiosen Hobbyforschern, sondern von durchaus wissenschaftlich geschulten Fachleuten.

Im Gegensatz zu früheren Jahren werden nunmehr die »schweigenden Zeugen« der Provinz Shaanxi in der Öffentlichkeit endlich als das dargestellt, was sie wirklich sind: nämlich als *Pyramiden*!

Und eines der faszinierendsten Rätsel des prähistorischen China, ein möglicher UFO-Crash aus einer Zeit vor 12 000 Jahren in der wildromantischen Gebirgsgegend von Baian-Kara-Ula (Provinz Qinghai), wird möglicherweise schon bald in den Mittelpunkt des Interesses rücken. Plant man dort doch ernsthaft, eine Expedition in diese Region zu entsenden.

Auch deswegen war ein Buch wie das nunmehr vorliegende geradezu überfällig. Beweist doch sein Inhalt in beeindruckender Weise, daß es auch im Jahr des Herrn 2003 nach wie vor aufregende Neuigkeiten und Entdeckungen auf unserer guten alten Erde gibt: Sogenannte »Knüller« …

Für mich ist es jedenfalls ehrenhaft, Peter Krassas neuestes Werk vorwörtlich einleiten zu dürfen. Ihnen aber, sehr verehrte Leserinnen und Leser, wünsche ich an dieser Stelle eine atemberaubende und spannende Reise in das geheimnisumwobene Reich der Mitte!

Hartwig Hausdorf, geb. 1955, hat sich in den vergangenen Jahren in mehreren seiner bislang erschienenen Publikationen gleichfalls engagiert mit der rätselhaften Vorgeschichte Chinas beschäftigt. 1994 veröffentlichte er zu diesem Thema sein erstes überaus erfolgreiches Sachbuch »Die weiße Pyramide«, bei dem auch ich mich heute berühmen darf, zu dessen inhaltlicher und illustrativer Gestaltung anteilmäßig ein wenig beigetragen zu haben. Noch im gleichen Jahr des Erscheinens unternahmen Hartwig und ich eine gemeinsam durchgeführte Expeditionstour ins einstige Reich der Mitte, wo uns beiden erstmals die Möglichkeit geboten wurde, auch solche Gebiete der heutigen Volksrepublik aufzusuchen, die in jenen Jahren den üblichen touristischen Ambitionen noch absolut verschlossen waren. Aus dem dabei gesammelten und erforschten Material resultierte 1995 eine gemeinsam verfaßte Dokumentation – das Sachbuch »Satelliten der Götter – In Chinas verbotenen Zonen«. Für mich war es deshalb geradezu selbstverständlich, meinen vormaligen Co-Autor für ein Vorwort zu meinem nunmehrigen (vierten) China-Sachbuch »Sie kamen aus den Wolken – Die Drachengötter des alten China« zu gewinnen, für das ich ihm hier ganz besonders danken möchte.

P. K.

1. Yin und Yang

China, das einstige Reich der Mitte, darf auch im 21. Jahrhundert als eines der unergründlichsten Länder dieser Erde bezeichnet werden. Im östlichen Abschnitt Asiens gelegen, leben in seinem Bereich zumindest 1,3 Milliarden Menschen. Es ist damit sicher der wohl am stärksten besiedelte Staat auf unserem Planeten. Seit vielen Jahrzehnten wird die sogenannte »Volksrepublik« kommunistisch regiert, auch wenn sich Chinas Staatsführung inzwischen mehr und mehr dem wirtschaftsfördernden Kapitalismus verschrieben hat.

Jedoch unabhängig von allen im Verlauf seiner bewegten Jahrtausende alten Geschichte mehrfach sich verändernden politischen Gegebenheiten ist China vor allem durch seine oft wegweisende Kultur beispielgebend hervorgetreten, ebenso aber auch durch seine wissenschaftlichen Großtaten. Dadurch kam es oftmals zu genialen Erfindungen auf vielen Gebieten, die zunächst im eigenen Land erfolgreich in die Praxis umgesetzt werden konnten, um dann im späteren Verlauf ihren weltweiten Siegeszug anzutreten.

Allein mit der Errichtung der berühmten Großen Mauer, die sich über eine Länge von rund 2500 Kilometer erstreckt und als einziges Bauwerk unseres Planeten – wie sämtliche Astronauten bisher übereinstimmend versicherten – bereits aus dem Weltraum zu erkennen ist, verschaffte sich China allseits Respekt und Anerkennung. Zwischen vier und sechzehn Meter hoch sowie sechs bis acht Meter dick, kann der seinerzeit erbaute Schutzwall, welcher damals den Einfall fremder, eroberungssüchtiger Armeen verhindern sollte, gewissermaßen als ein »Markenzeichen« unserer Erde angesehen werden. Und auch als Beweis dafür, daß dieser Planet von intelligenten Geschöpfen bewohnt ist.

Schon als ich mich erstmals vor mehr als dreißig Jahren mit diesem ostasiatischen Giganten literarisch zu beschäftigen begann, wußte mich Chinas rätselhaft anmutende Vergangenheit, seine Ur- und Vorgeschichte, zu faszinieren. Insgesamt dreimal habe ich seither das »Reich der Mitte« bereist: 1972, 1982 und zuletzt 1994. Und vermochte dort sowohl die Licht- als auch die Schattenseiten seiner Menschen kennenzulernen. Also das, was man im weitesten Sinn mit Yin und Yang – die aus dem Mythologischen entlehnten (positiven und negativen) Gegensätze – zu bezeichnen pflegt.

Ersteres widerfuhr mir gleich im Rahmen meines ersten Aufenthalts in der Volksrepublik vor rund dreißig Jahren. Wie man weiß, drehte sich dort 1972 so ziemlich alles um Chinas »Großen Vorsitzenden« Mao Tse-tung. Ihm begegnete ich gleich zu Beginn in Wuhan. Wenn auch bloß auf einer Ansichtskarte.

Unsere kleine Reisegruppe besichtigte damals eine der großen Fabriken der Stadt und wurde auch diesmal wieder durch die werkeigene Sanitätsstation geführt. Hatte ich bisher eigentlich nur Portraitaufnahmen des Volksführers zu Gesicht bekommen, so entdeckte ich völlig unerwartet auf einem Schreibtisch, von einer Glasplatte geschützt, erstmals ein aus dem Rahmen fallendes Farbfoto von Mao. Es unterschied sich ganz wesentlich von jenen Aufnahmen, die ich bisher zu Gesicht bekommen hatte. Zeigte es doch den »Großen Vorsitzenden« in voller Lebensgröße und ganz privat im eigenen Garten. Dort hatte man ihn, mit übereinander geschlagenen Beinen bequem im Korbstuhl sitzend, abgebildet.

»Das wäre ein passendes Bild für eine Veröffentlichung in meiner Zeitung«, reagierte ich spontan. Ich hatte bereits bei meiner Einreise nach China keineswegs verschwiegen, als Journalist für eine österreichische Wochenzeitschrift zu arbeiten. Von chinesischer Seite war jedenfalls dieser Umstand von Anfang an akzeptiert worden. Dennoch schien mein Wunsch, gerade dieses außergewöhnliche Bilddokument mit nach Hause nehmen zu können, bei unseren Gastgebern keinen besonderen Eindruck zu hinterlassen. Gewisse Hoffnungen machte mir lediglich unser dortiger chinesischer Dolmetscher, der mir versprach: »Sie werden ein Foto bekommen.«

Meine damalige Reise quer durch die Volksrepublik dauerte immerhin volle drei Wochen, und für jede Provinz, in der wir uns danach aufgehalten hatten, war uns von den Chinesen ein spezieller Dolmetscher zugeteilt worden. Meine Bitte schien dort dennoch in Vergessenheit geraten zu sein, denn die Zeit verging und die Wochen verflogen …

Schließlich waren wir am Zielort unserer 21-tägigen Tour angelangt: in Shanghai.

Am Tag unseres Abflugs wandte sich der hiesige Dolmetscher unerwartet an mich und meinte beiläufig: »Sie wollten doch ein Bild unseres Vorsitzenden Mao?« Als ich überrascht bejahte, meinte er nur knapp: »Sie werden eines bekommen.«

Und so war es auch. Vor dem Einstieg in unseren Flieger übergab man mir eine Papierrolle, die so gut verpackt worden war, daß ich mich entschloß, das Geschenk mit dem offensichtlichen Bildnis von Mao Tse-tung, das eine beachtliche Größe aufwies, erst bei mir zu Hause zu besichtigen.

Ich konnte es kaum fassen, als ich dann in den eigenen vier Wänden voll Neugier die Papierrolle vorsichtig öffnete: Man hatte mir nämlich haargenau jenes ansichtskartengroße Farbfoto, das ich Wochen zuvor in Wuhan unter der Schreibtisch-Glasplatte bewundert hatte, im Großformat als Geschenk mitgegeben. Vor soviel Aufmerksamkeit konnte ich nur kapitulieren. War doch von unseren Gastgebern das von mir so sehr erwünschte Bildmotiv mit dem »privaten« Mao Tse-tung im Korbstuhl während der abgelaufenen drei Wochen anscheinend von Dolmetscher zu Dolmetscher weitergegeben worden, um es mir schließlich in Shanghai überreichen zu können. Noch heute hängt das Bildnis des früheren Vorsitzenden der Volksrepublik China, nunmehr auf Sperrholz aufgezogen, in meiner Wohnung – als ein beredtes Zeichen chinesischer Gastfreundschaft.

Ein diplomatischer Fauxpas

Von Mao fand ich während meiner zweiten China-Reise kaum noch Andeutungen. Sein Farbportrait prangte als Bildnis nur noch über dem Eingang zur Verbotenen Stadt sowie über dem »Tor des himmlischen Friedens«. Am 24. April 1982, drei Tage vor meiner Rückkehr nach Österreich, hoffte ich, endlich etwas Konkreteres über jenen umstrittenen Fund aus dem Jahr 1938 zu erfahren, auf den ich später noch näher eingehen werde: die geheimnisumwitterten Steinscheiben von Baian-Kara-Ula.

Exakt zehn Jahre nach meinen vergeblichen Bemühungen, 1972 die Erlaubnis zu erhalten, die Archäologische Akademie in Peking betreten zu dürfen, wurde mir dieser Wunsch endlich erfüllt. Ein fast zweijähriger Briefwechsel mit der Chinesischen Botschaft in Wien, dem offiziellen chinesischen Reisebüro *Lüxingshe* sowie mit dem Kulturministerium der Volksrepublik China war diesem Besuch vorausgegangen. Ich hatte mich nach Kräften bemüht, dabei nichts dem Zufall zu überlassen. Sogar eine Audienz beim damaligen chinesischen Botschafter in Österreich, Wang Shu, hatte ich angestrengt und auch erhalten. Sie war für mich sehr von Nutzen, denn der Diplomat erwies sich, für mich unerwartet, als engagierter Hobby-Archäologe. Er war es schließlich gewesen, der mich seinem Freund, Professor Xia Nai, empfohlen hatte. Xia Nai war 1982 immerhin der leitende Direktor des Instituts für Archäologie der Akademie der Wissenschaften in Peking.

Ich sah mich damals fast am Ziel meiner Wünsche. Und ich hatte mich für dieses Gespräch – *Lüxingshe* war hierbei durch zwei Dolmetscher vertreten – gründlich vorbereitet.

Aber der Besuch verlief leider nicht ganz so, wie ich es erhofft hatte. Auf die ominöse Steinscheiben-Story angesprochen, reagierte der sonst sehr freundliche und höfliche Professor geradezu unwirsch. Einer der beiden Dolmetscher übersetzte mir sogar das Wörtchen »Unsinn«, dann gab Direktor Xia Nai einem seiner Mitarbeiter einen Wink, worauf dieser in einen Nebenraum eilte, um kurze Zeit später mit einem beschriebenen Briefbogen zurück zu kehren.

»Sie haben doch schon einmal wegen dieser Sache bei uns angefragt«, wurde ich belehrt, »und wir haben Ihnen damals darauf geantwortet. Warum stellen Sie jetzt dieselben Fragen noch einmal?« klang es vorwurfsvoll. Dann überreichte mir Xia Nai den beschriebenen Briefbogen.

Es war kaum zu glauben: Ich hielt mein eigenes Schreiben in der Hand, das ich zehn Jahre zuvor an die Archäologische Akademie in Peking adressiert hatte! Sankt Bürokratius, er lebe hoch …

Weit denkwürdiger jedoch verlief für mich jene Episode, die sich nach der Beendigung meines Besuchs bei Professor Xia Nai ereignete. Unvermittelt ereilte mich dabei ein diplomatisches Verhängnis, auf das ich ahnungsloser Tropf nicht vorbereitet gewesen war. Zum besseren Verständnis des Lesers sei erwähnt, daß für den Vorabend unserer Abreise aus China ein Festessen bei dem damaligen österreichischen Botschafter in Peking, Dr. Wolfgang Wolte, angesetzt worden war. Die Einladungen waren ausgesprochen, alles schien in Ordnung zu sein. Das glaubte ich jedenfalls. Aber dann ereignete sich Unvorhergesehenes.

Beim Hinausschlendern aus dem Institutsgebäude, auf dem Weg durch eine typisch chinesische Gartenanlage, trat einer der beiden Dolmetscher des staatlichen Reisebüros *Lüxingshe* an mich heran und meinte in leisem Tonfall, wobei er mißtrauisch um sich blickte, als wollte er von niemandem beobachtet werden: »Es soll keine Bitte sein, nur eine Frage: Wäre es möglich, zu dem Bankett Ihres Botschafters auch Herrn Professor Xia Nai einzuladen?«

Ich war zwar über den Inhalt dieser Anfrage einigermaßen überrascht, konnte aber dennoch darin nichts Verfängliches feststellen. Der ungewöhnliche Wunsch des Institutsdirektors war von diesem offenbar persönlich geäußert worden, ehe er mir in späterer Folge auf indirektem Weg zugetragen worden war. Also sagte ich unverbindlich zu, mich um eine Einladung bemühen zu wollen.

Ob aus bösem Willen oder bloßer Naivität – beides ist auf dem diplomatischen, glatten Parkett gleichermaßen schädlich. Das bekam ich schon sehr bald zu spüren.

Umgehend telefonierte ich mit Dr. Wolte, der sich über das unerwartete Ansinnen des Wissenschaftlers, als prominenter Gast aus China an dem Botschaftsbankett teilnehmen zu wollen, hocherfreut reagierte. Ich teilte dem Botschafter Adresse und Telefonnummer des Instituts mit, um anschließend daran auch unsere Chefdolmetscherin, Frau Shu, über die an mich herangetragene Bitte arglos zu informieren.

Das hätte ich lieber nicht tun sollen, denn dadurch trat ich eine Lawine ungeahnten Ausmaßes los, die mich total überrollte. Denn nun nahm mich die zuvor so liebenswürdig scheinende Frau Shu beinhart »ins Gebet«. Ich wurde von ihr einem buchstäblichen Verhör unterzogen, bei dem sie mich mit messerscharfen Fragen traktierte. Ob ich diese Geschichte lediglich erfunden hätte und wer von den beiden Dolmetschern mit mir gesprochen habe, wollte sie unbedingt wissen. Ich war immer noch ahnungslos und berichtete wahrheitsgemäß, wie sich zuvor jener kurze Dialog zugetragen hatte. Frau Shu telefonierte daraufhin sofort mit dem von mir ihr namentlich genannten Dolmetscher. Dieser aber leugnete hartnäckig, mit mir in dieser Angelegenheit überhaupt gesprochen zu haben, und wenn überhaupt, dann nur über das Wetter.

Frau Shu konnte sich vorerst lange nicht beruhigen. Wie einen Angeklagten befragte sie mich in regelmäßigen Abständen weiter, wollte von mir partout weitere Einzelheiten erfahren, die es jedoch nicht gab. Jetzt wußte ich natürlich Bescheid und erkannte, in welche verzwickte Situation ich da hineingeraten war, doch für eine Kehrtwendung war es nunmehr zu spät.

Zum abendlichen Festessen des Botschafters waren dann alle Eingeladenen erschienen – ausgenommen Professor Xia Nai.

»Mein Sekretär hat zwei Stunden lang vergeblich versucht, den chinesischen Gelehrten telefonisch zu erreichen, doch wurde der Angerufene vom Institutspersonal immer wieder verleugnet«, informierte mich Dr. Wolte später während des Banketts. Der Botschafter hatte wohl ebenso wie ich erkannt, daß der chinesische Gelehrte von seinen Vorgesetzten gezwungen worden war, dem Bankett in der österreichischen Botschaft fern zu bleiben.

Vielleicht wäre Xia Nais Wunsch von offiziell-chinesischer Seite entsprochen worden, hätte ich sein an mich herangetragenes Anliegen bei den maßgeblichen Stellen von *Lüxingshe* – so etwa bei unserer Chefdolmetscherin Shu – lediglich als *persönliche* Bitte vorgetragen. Derartige Winkelzüge waren mir damals jedoch fremd und in der gegebenen Situation zudem völlig undurchschaubar gewesen. Das daraus resultierende, für mich höchst ärgerliche Fazit: Ich rutschte auf dem diplomatischen Parkett schmerzhaft aus und fiel prompt auf die Nase …

Yin und Yang, das bekanntermaßen aus dem Alten China stammende weibliche und männliche schöpferische Prinzip hatte somit auch für mich durchaus Bedeutung. In der chinesischen Symbolik wird dieser Begriff ja in der Regel als Kreis mit dunkler und heller Hälfte dargestellt. Yin und Yang verkörpert in gewisser Weise die Gegensätzlichkeit universeller Mächte, könnte aber ebenso – wenn man die beiden zuvor wiedergegebenen Beispiele während meiner Chinareisen der Jahre 1972 und 1982 zum Maßstab nimmt – als *positive* sowie *negative* Erfahrung gedeutet werden: Als mein ureigenes »Yin« und »Yang« …

2. Geniale Erfinder

Was wahrscheinlich nur den wenigsten bekannt sein dürfte, ist die Tatsache, daß die genialsten Erfindungen des Altertums im legendären Reich der Mitte ihren Ausgang nahmen. Es lohnt deshalb, auf den kommenden Seiten jene Wissenschaftler der Ur- und Vorzeit Chinas entsprechend zu würdigen und ihren ungewöhnlichen Einfallsreichtum hervorzuheben. Die damalige Forschung braucht – so man den Zeitrahmen berücksichtigt, in der sie getätigt wurde – den Vergleich mit den beachtlichen Errungenschaften des 21. Jahrhunderts keineswegs zu scheuen.
Nach dem Ende des unseligen Zweiten Weltkrieges entdeckten chinesische Archäologen unweit von Shanghai die Grabstätte des Generals Chou Ch'u. Dieser Feldherr lebte von 240 bis 299 nach Christus. Mit 59 Jahren fiel er auf dem Feld der Ehre. Ebenso ehrenhaft wurde er bestattet.
Auf sein Grab waren die Forscher im Dezember 1952 gestoßen. Wie die meisten Ruhestätten berühmter Leute, war es ebenfalls nicht vor räuberischen Zugriffen verschont geblieben. Jedenfalls zeigte die Anlage Spuren einer gewaltsamen Öffnung. Welche Kostbarkeiten dabei den Grabschändern in die Hände gefallen waren, können wir nur erahnen. Umso unverständlicher war es den Archäologen, als sie im März 1953 das Grabgewölbe Chou Ch'us durchforsteten und dabei auf eine außerordentliche Grabbeigabe stießen, weshalb ausgerechnet dieses außergewöhnliche und zudem auch wertvolle Artefakt der Aufmerksamkeit der Raubgesellen entgangen war:

Ein Gürtel mit 17 Metallornamenten aus Silber und *Aluminium*!

Erstaunt mag jetzt so mancher fragen, was denn an diesem Gürtel so besonderes wäre?

Vor allem der Umstand, daß einige seiner Metallornamente nicht nur aus Silber, sondern auch aus Aluminium *(sic!)* gefertigt worden waren.

Überlegen wir: General Chou Ch'u verstarb vor mehr als 1700 Jahren. Zu seiner Zeit war die Herstellung von Aluminium, soweit uns heute bekannt, ein Ding der Unmöglichkeit. Das Verfahren, Aluminium zu gewinnen, glückte den Europäern nämlich erst im Jahr 1825. Dieses Leichtmetall kann nur mit Hilfe eines Elektrolyseverfahrens aus Bauxit gewonnen werden, wobei extrem hohe Temperaturen herrschen müssen. Auch Professor Xia Nai, der leitende Direktor des Archäologischen Forschungsinstituts in Peking, den ich (wie im vorangegangenen Kapitel berichtet) im April 1982 aufgesucht hatte, zeigte sich bei seinen Erklärungsversuchen unerwartet ratlos. Jedenfalls vermochte auch er mir nicht verständlich zu machen, auf welche Weise es seinen Vorfahren möglich gewesen war, Aluminium bereits vor über siebzehn Jahrhunderten herzustellen.

Bar jeder Logik war dann auch Xia Nais Überlegung, die Aluminiumteile des Gürtels seien unter Umständen erst viel später – »vielleicht durch einen Räuber« (so seine unrealistische Annahme) – in das Grab hineingekommen. Weshalb sollten jedoch Grabräuber ausgerechnet die Gruft eines Generals um ein wertvolles Fundstück bereichert haben, wo sie doch in der Regel stets darauf aus waren, kostbare Gegenstände an sich zu bringen?

Der Aluminiumgürtel wurde später in zwei Einzelstücke geteilt und einige Jahre sowohl im Historischen Museum von Peking als auch in jenem von Nanking ausgestellt. Inzwischen scheint er die kleinen grauen Zellen mancher Kulturbonzen jedoch überstrapaziert zu haben. Um sie möglicherweise keinem unerquicklichen Erklärungsnotstand auszusetzen, verfügte man inzwischen, das kontroverse Ausstellungsstück aus der Vitrine des Pekinger Museums zu entfernen und es – so vermute ich jedenfalls – in dessen Archiv den Blicken neugieriger Besucher zu entziehen.

Dennoch bleibt nach wie vor ungeklärt, woher die alten chinesischen Wissenschaftler bereits im dritten Jahrhundert jene Kenntnisse und zusätzlichen Hilfsmittel besaßen, die ihnen die Herstellung von Aluminium möglich machten. Wäre es also denkbar, daß wir Menschen des Atomzeitalters die Fähigkeiten früherer Generationen gewaltig unterschätzt haben? Daß das Wissen der alten Völker (nicht zuletzt der Chinesen) in den Wirren der Zeit verloren ging – und erst Jahrtausende danach wieder entdeckt werden konnte?

Needhams »Monumentale Geschichte«

Diese Überlegung ist sicher nicht nur eine theoretische Spielerei. Jeder, der sich ernsthaft und intensiv vor allem mit Chinas Vergangenheit beschäftigt, muß zwangsläufig zu ähnlichen Schlüssen gelangen. Anhaltspunkte hierfür finden sich jedoch keineswegs nur in mythischen Überlieferungen. Es gibt daneben durchaus historisch verbürgte Aufzeichnungen, die uns aus jener Zeit erhalten geblieben sind. So beschäftigte sich etwa der mittlerweile verstorbene englische Prähistoriker Joseph Needham sehr eingehend mit der kulturellen Entwicklung im Reich der Mitte sowie dem frühgeschichtlichen technologischen Verständnis der Chinesen. Was er in alten Schriften entdeckte, veröffentlichte der Gelehrte in seinem populären Werk »Monumentale Geschichte der Wissenschaft in China«. Es wurde 1954 von der Universität in Cambridge herausgegeben.

Vor allem besaßen die alten Chinesen präzise und hochentwickelte Kenntnisse über die Seismologie. Soweit uns bekannt ist, war keine andere alte Kultur auf diesem Gebiet ähnlich gut orientiert. Joseph Needham ist es jedenfalls ganz wesentlich zu verdanken, daß uns, aufgrund seiner intensiven Recherchen, ein vollständiges Verzeichnis jener Erdbeben zur Verfügung steht, von denen das Reich der Mitte einst heimgesucht wurde. Dieses

Verzeichnis umfaßt Vorkommnisse, die sich im alten China zwischen 780 vor Christus und dem Jahr 1644 ereigneten.

Aus den schriftlichen Überlieferungen, auf die sich der inzwischen verstorbene Wissenschaftler zu stützen vermochte, wird deutlich, daß diese genauen Aufzeichnungen auf Anordnung von »Göttern« (die »vom Himmel« gekommen sein sollen) erfolgt sind. Wann jene »Götter« in Erscheinung traten, ist hingegen nicht vermerkt. Aus dem gesammelten Quellenmaterial geht lediglich hervor, daß sich die Himmlischen auffallend lebhaft für unseren Planeten interessiert haben sollen. Weshalb wohl? Sollten einst Raumfahrer von fremden Gestirnen China zu ihrem Operations- und Forschungsgebiet auserkoren haben? Handelte es sich bei diesen hypothetischen Kosmonauten um jene sagenhaften »Söhne des Himmels« oder »Drachengötter«, von denen die Legenden des Fernen Ostens wahre Wunderdinge zu erzählen wußten?

Nun, dies mag für manchen Leser eine Streitfrage sein, ihn vielleicht auch emotional berühren. Sicher ist jedenfalls, daß im alten China seit jeher ungewöhnliche Erfindungen gemacht wurden, wie es ähnlich epochale Leistungen in anderen Ländern der Erde erst viel später gegeben hat. Beispielsweise existierten im Reich der Mitte schon vor rund 3000 Jahren Verkaufsautomaten, aus denen man nach Einwurf einer Münze zwar keine Cola, aber immerhin bestimmte, damals gebräuchliche Waren entnehmen konnte.

Über einen sogenannten »*Pinsel*automaten« berichtete vor etlichen Jahren ein deutsches Wissenschaftsmagazin. Dieser Apparat besaß ein Bambusrohr, in welchem sich Schreib- und Malutensilien befanden. Warf man eine Geldmünze in den Automaten, und wurde danach ein Hebelarm an dem Gerät betätigt, gab es einen Pinsel frei.

In der »Pekinger Rundschau« vom 17. November 1981 entdeckte ich unter dem Titel »Archäologische Notizen« die nicht weniger interessante Beschreibung einer Erfindung aus der Zeit der Ts'in-Dynastie (221–206 v. Chr.) Der Artikel bezieht sich auf

Aufzeichnungen in den »Sanfu Huangtu«, das sind Niederschriften von Architekten, die während der Ts'in- und Han-Dynastie (206 v. Chr. bis 9 n. Chr.) tätig waren. Da wird beispielsweise von dem luxuriösen Epang-Palast berichtet und von einer wissenschaftlichen Errungenschaft, die dieses Gebäude vor dem Zutritt unerwünschter Personen schützte. Wörtlich heißt es:

»Der Epang-Palast wurde mit einem magnetischen Tor versehen, und Leute, die das Tor mit Waffen passieren wollten, wurden nicht eingelassen.«

Zhang Shoujie wiederum – er lebte während der T'ang-Dynastie (618–609 v. Chr.) – schrieb in seiner »Orthodoxen Auslegung des Shiji«, daß sich dieses magnetische Tor im Norden des Palastes befunden habe. Genaueres darüber lesen wir in den Präfektur- und Kreis-Annalen, die ebenfalls während der T'ang-Dynastie entstanden sind:

»Das magnetische Tor der Ts'in war etwa 15 Li südöstlich von Xianyang entfernt. Es war das nördliche Tor des ehemaligen Epang-Palastes. Es war aus Magneteisenstein errichtet worden. Wenn Leute mit Waffen zu diesem Tor kamen, wurden sie von dessen magnetischer Wirkung angezogen und konnten nicht passieren.«

Dieser Waffenschutz hatte seine guten Gründe, denn bevor die magnetische Vorrichtung installiert worden war, hatte es einen Mordanschlag auf Ts'in Shi-Huang-ti, den ersten Kaiser der Ts'in-Dynastie, gegeben. Das Attentat ließ den Regenten fortan auf der Hut sein. Da sich das Gesetz, wonach die Beamten nur ohne Waffen den kaiserlichen Hof betreten durften, nicht mehr verbessern und ausbauen ließ – folglich die Gefahr bestand, daß sich jemand heimlich und bewaffnet in den Palast hätte einschleichen können –, befahl der Kaiser den Bau eines magnetischen Tores für den Epang-Palast. So entstand das riesige Magnet-Eisentor.

Als das Ts'in-Kaiserreich vernichtet wurde, blieb auch der Epang-Palast nicht verschont. Er brannte ab. Heute kann man davon nichts mehr erkennen, außer einer künstlich aufgeschütteten Ebene von sieben Metern Höhe und etwa 1000 Metern Länge. Die Ebene befindet sich im Westen von Xian und steht als einer der wertvollsten Zeugnisse der alten chinesischen Kultur unter Denkmalschutz.

Nur eine Zeitungsente?

Wie schwierig und frustrierend es manchmal sein kann, einer scheinbar weiterführenden Mitteilung auf dem Gebiet einer geradezu revolutionären Wiederentdeckung aus dem alten China auf den Grund zu gehen und ihre Stichhaltigkeit zu beweisen, davon kann ein lieber, langjähriger Freund ein trauriges Liedchen singen.

Am 2. Mai 1990 flatterte in- und ausländischen Zeitungsredaktionen eine Meldung der französischen Nachrichtenagentur *AFP* ins Haus, die Ungewöhnliches zu berichten wußte. Ich zitiere vorerst unverbindlich den Inhalt jener Information, die aus Hongkong nach Europa gekommen war:

*»Der älteste ›Walkman‹ der Welt soll nach Schätzungen chinesischer Archäologen etwa 2500 Jahre alt sein. Mit dieser Nachricht überraschte die ostchinesische Zeitung ›Wen Wie Po‹ am Mittwoch unter Berufung auf ein Expertenteam, das das antike Gerät in Jianghe in der süd-östlichen Provinz Jianki entdeckte. Ein 2500 Jahre altes Skelett sei gefunden worden, dem ein ›Kopfhörer‹ und eine schwarze Kiste beigegeben worden seien. Der Kasten enthielt eine Silberplatte, die offenbar ähnlich wie ein Magnetband funktioniere, und einen violetten Kristall, der die Energiequelle des ›Kopfhörers‹ zu sein scheine, zitierte das Blatt Professor Han von der Nanjing (*Nanking*) Universität. Der antike Walkman spiele ein ›merkwürdiges Lied‹, vermutlich eine Klage, die die Toten in die Unterwelt befehlen sollte, so der Professor weiter.*

Die Archäologen, so ›Wen Wie Po‹, seien von der Authentizität ihrer Entdeckung überzeugt, da die Fundstelle sehr versteckt gewesen sei. Der Holzsarg, in dem sich das Skelett befunden habe, sei in einer Höhle in einer Steilwand entdeckt worden. Professor Han erklärte dem Bericht zufolge, die Entdeckung könnte die moderne Auffassung von antiker Zivilisation verändern, da unsere Vorfahren technisch sehr viel weiter fortgeschritten gewesen sein könnten als bisher angenommen. Der Fund habe Interesse unter Experten aus aller Welt ausgelöst.«

Mein Autorenkollege Hans-Werner Sachmann ging vor dreizehn Jahren dieser Meldung erstmals auf den Grund, um die tatsächliche Verläßlichkeit dieser chinesischen Quelle nachzuprüfen. Mit seiner Genehmigung zitiere ich nachstehend den Verlauf von Sachmanns intensiven Recherchen, wobei er schon zu Beginn seiner Nachforschungen davon auszugehen hatte, daß – so die Nachrichtenagentur *AFP* vom 17. 8. 1991, die er damals hierzu vorsichtshalber kontaktierte – eine Seriosität dieser Quelle »von hier aus« kaum beurteilt werden könne.

Hans-Werner ließ jedoch nicht locker und folgte in hartnäckigem Bemühen weiterhin dieser erfolgversprechenden archäologischen Fährte.

»Die Fragen waren: War etwas Wahres an diesem Bericht? Hatten wir hier endlich den materiellen Beweis in Form eines beeindruckenden archäologischen Fundes vor uns? Diese beiden Punkte mußten doch wohl zu klären sein!

Jedoch: leichter gesagt als getan. Wie sich herausstellen sollte, gestalteten sich die oftmals von unseren Kritikern und besserwisserischen Skeptikern geforderten eingehenden Recherchen (die sie selbst aber nur selten durchführen) in diesem Fall äußerst schwierig: wahrscheinlich nicht zuletzt, weil es sich um einen Fund handelte, der im fernen Asien gemacht worden sein soll. Und erschwerend kam ohne Zweifel hinzu, daß die politischen Verhältnisse nicht dazu beitrugen, etwas derartiges ohne Probleme abklären zu können.«

Nachdem Hans-Werner Sachmann die Stichhaltigkeit der Information durch die französische Nachrichtenagentur *AFP* zu klären vermochte, schrieb er u. a. an die »Süddeutsche Zeitung« sowie an »Bild«, die beide ebenfalls diese Meldung aus China übernommen und publiziert hatten. Man ließ dort aber den Anfragesteller lediglich wissen (»Bild« an Sachmann am 19.6.1990; »Süddeutsche Zeitung« an Sachmann am 28.11.1990), daß die kurze Notiz auf der Meldung einer Nachrichtenagentur basiere und Meldungen dieser Art nur drei Tage im System gespeichert blieben.

»Selbstverständlich wandte ich mich diesbezüglich auch an die erwähnte Universität und an den in den Meldungen genannten Prof. Han, teilweise in Zusammenarbeit mit der Botschaft der Volksrepublik China in Deutschland. Außerdem versuchte ich parallel einen Kontakt mit der maßgeblichen Quelle, der Hongkonger Zeitung ›Wen Wie Po‹, herzustellen. Leider bis zum heutigen Tag ohne konkretes Ergebnis. Trotz mehrmaliger Erinnerungen erhielt ich bis dato keine Antwort. Die Briefe an die Nanjing Universität sowie an Prof. Han selber, die ich sogar in chinesischen Schriftzeichen habe adressieren lassen, kamen mit den Vermerken, ein Dozent dieses Namens existiere dort nicht, ungeöffnet zurück auf meinen Schreibtisch. – Außerdem sei ›Han‹ ein chinesischer Vor- und kein Familienname, was allerdings die Frage aufwirft, ob das in jedem Fall so sein muß.«

Hans-Werner Sachmann verwies sodann auch auf mich, der ich ihm am 13.8.1990 über ähnliche Erfahrungen meinerseits zu berichten wußte (sie betrafen u. a. die aus China gekommene und von vielen Autoren, auch von mir, wiedergegebene Baian-Kara-Ula-Story und das damit zusammenhängenden Rätsel der »steinernen Scheiben«, P. K.) sowie persönliche Gespräche zu diesem Thema mit meinem Co-Autoren und nunmehrigen Vorwort-Verfasser Hartwig Hausdorf (»Satelliten der Götter«) bei diversen Zusammenkünften.

»Zusätzlich, neben den oben genannten Bemühungen, habe ich auch in andere Richtungen recherchiert, da ich inzwischen in Erfahrung gebracht hatte, welche Archive über relativ gute Zeitungsausschnittssammlungen verfügen. So führte ich in dieser unbefriedigenden Angelegenheit mittlerweile eine mehr oder weniger umfangreiche Korrespondenz mit der ›Frankfurter All-

gemeinen Zeitung‹, der Universität Hamburg, der Universität Dortmund, der Freien Universität Berlin, der Ruhr-Universität Bochum, dem Museum für Ostasiatische Kunst und den Zeitschriften ›Spektrum der Wissenschaft‹, ›Bild der Wissenschaft‹, ›P. M.‹, ›Illustrierte Wissenschaft‹ und ›Antike Welt‹. Alles ohne nennenswertes Ergebnis.«

In den vergangenen Monaten bemühte Hans-Werner auch das Internet und die darin vorhandenen Suchmaschinen, über welche er immer wieder versuchte, die mit dem Fall in Zusammenhang stehenden Begriffe und verschiedene Wortkombinationen zu einem vernünftigen und logischen Ergebnis zu führen. Die dabei sich ergebende Trefferquote war aber gleich null!

Haben sich damit Sachmanns Anstrengungen letztendlich nicht gelohnt? Sind seine hierfür angestellten Recherchen gescheitert?

Nicht für meinen Kollegen. Für ihn ist, wie er meint, »noch nicht aller Tage Abend«. Auf seiner Liste steht z. B. noch ein Besuch der Universität Bochum, um im dortigen umfangreichen »Archiv für chinesische Archäologie-Fachzeitschriften« nach dem »antiken Walkman« zu forschen. Sachmann hat jedenfalls die Hoffnung noch nicht gänzlich aufgegeben, meint er doch optimistisch:

»Vielleicht ergeben sich anschließend wieder neue Anhalts- und Ansatzpunkte. Das Problem ist, daß ich – wie viele andere Autoren auf unserem Sektor – meine Studien nebenberuflich betreibe und demgemäß nicht immer die Zeit zur Verfügung habe, die ich für derartige Recherchen benötige.«

Sachmann maßt sich jedoch ein endgültiges Urteil über die Angelegenheit, im Sinne von »echt« oder »unecht« – bzw. bei der Meldung handle es sich um eine Zeitungs- oder Agenturente –, vorläufig noch nicht an.

»Ich gebe zu, daß ich noch nicht alle Möglichkeiten ausgeschöpft habe, um Definitives sagen zu können. Um sich ein abschließendes Bild machen zu können, müßte man zunächst einmal wissen, wie und wodurch die ›Wen Wie Po‹ an ihre Informationen gekommen ist und wer dieser ominöse Professor

Han ist. Ich gehe jedoch zum jetzigen Zeitpunkt davon aus, daß man dies eventuell nur direkt vor Ort abklären könnte – und ob man danach mehr wüßte, ist fraglich. Vielleicht könnte auch ›Wen Wie Po‹ nach all den Jahren lediglich mitteilen, daß ihre Informationen nur drei Tage aufgehoben und dann gelöscht wurden …«

Zahlreiche Forscher auf diesem – ohnehin umstrittenen – Gebiet der Paläo-SETI-Thematik (auch ich, wie offen zugegeben werden muß) machten bereits die Erfahrung, daß diese Tätigkeit oft genug mit ungewissem Ausgang endete. So kann sich anscheinend auch mein Freund Hans-Werner ein eher pessimistisch klingendes Resümee nicht ganz verkneifen, wenn er meint:

»Unter diesem Aspekt bleibt leider gegenüber enthusiastischen Neueinsteigern, die sich rasche (!) Erfolge aufgrund in der Vergangenheit angeblich akribischer Nachprüfungen versprechen, lediglich der Satz: ›Bedaure, aber such' dir ein anderes Hobby!‹«

Sachmann macht dann aber jenen unverbesserlichen Optimisten auf diesem Gebiet denn doch wieder Mut, wenn er sie dazu animiert:

»Wem aber wirklich an der Suche nach Indizien für die Prä-Astronautik gelegen ist, der wird nicht auf halbem Wege stehen bleiben, sondern immer wieder aufs Neue Ideen entwickeln, doch noch an sein gestecktes Ziel zu gelangen – selbst dann, wenn dies mitunter Jahre dauern kann.«

Bleiben wir deshalb lieber bei nachprüfbaren Entdeckungen, die die Genialität chinesischer Wissenschaftler nachweisbar bestätigen. Und wenn wir uns hier mit der Aufzählung außergewöhnlicher Erfindungen aus der Vergangenheit Chinas befassen, dann dürfen selbstverständlich nicht die Namen einzelner Erfinder und Gelehrter des ehemaligen Kaiserreiches vergessen werden. Sie standen allesamt in hohem Ansehen, und es kann daher nicht überraschen, wenn wir erfahren, daß sie in der altchinesischen Zivilisation als vollwertige Mitglieder der herrschenden Klasse galten und sehr oft verantwortungsvolle Ämter bekleideten.

Chang Heng, das Allroundgenie

Einer der produktivsten und genialsten unter ihnen war Chang Heng. Er könnte in seiner Kreativität durchaus mit dem Italiener Leonardo da Vinci verglichen werden. Chang Heng war Erfinder, Mathematiker, Astronom und Dichter in einer Person. Er lebte zwischen 78 und 139 n. Chr., in der Zeit der späteren Han-Dynastie. Sein Seismograph war eines der Prunkstücke des kaiserlichen Observatoriums, dem er als Hofastronom vorstand. Glücklicherweise ist uns eine genaue Beschreibung dieser Apparatur erhalten geblieben.

Als 1976 das Riesenreich des »Großen Vorsitzenden« Mao Tse-tung von einer Kette verheerender Erdbeben heimgesucht wurde, wußten Chinas Wissenschaftler kein probates Mittel, das Kommen dieser Beben rechtzeitig zu erkennen. Chang Heng hingegen war dies zu seiner Zeit bereits möglich gewesen. Das kann jedenfalls jenen zeitgenössischen Aufzeichnungen entnommen werden, die der Engländer Joseph Needham übersetzt hat. Chang Hengs Gerät vermochte Erschütterungen der Erdoberfläche auf eine Entfernung von mehreren hundert Kilometern zu registrieren. Auf welche Art und Weise dieser altchinesische Seismograph funktionierte, ist uns dank Needhams Spürsinn überliefert.

Der eigentliche Mechanismus der Apparatur wurde durch einen kupfernen Kessel verborgen und geschützt. An seiner Außenseite waren Drachenköpfe angebracht, die je eine Bronzekugel im Maul trugen. Darunter befanden sich Nachbildungen von Kröten. Traf eine Erdbebenwelle des Standort des Kessels, dann öffnete derjenige Drache, dessen Antlitz der Richtung der Druckwelle am nächsten stand, den Rachen, und die Kugel fiel heraus – in das offene Maul einer Kröte. Sogleich ertönte ein Glockensignal, und der Kiefer des Drachen schloß sich. Danach war es den altchinesischen Seismologen möglich, mit Lineal und Kompaß (ebenfalls eine altchinesische Erfindung) das Epizentrum des Bebens zu errechnen.

Mit Chang Hengs »Erdbeben-Wetterhahn«, wie sein Meßgerät auch genannt wurde, war es zwar nicht möglich, seismische Vorgänge zu erklären, aber die vorzüglich funktionierende Apparatur informierte den kaiserlichen »Himmelssohn« augenblicklich über jedes Erdbeben im Reich der Mitte. Dieser Seismograph war ohne Zweifel ein technisches Paradestück und wurde wahrscheinlich von einem hochempfindlichen Mechanismus gesteuert.

Auf welche Weise Chang Heng zu seiner Erfindung angeregt worden war, ist uns nicht bekannt. Möglicherweise ließ er sich von Quellen verflossener Jahrtausende inspirieren, in denen davon die Rede ist, daß »Götter« auf der Erde weilten und damals auch China besiedelten.

Wie auch immer: Chang Heng, das steht fest, war ein Allroundgenie. Auf sein Konto geht auch die Konstruktion eines Himmelsglobus', der seinerzeit die gleiche Funktion erfüllte wie nunmehr unsere modernen Planetarien. Auf dieser Himmelskugel waren die Bewegungen der Sterne genau erkennbar. Chang Hengs Zeitgenossen überschlugen sich damals in begeisternden Hymnen über diese für sie sensationelle Erfindung. Daß Chang Heng daraufhin zu hohen Ehren gelangte, vermag deshalb heute nicht zu verwundern. Er wurde jedenfalls vom damaligen Kaiser im Jahr 133 zu seinem persönlichen Berater erhoben.

Zum Hofastronomen war Chang Heng vom Obersten Rat jedoch bereits 18 Jahre vorher ernannt worden. Sein »Planetarium« kann durchaus ebenso als ein technisches Wunderwerk bezeichnet werden. In zeitgenössischen Kommentaren wird hervorgehoben, wie wunderbar der künstliche Himmel dieser Apparatur mit der Wirklichkeit übereingestimmt habe. Wasserkraft soll den Sternenglobus um eine Achse getrieben haben, wobei ein verborgener Mechanismus verschiedene Rotationsgeschwindigkeiten möglich machte.

Wie gesagt, wir wissen heute nicht mit Bestimmtheit zu sagen, ob Chang Heng seine bemerkenswerten Kenntnisse seinem geradezu einmaligen Intellekt zu verdanken hatte, oder ob er zu seinen Überlegungen durch das aufmerksame Studium älterer Quellen angeregt wurde. Mit Sicherheit können wir aber heute feststellen, daß sich dieser geniale Mann auf mehreren Wissensgebieten zu bewähren wußte. Als Ingenieur war er seiner Zeit um mindestens 1500 Jahre voraus. Der Prähistoriker Joseph Needham entdeckte in chinesischen Annalen den interessanten Hinweis, wonach Chang Heng u. a. auch einen Flugapparat konstruiert haben soll, mit dem es ihm angeblich möglich war, sich in die Luft zu erheben. Needham zitiert in seiner »Monumentalen Geschichte der Wissenschaft in China« beispielsweise eine Stelle aus dem Werk des Gelehrten Ko Hung, wo es heißt, der »kaiserliche Astronom und Meister der mechanischen Künste« (also Chang Heng) habe selbst berichtet, er sei *in einem Gerät mit drehenden Rotoren und eingebautem Antriebsmechanismus* (sic!) »durch die Lüfte« geschwebt. Leider sind uns hierzu keine Details in Text und Illustration erhalten geblieben, die imstande wären, Ko Hungs Angaben zu bestätigen. Bei den offensichtlich universellen Kenntnissen dieses chinesischen Gelehrten des Altertums wäre aber auch eine derartig ungewöhnliche Erfindung durchaus im Bereich des möglichen.

Needham selbst glaubte zu Lebzeiten allerdings nicht daran, daß es im seinerzeit kaiserlich regierten China eine »aufgeklärte« Technologie gegeben habe, die auf einen irdischen oder womöglich gar *außer*irdischen Ursprung zurückgeführt werden könne. Das machte er mir im Verlauf unserer Korrespondenz unmißverständlich klar.

3. Chinesische Pyramiden: Und es gibt sie doch!

Bei allen Verdiensten, die sich Joseph Needham im Laufe seines Forscherlebens erworben hat, sollte aber dennoch eines nicht übersehen werden: 1981, zum Zeitpunkt unseres Briefwechsels, war er bereits 81 Jahre alt. Es muß deshalb bezweifelt werden, ob der englische Wissenschaftler damals bereits über alle archäologischen Funde, die in China inzwischen während der vergangenen vierzig Jahren entdeckt worden sind, informiert war. So bestritt er mir gegenüber entschieden die Existenz prähistorischer Pyramiden und ließ für diese stummen Zeugen der Vorgeschichte lediglich die Bezeichnung Hügelgräber gelten.

Ähnlich war es Hartwig Hausdorf und mir 1994 bei unseren Gesprächen mit führenden Mitgliedern der *Akademie der Wissenschaften* in Peking ergangen, als man sich dort beharrlich weigerte, hierfür die Bezeichnung »Pyramide« in den Mund zu nehmen. Inzwischen hat sich bezüglich dieser Wortwahl einiges geändert: Als nämlich mein seinerzeitiger Co-Autor (»Satelliten der Götter«) im Oktober 2001 mit einer Gruppe von Lesern unserer Bücher erneut in China weilte, um dort u. a. auch jene vorgeblichen »Hügelgräber« zwischen der Stadt Xian und dem dort neuerbauten Flugplatz aufzusuchen, die von der neuen, naheliegenden Schnellstraße nunmehr ebenfalls gesehen werden können, stellte er erstaunt fest, daß dort inzwischen ein neuer breiter Autobahnzubringer sowie ein ebenfalls neues, riesiges Areal angelegt worden war. Auf diesem Platz befindet sich nunmehr ein großes Gebäude im Baustil Altchinas. Es beherbergt ein Museum sowie eine Kasse zur touristischen Besichtigung dieser vormals verkannten Bauwerke. Überrascht stellte Hausdorf fest, daß dort offenbar auch bereits archäologische Grabungen vorgenommen worden sind.

»Am faszinierendsten aber waren für mich die großen Schautafeln im Eingangsbereich«, berichtet er weiter. »Dort sind die Pyramiden nun endlich als das dargestellt, was sie auch sind: *Pyramiden* nämlich!«

Als Hartwig und ich (gemeinsam mit einem zwar offiziell zur Verfügung gestellten, aber natürlich von uns zu entlohnenden Dolmetscher) 1994 diese damals für »gewöhnliche« Touristen noch nicht zugängliche Stätte betreten wollten, mußten wir uns – mehr oder weniger illegal – erst durch ein Loch in der Leitplanke an der Straße quälen, um danach »per pedes« über riesige, zwar von Bauern beackerte, aber sonst völlig verlassene Felder zu wandern, ehe wir am Fuß dieser chinesischen Pyramiden angelangt waren und diese durchweg begrünten, jedoch ausschließlich aus Lehm errichteten Anlagen aus vorgeschichtlicher Zeit auch besteigen konnten.

Also keine simplen »Hügelgräber«, sondern tatsächlich *pyramidale* (im übrigen fast zur Gänze noch ungeöffnete) prähistorische Objekte …

Pyramiden gehören zu den geheimnisvollsten Bauwerken unseres Planeten. Altertumsforscher vermuteten zunächst, daß sie mächtigen Herrschern weltweit als monumentale Grabstätten dienten, wofür auch ihre oftmals pompöse Ausstattung zu sprechen schien. Inzwischen ist diese Annahme nicht mehr unumstritten. So konnte in Ägyptens gewaltiger, (angeblich) von dem Pharao Cheops für sich und seinen nachweltlichen Ruhm erbauten Pyramide von Giseh (im ägyptologischen Sprachgebrauch auch als Große Pyramide bezeichnet) kein Sarkophag mit dem einbalsamierten Leichnam dieses Herrschers gefunden werden. Zwar gibt es dort eine sogenannte »Königskammer«, doch die Mumie des Pharaos blieb bis heute unauffindbar.

Für manche Grenzwissenschaftler kommt dieses Faktum nicht überraschend. Sie verweisen auf verschiedene prähistorische

Legenden, in denen angedeutet wird, daß dieses gewaltige, immer noch rätselhafte Bauwerk aus der Zeit *vor* der Sintflut stamme und zum alleinigen Zweck errichtet worden wäre, das phänomenale Wissen jener Epoche in sich zu bergen und für die Nachwelt zu bewahren. Ob die jüngsten ägyptologischen Anstrengungen dabei auf die vielleicht vielversprechende Spur einer vorderhand noch ungeöffneten *Geheim*-Kammer (?) in dieser angeblichen Grabanlage gestoßen sind, wird sich wohl erst in absehbarer Zeit herausstellen.

Es sei denn, das Wörtchen »geheim« würde im offiziellen ägyptologischen Gebrauch nicht noch besondere Bedeutung erfahren. Nämlich die Bedeutung des Verschweigens.

Pyramiden gibt es, wie wir längst wissen, nicht nur in Ägypten. Sie sind weltweit nachweisbar. Aber auch hier ist ihr ursprünglicher Sinn unbekannt. Niemand vermag zu sagen, *wer* sie einstmals erbauen ließ und welche tatsächlichen Funktionen sie damals erfüllten.

Es gibt die unbestimmte, jedoch nicht ganz unbegründete Annahme, daß alle Pyramidenerbauer der Antike ihr Wissen einer einzigen Urquelle verdanken. Diese imponierenden (zumeist aus Stein errichteten) Monumente imperialen Charakters haben nämlich nicht nur in ihrer Konzeption und Konstruktionsgrundlage, sondern auch in ihrer Ausrichtung der Sonne, dem Mond, den Planeten und deren Umlaufbahnen gegenüber gewisse Gemeinsamkeiten. Ähnliche Magnetfelder und Erdströme der einzelnen Standorte sind ebenfalls frappierend. Ist das wirklich nur ein Zufall? Wohl kaum.

Die berühmtesten dieser Kolossalbauwerke finden wir zweifellos in den Ländern Ägypten, Kolumbien und Mexiko. Daß sie aber in beachtlicher Anzahl auch in China anzutreffen sind, war bis vor einem Jahrzehnt kaum bekannt. Sieht man von der ihnen angedichteten, abstrusen und sinnlosen Bezeichnung »Hügelgräber« einmal ab.

Eine solche Grabstätte ist übrigens schon lange bekannt und wird den in Bussen vorüberfahrenden Touristen von chinesischen Fremdenführern auch nicht verschwiegen: Ihr Eingeständnis der Existenz einer prähistorischen Pyramide betrifft die Grabanlage des selbsternannten »Ersten Kaisers von China«, Ts'in Shi-huang-ti.

Dieser Herrscher, der sich gerne und stolz als »Einiger der Reiche« bezeichnete, lebte von 259 bis 209 v. Chr. Ihm muß tatsächlich das unbestreitbare Verdienst zuerkannt werden, für etwas mehr als ein Jahrzehnt den sich damals bereits abzeichnenden Niedergang des Riesenreiches vorübergehend aufgehalten zu haben. Nur eines muß dem selbstsüchtigen Monarchen dennoch abgesprochen werden: Chinas »erster Kaiser« war Ts'in Shi-huang-ti, als er 221 v. Chr. seine Regentschaft antrat, selbstverständlich *nicht*! Es gab vor ihm weit bekanntere Vorgänger. Von den frühestgeschichtlichen, legendären Kaisern des »Reiches der Mitte«, die sich aus seltsam anmutenden Gründen übereinstimmend als Himmelssöhne ausgaben, ganz abgesehen.

Der »Zauberspiegel« des Himmelsohnes

China hatte sich damals, als Ts'in Shi-huang-ti seine Herrschaft antrat, bereits in mehrere Teilstaaten aufgelöst. Diese Minireiche wurden ausnahmslos von Machthabern regiert, deren Augenmerk einzig und allein auf verschwenderischen Luxus ausgerichtet war. Der nunmehrige »Erste Kaiser« machte diesem Zustand ein sich rasch abzeichnendes Ende. Zunächst besiegte er die Feudalherren der Kleinstaaten, eroberte Mittel- und Südchina und drang mit seinen Heerscharen sogar bis Hinterindien vor. Ts'in Shi-huang-ti führte in China ein einheitliches Maß- und Gewichtsystem ein und ließ auch die chinesische Schrift vereinfachen. Es gelang ihm, Wirtschaftsreformen in seinem Herrschaftsgebiet rigoros durchzusetzen. Der Nachwelt bekannt wurde dieser Kaiser aber vor allem deshalb, weil er an der Nordgrenze seines Landes eine Befestigung anlegen ließ, die nach seinem Tod zu der berühmten Chinesischen Mauer ausgebaut werden sollte.

Auch um diesen »Himmelssohn« ranken sich natürlich eine Menge Gerüchte. So soll Ts'in Shi-huang-ti einen ungewöhnlichen Spiegel besessen haben, mit dem es ihm möglich gewesen sei, »die Knochen des Körpers zu erhellen«. Dieses augenscheinlich urzeitliche Röntgengerät war, der Beschreibung nach, von rechteckiger Gestalt, soll 122 Zentimeter breit sowie 176 Zentimeter hoch gewesen sein und je eine glänzende Außen- und Innenseite besessen haben. Trat ein Patient vor diesen »Zauberspiegel«, so sah er sein Spiegelbild seltsamerweise verkehrt herum; er stand also scheinbar auf dem Kopf. Legte der Betrachter seine Hände auf die linke Brustseite, dann zeigte ihm der Spiegel sämtliche Organe, ja angeblich sogar den Sitz verborgener Krankheiten. Dieses wundersame Gerät soll sich noch im Jahr 206 v. Chr. in einem Palast der Provinz Shaanxi befunden haben. Was mit der rätselhaften Apparatur später geschah, ist leider unbekannt. Vermutlich fiel sie den Wirren der Zeit, von denen das chinesische Reich im Verlauf seiner bewegten Geschichte nie verschont geblieben ist, zum Opfer. Vielleicht aber ruht dieser ominöse »Zauberspiegel« heute irgendwo geheim bei einem neuzeitlichen Alchimisten. Sollte es so sein, dann dürfte dieser Anonymus vermutlich ängstlich darauf bedacht sein, jene medizinische Kostbarkeit des Altertums vor dem Zugriff zerstörerischer Elemente zu bewahren.

Als Ts'in Shi-huang-ti die Schriftarchive sämtlicher von ihm wiedervereinigten Teilstaaten in der Hauptstadt Hsien-yang zusammentragen ließ, um seine Regierungsgewalt zu zentralisieren, legte er damit auch den Grundstein für ein bedeutendes Geschichtswerk. Ausgerechnet diese kulturhistorische Tat wurde später geleugnet, ja, man schob dem »Ersten Kaiser« sogar Dinge in die Schuhe, die ihm wahrlich nicht anzulasten waren. Er selbst konnte dieser Verleumdungskampagne nicht mehr entgegentreten. Nach zwölfjähriger Herrschaft starb Ts'in Shi-huang-ti, der davon geträumt hatte, daß die von ihm gegründete Ts'in-Dynastie »tausend Generationen« überleben würde.

Wie wir in jüngerer Vergangenheit erfahren haben, scheinen

sogenannte, von größenwahnsinnigen Führungspersönlichkeiten propagierte »Tausendjährige Reiche« in der Regel keinen allzu langen Bestand zu haben. Und das nicht nur in China …

Nach dem Tod des »Ersten Kaisers« tobten in seinem nunmehr zerfallenden Land blutige Machtkämpfe. Auch das von ihm gehortete wertvolle Schriftgut blieb dabei nicht unangetastet. Die riesige Sammlung wurde von fanatischen Horden verbrannt. Spätere Historiker beschuldigten im Nachhinein Ts'in Shi-huang-ti, jene Bücherverbrennung im Jahr 213 v. Chr. selbst angeordnet zu haben – angeblich auf einen Vorschlag seines damaligen Kanzlers Li Sse. Lediglich einzelne Lehrbücher über bestimmte Techniken sollen dabei von ihrer Vernichtung verschont geblieben sein, können wir heute noch in manchen geschichtlichen Werken nachlesen. In jedem Fall aber – und wer immer auch tatsächliche Schuld an dieser barbarischen Bücherverbrennung auf sich geladen haben sollte – ging durch diesen Vandalenakt wertvolles, unwiederbringliches Wissensgut für immer verloren.

Schnell geriet danach der »Erste Kaiser von China« bei den Historikern Chinas und anderswo in Vergessenheit. Lange Zeit wußte man nicht einmal, wo er begraben worden war. Auch aus der Zeit Ts'in-Shi-huang-ti's selbst existierten scheinbar keinerlei historische Fundamente für die tatsächliche Existenz dieses »Himmelssohnes«. Ja, seine von ihm geschaffene Dynastie galt bei den Historikern fortan als »legendär« und somit unbewiesen.

Daß seine Grabstätte schließlich doch noch aufgespürt und wiederentdeckt werden konnte, muß heute als höchst glücklicher Umstand angesehen werden.

Es gab zwar sehr wohl überlieferte Berichte des berühmten chinesischen Historikers Sima Ch'ian (145–86 v. Chr.), und dieser wußte über die Örtlichkeit, wo Ts'in Shi-huang-ti begraben worden war, manches zu erzählen. Aber seinen Niederschriften wurde kein Wahrheitsgehalt zugeschrieben, und kaum ein chinesischer Altertumsforscher der Neuzeit kümmerte sich um diese Quellen. Historiker verunglimpften die Ts'ins als Barbaren: Ihre Kultur wurde als »fremdartig« bezeichnet, weil sie ihre Gewänder links herum geknöpft, sich die Zähne geschwärzt und die Haut tätowiert haben sollen.

Sima Ch'ian hingegen hatte von jeher die Ts'ins als kulturell hochentwickelt beschrieben und ihre Fähigkeit hervorgehoben, interessante Technologien entwickelt zu haben.

Der Fund des Jahrhunderts

Der außergewöhnlichste Jahrhundertfund blieb vor bald drei Jahrzehnten einer Anzahl von in der Provinz Shaanxi beheimateten Bauern aus der Volkskommune »Yanzhai« vorbehalten. Während ihrer bereits zur Routine gewordenen Tätigkeit, täglich auch nach Wasser zu graben, stießen die überraschten Männer auf einem ihrer Felder – fünf Kilometer östlich der Provinzhauptstadt Lintong – unversehens auf überlebensgroße Tonfiguren, die bisher tief im Erdreich vergraben gewesen waren. Was sie dabei zutage förderten, war wirklich erstaunlich: Da gab es lebensechte Nachbildungen von Kriegern, dienendem Personal, Pferden und sogar originalgetreue Kopien frühgeschichtlicher Streitwagen. Wunderbare, durchweg aus Ton gefertigte Kunstwerke aus frühester Zeit.

Mit wahrem Feuereifer stürzten sich Chinas Archäologen auf diese prähistorische Sensation. Das riesige Feld im freien Gelände wurde umgegraben und erwies sich schon bald als wissenschaftlich lukrative Fundstätte. So entdeckte man zusätzlich drei Nebengräber, deren Urheberschaft eindeutig auf den »Ersten Kaiser Chinas«, Ts'in Shi-huang-ti, zurückgeführt werden konnte. Mehr als 8000 Figuren und Gegenstände aus Ton wurden bereits im ersten Anlauf ausgegraben. In den folgenden Jahren hat sich diese Anzahl noch beträchtlich erhöht. Weit über 15 000 Quadratmeter wurden bisher archäologisch ausgewertet. Heute weiß man: Der »Erste Kaiser«, inzwischen längst auch historisch »auferstanden«, hatte sich noch zu Lebzeiten mit einer kompletten, künstlich geschaffenen, »tönernen« Armee, ebenso aber auch mit einem gleichfalls aus Ton gefertigten »Hofstaat« umgeben. Die Figuren waren von Ts'in Shi-huang-ti dazu ausersehen worden, ihn nach seinem Ableben ins Reich der Toten zu begleiten.

Sämtliche dieser Tonfiguren dürften (so glaubt man heute herausgefunden zu haben) auf eine geheime Anordnung des abergläubigen Herrschers angefertigt worden sein, denn selbst der seinerzeit überaus gut informiert gewesene Historiker Sima Ch'ian hatte in seinen sonst sehr peniblen Aufzeichnungen nie etwas über diese Vorsichtsmaßnahme des offensichtlich von einer Torschlußpanik heimgesuchten Kaisers berichtet. Weit ausführlicher war er hingegen imstande, einige ungewöhnliche Details über die kunstvolle Grabanlage des Ts'in Shi-huang-tin mitzuteilen. So verdankt es die Archäologie allein den Niederschriften dieses chinesischen Chronisten, daß wir heute den Standort der eigentlichen Kaisergruft kennen.

Ts'in Shi-huang-ti's letzte Ruhestätte liegt nicht allzu weit vom Fundort der Tonfiguren entfernt – und zwar unter einem fast 50 Meter hohen Hügel, der ebenfalls künstlich geschaffen und mit Gras und Bäumen bepflanzt wurde.

So wir den Angaben Sima Ch'ian's zu glauben bereit sind, soll sich unter diesem Hügel eine ungefähr 47 Meter hohe, fünfterrassige Pyramide befinden. Ihre Seitenlänge beträgt (das haben die inzwischen erfolgten Nachforschungen ergeben) rund 350 Meter. Somit ist Ts'in Shi-huang-ti's Anlage um mehr als einhundert Meter breiter als die berühmte Cheops-Pyramide in Ägypten. Allerdings überragt dieses pharaonische Monument jenes des chinesischen Kaisers um gut 100 Meter.

In der Chronik von Sima Ch'ian kann nachgelesen werden, daß an die 700 000 Arbeiter die Grabstätte des »Ersten Kaisers« gebaut haben sollen. Dabei habe man den Erdboden bis zum Grundwasserspiegel aufgegraben und die Bodenfläche der Pyramide mit Bronze ausgegossen. Auf die Bronze sei dann der Sarkophag des toten Herrschers gestellt worden. Unermeßliche Kunstschätze sollen dem Verstorbenen ins Grab mitgegeben worden sein. Nach der Fertigstellung des Bauwerks schlug dann aber auch jenen Unglücklichen die letzte Stunde, die den Zugang zu den Schätzen des aufgebahrten Herrschers kannten. So wie es auch ägyptischen Bauarbeitern ergangen war, mußten auch die chinesischen Hilfskräfte ihre unfreiwilligen Kenntnisse um das kostbare Inventar der kaiserlichen Anlage mit dem Leben bezahlen. Sie wurden allesamt, weiß jedenfalls Sima Ch'ian zu berichten, in die Pyramide eingemauert.

Ausdrücklich wurde von dem Historiker hervorgehoben, daß das Monument des »Ersten Kaisers« nach der Fertigstellung mit Erdreich bedeckt und dieses dann bepflanzt worden sei, um es für die Außenwelt wie ein harmloser, auf natürliche Weise entstandener Hügel aussehen zu lassen.

Weshalb aber wurde bisher diese zweifellos außergewöhnliche Grabanlage noch nicht geöffnet? Wann ist damit zu rechnen?

»Damit soll sich die nächste Generation beschäftigen!« Noch immer habe ich diese ignorante, geradezu abweisende Antwort im Ohr. Sie wurde mir im Verlauf meiner zweiten China-Tour, 1982, zuteil, als ich Professor Xia Nai, den leitenden Verantwortlichen des Archäologischen Instituts der Akademie der Wissenschaften in Peking besuchte.

In den vergangenen Jahren scheint es aber in China auch in dieser Hinsicht eine archäologische Kehrtwendung gegeben zu haben. So ist also damit zu rechnen, daß die Öffnung des Kaisergrabes in absehbarer Zeit endlich doch noch erfolgen wird.

Welche Motive dafür geltend gemacht wurden, bislang keiner weiteren archäologischen Forschungsarbeiten an Ts'in Shi-huang-ti's Pyramide vorzunehmen, ist aus nichtchinesischer Sicht nur sehr schwer wirklich schlüssig zu beantworten. Kaum anzunehmen ist jedenfalls, daß für diese merkwürdig erscheinende Zurückhaltung der Bericht des Historikers Sima Ch'ian ausschlaggebend gewesen sein könnte – auch wenn dessen Angaben einigermaßen verwunderlich klingen. Da erfahren wir beispielsweise, daß beim Bau der alten Grabstätte die geschicktesten Handwerker und Techniker des kaiserlichen China herangezogen wurden und ihnen der Auftrag erteilt worden sei, in den Grabhallen Armbrüste mit mechanischer Selbstauslösung anzubringen. Eindringlinge – in der Regel rücksichtslose Grabräuber – hätten in einem solchen Fall damit rechnen müssen, von einem tödlichen Pfeilhagel »begrüßt« zu werden, was ihnen wohl vermutlich den Garaus gemacht hätte.

Es ist uns nicht überliefert, ob General Hiang Yu im Jahr 207 v. Chr. tatsächlich in der Lage war, die Pyramide des »Ersten Kaisers« aufzubrechen, um die Schätze des »Himmelssohnes« zu rauben. Wir wissen auch nicht, ob seine Schergen, sollten sie tatsächlich in die Grabstätte eingedrungen sein, mit Armbrustpfeilen überschüttet wurden. Vielleicht gab es die Existenz einer derartigen Verteidigungsanlage bloß in der Phantasie eines kaisertreuen Historikers und war somit lediglich ein haltloses Gerücht. Wie auch immer: Vorläufig müssen sich sowohl wißbegierige Archäologen als auch interessierte Touristen aus dem In- und Ausland damit begnügen, was uns Sima Ch'ian über das angebliche Innere der geheimnisvollen Grabanlage überliefert hat.

Demnach wurde Ts'in Shi-huang-ti in einem steinernen Sarkophag aufgebahrt. Die Decke des Saales, in dem sich der Prunksarg befindet, soll auf kunstvolle Weise dem Firmament nachgebildet worden sein. So ruht also der »Himmelssohn« (wie es sich für einen göttlich verehrt gewesenen Herrscher des chinesischen Kaiserreiches ziemt), umgeben von Sonne, Mond und Sternen, sozusagen inmitten es Weltalls. Wobei auch sein Sarkophag vermutlich von einer Truppe bewaffneter Tonsoldaten umringt sein dürfte.

Der Boden des Saales, in welchem der Verstorbene ruht, wurde übrigens maßstabverkleinert seinem früheren Reich nachgebildet. Die Flüsse darin sollen angeblich aus reinem Quecksilber bestehen.

Was vorerst wie ein phantasievolles Märchen zu klingen schien, scheint aber doch nicht so ganz an den Haaren herbeigezogen gewesen zu sein: Jedenfalls wurden vor einigen Jahren bei Grabungen auf den umliegenden Feldern überraschende Spuren von Quecksilber im Grundwasser entdeckt.

Waren die angeblich innerhalb der Pyramide befindlichen künstlichen »Flüsse« nach und nach im Erdboden versickert und dann in späterer Zeit außerhalb der Grabanlage zutage getreten?

Die bei Lintong aufgefundene – besser gesagt: wiederentdeckte – Pyramide des »Ersten Kaisers von China« stellt aber innerhalb Chinas keineswegs eine Ausnahme dar. In den Jahren von 1950 bis 1960 wurden in Ch'in, Yen und Chao zahlreiche weitere, wenn auch bei weitem kleinere Bauwerke dieser Art aufgespürt. Jedoch unterscheiden sich alle diese fernöstlichen Anlagen in mehreren Dingen doch recht erheblich von ihren berühmten ägyptischen Vorbildern: So besitzen sie – im Gegensatz zu ihnen – keine Pyramidenspitze, wurden auch nicht aus Stein erbaut sondern, wie bereits erwähnt, sondern ausschließlich aus Lehm errichtet. Ähnlich wie ihre prähistorischen »Schwestern« in Kolumbien und Mexiko besitzen sämtliche in China aufgefundene Pyramiden jeweils eine Plattform, die früher wahrscheinlich für kultische Rituale herangezogen wurde.

Die höchste Pyramide der Welt?

Daß wir heute überhaupt von der Existenz derartiger Bauwerke in der Volksrepublik China Kenntnis haben, ist – unabhängig voneinander – zwei amerikanischen Piloten zu verdanken, die in den Jahren 1945 und 1947 aus großer Höhe das fernöstliche Festland inspizierten. Beide Male handelte es sich allerdings nicht um eine harmlose Beförderung ziviler Passagiere. So ging es 1945 darum, das im zentralchinesischen Bereich liegende Ts'in-Ling-Shan-Gebirge südwestlich von Xian zu überfliegen. Der Air-Force-Pilot James Gaussmann hatte den Auftrag erhalten, eventuelle Truppenbewegungen in diesem Gebiet festzustellen und weiterzumelden.

Zwar waren inzwischen auch im Fernen Osten endlich die letzten Tage des Zweiten Weltkrieges angebrochen, doch befanden sich mehrere Verbände der Alliierten immer noch im rastlosen Einsatz. Sie waren dabei, die wenigen noch in China kämpfenden, aber bereits ziemlich versprengten japanischen Truppen aufzuspüren und endgültig aus dem Reich der Mitte zu vertreiben.

Für Gaussmann schien es bloß ein Routineeinsatz zu werden, denn noch ahnte er nicht, was ihm schon in Kürze widerfahren sollte. Mit seiner Maschine überquerte er die zahlreichen hochgelegenen Seitentäler des Ts'in-Ling-Shan-Gebirges, vermochte aber nirgendwo feindlichen Aktivitäten festzustellen.

Da ereignete sich plötzlich etwas Unglaubliches. Gaussmann war gerade bei einem tiefen Anflug auf eines der Seitentäler, als er unvermittelt ein phantastisch aussehendes Bauwerk gewahrte, das auf seiner Militärkarte jedoch nicht verzeichnet war. Ein solches Gebilde hatte er noch nie mit eigenen Augen gesehen. Und schon gar nicht in China. Denn unter ihm befand sich *eine gigantische Pyramide*!

Gaussmanns Neugier war geweckt. Mehrmals umkreiste er mit seiner Maschine die symmetrische gebaute Anlage und vergaß auch nicht, seine spektakuläre Entdeckung zu fotografieren. Bislang war der Amerikaner – sich seines Schulwissens erinnernd – der allgemeinen Ansicht gewesen, Bauwerke dieser Art nur in den Ländern Ägypten, Kolumbien oder Mexiko anzutreffen. Auf etwas Gleichwertiges auch in China zu stoßen, war er nicht vorbereitet gewesen.

Nach seiner Rückkehr wurde das von ihm gemachte Foto sofort entwickelt – und ergab nach dessen penibler Auswertung einen neuerlichen Schock! Mit ihren Maßen übertraf diese chinesische Pyramide weltweit alle ihre Konkurrenten.

Ihre Höhe errechnete man mit *300 Metern*, ihre Basislänge erreichte fast *einen halben Kilometer*. Das sensationelle Foto gelangte damals nicht an die Öffentlichkeit und verschwand für die folgenden 45 Jahre in den Archiven des amerikanischen Militärgeheimdienstes.

Zwei Jahre nach Gaussmanns Entdeckung gelangte das gewaltige Bauwerk dann aber doch in die Schlagzeilen der amerikanischen Presse.

»US-Pilot berichtet von riesiger chinesischer Pyramide in abgelegenen Bergen südwestlich von Xian.«

Das meldeten mehrere US-Zeitungen am 28. März 1947. Der überall gleichlautende Beitrag nannte natürlich auch die Quelle der diesem Artikel zugrunde liegenden außerordentlichen Information. Der ehemalige Angehörige der während des Zweiten Weltkrieges überaus legendären »Flying Tigers«, Colonel Maurice E. Sheahan, hatte 1947, nur wenige Tage vor der sensationellen Pressemitteilung, die betreffende gebirgige Region Chinas an Bord einer Verkehrsmaschine der Fluggesellschaft *Trans World Airlines* überflogen und dabei das ungewöhnliche prähistorische Bauwerk gesichtet.

Den Angaben Sheahans zufolge befand sich der Standort der Pyramide rund 40 Meilen – also etwa 64 Kilometer – südwestlich der Provinzhauptstadt Xian, am Ende eines langgezogenen Tales im Ts'in-Ling–Shan-Gebirge, das auf dem Landweg nur äußerst schwierig erreicht werden kann.

Sheahan wußte zusätzlich aber auch über »Hunderte kleinere Pyramiden« zu berichten, die sich nahe der großen Anlage befunden hätten. Der vormalige Aktivist bei den »Flying Tigers« zeigte sich selbst in späteren Jahren immer noch sehr verwundert darüber, *»daß so etwas Riesiges wie diese chinesische Pyramide der Welt nicht bekannt geworden ist«*.

Erwartungsgemäß wurde Sheahans Bericht – soweit es vor allem die geschätzte Höhe »seiner« Pyramide mit ihren von ihm behaupteten 300 Metern betraf – vielerorts stark angezweifelt. Im günstigsten Fall, so wurde dem Colonel »großzügig« bescheinigt, habe er sich damals wahrscheinlich bei den Maßeinheiten geirrt. Sheahan aber bestand auch noch in späteren Jahren darauf, bei seiner Höhenangabe keiner Verwechslung unterlegen zu sein. Er sprach (wie in den jeweiligen Zeitungsartikeln wiedergegeben) stets von einer Pyramidenhöhe von 1000 Fuß – und das sind unzweideutig dreihundert Meter!

Hartwig Hausdorf, meinem kollegialen Partner während unserer gemeinsamen erfolgreich verlaufenen China-Entdeckungstour im März 1994, ist es inzwischen geglückt, über die Person des Fliegers, der im März 1947 jene ungewöhnliche Pyramidenbeobachtung gemacht hatte, mehrere interessante Details herauszufinden. So ergab eine von ihm vorgenommene förmliche Anfrage bei der *California State Library* in Sacramento, daß Colonel Maurice E. Sheahan in der Ausgabe 1964/65 des Jahrbuches »World Who's Who in Commerce and Industry« auch offiziell aufgeführt war.

Darin ist über ihn folgendes zu erfahren: Sheahan wurde am 14. März 1902 in Kewanee/Illinois geboren und war in den späten dreißiger Jahren als Berater für Verkehrsangelegenheiten der Regierung in China im Einsatz. Für die Jahre 1945 bis 1947 ist er als »Assistant General Manager« der Fluggesellschaft *Trans World Airlines* angeführt. In die Zeit dieser Tätigkeit fällt auch seine Beobachtung der legendären »Weißen Pyramide«. Colonel Maurice E. Sheahan verstarb am 27. Februar 1975 in Vacaville (Kalifornien), wo sein Sohn Donald E. Sheahan noch heute lebt. Dieser hält übrigens die Existenz weiterer Fotos und Aufzeichnungen seines Vaters aus den 1940er Jahren für möglich.

In einem persönlichen Schreiben, das Donald E. Sheahan an Hartwig Hausdorf richtete, schildert der Sohn, 1947 gerade erst zehn Jahre alt, daß er sich im März desselben Jahres, kurz vor dem Abflug der *TWA*-Maschine nach China, von seinem Vater direkt im Flugzeug verabschieden durfte. Donald erinnerte sich in seiner Rückbesinnung auch daran, daß bei diesem »Operative Flight« (was soviel wie Geschäftsflug bedeutet) mehrere Manager der *TWA* an Bord waren, die damals ebenfalls die riesige Pyramide zu Gesicht bekommen und mit großer Wahrscheinlichkeit auch fotografiert hatten.

Donald E. Sheahan will sich nunmehr bemühen, das noch im Nachlaß seines Vaters vorhandene Material aus jener Zeit, welches in mehreren Kisten und Koffern in der Garage der elterlichen Wohnstätte in Vacaville/Cal. aufbewahrt ist, heraus zu suchen und zu ordnen.

Nachdem es Hartwig Hausdorf und mir im März 1994, dank der großzügigen Vermittlung eines seiner chinesischen Freunde – dessen Familie in China über sehr gute politische Beziehungen verfügt –, ermöglicht worden war, die Einreise in jenen bis damals für Touristen noch streng gesperrten regionalen Bereich der Volksrepublik anzutreten, war es uns vergönnt, Dutzende von Pyramiden, von deren Existenz bis dato niemand auf der Welt etwas ahnte, zu besichtigen. Natürlich ließen wir es uns bei dieser einmaligen Gelegenheit auch nicht entgehen, jene stummen Zeugen einer fernen Vergangenheit zu fotografieren und zu Fuß zu besteigen. Letzteres bereitete uns auch deshalb keine allzu große Mühe, weil in China sämtliche dieser ausschließlich aus Lehm errichteten Bauwerke bepflanzt worden sind. Daß unser Bildmaterial inzwischen weltweit sowohl in den Print- als auch elektronischen Medien Verbreitung gefunden hat, vermag nicht zu überraschen.

Noch mehr verblüfft aber waren Hartwig und ich über den Umstand, daß das Wissen um die Existenz von derartigen »hauseigenen« Pyramiden Anfang der 1990er Jahre bei vielen chinesischen Wissenschaftlern – wir bemerkten dies bei unseren in Peking erfolgten Kontaktgesprächen in der *Akademie der Wissenschaften* – als höchst mangelhaft bezeichnet werden mußte.

So entdeckte man erst 1991 drei nur 20 Kilometer vor Xian liegende Pyramiden erst dann, als man an einer Schnellstraße baute, die den neuen Flughafen mit der Provinzhauptstadt verbindet. Drei Jahre später, im Januar 1994, wurde man dann an den Ufern des Flusses Wei Ho fündig: Man stieß dort auf mehrere Pyramiden, von denen eine – wie zwischenzeitlich angestellte Berechnungen ergeben haben – beinahe exakt auf dem geometrischen Mittelpunkt des alten China erbaut worden war. Was deutlich macht, was für bemerkenswerte Kenntnisse es in jener Zeit gegeben haben dürfte, als man daran ging, diese großartigen Bauwerke zu errichten.

Die Rundpyramiden von Jotuo

Der folgende Bericht wird manchem Leser vielleicht nicht ganz unbekannt sein. Verschiedene Autoren, die sich mit grenzwissenschaftlichen Phänomenen befassen – auch ich – haben ihn gelegentlich bereits erwähnt. Ich selbst las darüber erstmals 1966 in dem von Hans E. Stumpf verfaßten Sachbuch »Das Abenteuer der biblischen Forschung«. Obwohl das darin wiedergegebene Geschehen eigentlich nichts mit biblischer Archäologie zu tun hat, gab der Autor die ungewöhnliche Meldung aus China dennoch in einer ausführlichen Fußnote seines Buches (auf Seite 81) wieder. Später erhielt ich darüber genauere Informationen – und schließlich einen, sagen wir: offiziösen Hinweis. Allerdings von einer Institution, mit der ich nicht gerechnet hatte: vom Kulturministerium der Volksrepublik China.

Zunächst aber zu der ungewöhnlich klingenden Geschichte: Im Oktober 1959 wurde die am Südufer des Dongting-Sees und an den Ausläufern des Hunan-Gebirges liegende Felsinsel Jotuo von einem äußerst heftigen Seebeben erschüttert. Im fernen Granittal (auch als »Tal der Steine« bezeichnet) legte damals das Beben die Fragmente von drei Rundpyramiden frei.

Das erfuhren Archäologen in Peking. Im Juli 1961 begab sich deshalb der Dozent für Altertumsforschung, Professor Chi Pen-lao, mit seinen beiden Assistenten Hui Chi-ting und Dr. Wu To-Wai an den »Tatort«. Vermessungen an Ort und Stelle ergaben, daß jedes einzelne dieser Bauwerke ursprünglich bis zu 300 Meter hoch gewesen sein mußte. Das Alter der Pyramiden wurde von den drei Archäologen auf etwa 45 000 Jahre geschätzt.

Damit nicht genug. Während die Wissenschaftler einen vor rund 3000 Jahren im Dongting-See versunkenen Mauerwall untersuchten, stießen sie in seinem Bereich im Inneren der Insel auf vordem unbekannt gewesene Höhlen. Zwei Taucher entdeckten in 30 Metern Tiefe den Zugang zu einem unterirdischen Labyrinth, das ganz offensichtlich künstlich in den Granitfelsen hineingebohrt worden war. Es handelte sich dabei um Teile eines

Gebirgszuges, der nach einem gewaltigen, in prähistorischer Zeit erfolgten Erdbeben im Dongting-See versunken war.

Von diesen unter der Wasseroberfläche liegenden Granithöhlenwänden gelangten die Forscher durch symmetrisch angelegte Gänge in eine riesige Halle.

Dort erwartete die Archäologen die eigentliche Überraschung: An den Wänden des ebenfalls künstlich geschaffenen Raumes entdeckten die drei Männer unzählige Ritzzeichnungen, die mit anscheinend überaus scharfen, wahrscheinlich sogar *metallenen* Gegenständen erstaunlich präzise in die Wände eingraviert worden waren. Daß dies bereits vor Tausenden von Jahren geschehen sein mußte, darüber waren sich Professor Chi Pen-lao sowie seine Assistenten schon deshalb einig, weil auch die Fragmente der drei Rundpyramiden, die das Seebeben freigelegt hatte, auf einen weit in der chinesischen Vergangenheit liegenden Ursprung hingewiesen hatten.

Ungewöhnlich erschienen ihnen auch die eingeritzten Motive in den fugenlosen Wänden des unterseeischen Höhlenlabyrinths: So erkannten sie die Umrisse von Menschen, deren Aussehen zwar als kleinwüchsig, aber stämmig wiedergegeben worden war. Bei dem dargestellten Gesamtmotiv der Felsgravur handelte es sich einwandfrei um eine Jagdszene. Die Kleingestaltigen verfolgten flüchtende Rentiere, wobei sie Waffen benützten, die Chi Pen-lao und seine Begleiter entfernt an Blasrohre erinnerten.

Es war fürwahr ein mühevolles Unterfangen gewesen, in dieses bereits in vorgeschichtlicher Zeit geschaffene Höhlenlabyrinth einzudringen. In einem späteren Bericht wies Professor Chi Pen-lao darauf hin, daß die wie poliert wirkenden, rohrförmigen Gänge mancherorts von einem unerklärlich feinen, stahlhart gepreßten Granitstaub verschüttet waren, so daß die Archäologen den Eindruck gewannen, man habe die Zugänge absichtlich blokkiert. War dieser Granitstaub durch gewaltige Explosionen entstanden? Und waren die drei Rundpyramiden – von wem auch immer – *künstlich* zerstört worden?

Auch an den glatten Zugängen zu den Rundbauten entdeckten

die Wissenschaftler Ritzdarstellungen, die mit sehr spitzen und harten Werkzeugen eingraviert worden waren. Die künstlerische Gestaltung der einzelnen Szenen beeindruckte Chi Pen-lao und seine Assistenten in besonderer Weise.

Auch hier waren wieder Jagdszenen dargestellt, und die dabei gezeigten Jäger von kleinem, aber stämmigen Wuchs. So wie schon anderswo preßten sie Gegenstände an ihre Lippen, die partout Blasrohren ähnelten, die eindeutig auf flüchtende Rentiere gerichtet waren. Allerdings verblüffte die Archäologen hier ein zusätzliches szenisches Motiv, das ihnen fremdartig und rätselhaft erschien: *Oberhalb* der Blasrohrschützen erkannten sie die eingeritzte Darstellung stromlinienförmiger Gebilde, auf denen sich humanoide Wesen befanden, die offensichtlich ebenfalls der Jagd auf das flüchtende Wild huldigten. Bei diesen Personen handelte es sich jedoch um einen völlig anderen Menschenschlag. Professor Chi Pen-lao kam nicht umhin, deren Aussehen zu beschreiben: Demnach waren die fremdartigen Gestalten mit modern anmutenden Jacken sowie langen Hosen bekleidet. In ihren Händen waren Gegenstände erkennbar, die keineswegs Blasrohren glichen, sondern eher an »Gewehre« erinnerten.

Und als wäre dies noch längst nicht alles, so Chi Pen-lao weiter, seien über den Köpfen der fliegenden, stromlinienartigen Gegenstände noch zusätzlich zylindrische Körper sichtbar gewesen, wovon einige senkrecht, andere wieder schräg zum Himmel aufzusteigen schienen.

Mit Recht rätselten der chinesische Altertumsforscher und seine wissenschaftlichen Begleiter darüber, worum es sich bei den drei Rundpyramiden gehandelt haben könnte. Legten sie Zeugnis ab für eine längst versunkene Kultur? Finden sich auf den Wandgravuren des Höhlenlabyrinths von Jotuo womöglich sogar zielführende Hinweise über vormals erfolgte *außerirdische* Kontakte? Oder fiel eine einst unglaublich fortgeschrittene Zivilisation mit großen technologischen Kenntnissen irgendwann einer globalen Katastrophe zum Opfer?

Fragen über Fragen – wo aber bleiben die Antworten?

Ich war damals wild entschlossen, sie zu suchen und vielleicht auch zu finden.

Aber das war leichter gesagt als getan. Zuerst mußte ich einen langatmigen Behördenweg auf mich nehmen. Ich benötigte die offizielle chinesische Genehmigung aus Peking. Denn selbstverständlich wollte ich unbedingt zum Dongting-See.

Der sogenannte Zufall kam mir dabei zu Hilfe. Monate vor dem Antritt zu meiner zweiten China-Reise weilte der damalige (inzwischen verstorbene) österreichische Botschafter in der Volksrepublik, Dr. Wilfried Gredler, kurzfristig in Wien. Ich erbat eine Audienz, teilte ihm zunächst schriftlich mein Anliegen mit, und der hohe Diplomat empfing mich daraufhin in seinen Büroräumen.

Erfreulicherweise war er sofort bereit, mein Anliegen zu unterstützen, erklärte mir allerdings einschränkend, daß man ihn demnächst von seinem Botschafterposten in Peking abberufen werde. Dr. Gredler zeigte sich aber gewillt, mit seinem vorgesehenen Nachfolger, Dr. Wolfgang Wolte, über mein Vorhaben zu sprechen. In einem Schreiben, das er mir Monate später aus Peking zukommen ließ, teilte mir Dr. Gredler mit, *»daß ich mich in Ihrer Angelegenheit mit der Bitte um Unterstützung nachdrücklich an das hiesige Außenministerium gewandt habe … Über den Fortgang Ihres Ansuchens werde ich sie auf dem Laufenden halten.«*

Einige Zeit danach erhielt ich von dem vormaligen Gesandten Dr. Gregor Woschnagg folgendes Schreiben:

»… kann Ihnen aufgrund eines Berichtes der österreichischen Botschaft in Peking mitteilen, daß das chinesische Außenministerium mit einem Besuch prinzipiell einverstanden ist, jedoch nur die Stadt Xian und jene Orte in der Provinz Hunan, die Ausländern zugänglich sind, von Ihnen besichtigt werden können …«

Ergänzend sei hier noch vermerkt, daß ich um eine Reisegenehmigung als Einzelreisender angesucht hatte.

Die Antwort aus Peking befriedigte mich natürlich keineswegs. Ich schrieb Dr. Woschnagg erneut und nannte ihm meine eigentlich gewünschten Reiseziele. Von chinesischer Seite wollte ich vor allem erfahren, welche Gebiete in der Provinz Hunan ich nun tatsächlich zu sehen bekommen würde. Mein entsprechendes Schreiben beantwortete der Ministerialrat im österreichischen Außenministerium, Dr. Erich Fenkart, unter anderem mit dem Hinweis, »... *daß sie* (die österreichische Botschaft in Peking; P. K.) *nunmehr nach wiederholten Urgenzen vom Kulturministerium eine Stellungnahme auf den Antrag des österreichischen Schriftstellers Peter Krassa für eine Studienreise in China erhalten hat. Das Ministerium teilte hierzu mit, daß von den im Auftrag Krassas angeführten Besuchszielen lediglich die Grabstätte in Ma Wung Dui, Provinz Hunan, sowie das Grab von Kaiser Jin Shi Huangdi* (Ts'in Schi-huang-ti; P. K.) *in der Nähe von Xian besucht werden könnten.«*

Die vier anderen Stätten – darunter auch der von mir gewünschte Besuch des Dongting-Sees – seien für Touristen nicht freigegeben.

Ich war äußerst unzufrieden. Deshalb beharrte ich in meinem nächsten Brief an das österreichische Außenministerium auf meinen Wünschen, da ich die Besichtigung bestimmter Reiseziele – so auch den Dongting-See – unbedingt als Unterlage für ein damals in Vorbereitung befindliches Buch benötigte. Bereits zehn Tage später hielt ich das Antwortschreiben in Händen. Der neuernannte österreichische Botschafter in China, Dr. Wolfgang Wolte (später, noch vor seiner Pensionierung, dann auch Botschafter bei der österreichischen Mission in der EG in Brüssel; P. K.), teilte mir leider wenig Tröstliches mit:

»Die Besichtigung der Fundamente ehemaliger Pyramiden am Dongting-See in der Provinz Hunan kann jedoch nicht ermöglicht werden, da dieses Gebiet für ausländische Besucher noch nicht freigegeben ist.«

Hartnäckig versuchte ich es weiter, weil ich unbedingt zum Dongting-See wollte. Es gab einen intensiven Briefwechsel – und schließlich ein Schreiben der österreichischen Botschaft in

Peking an das Außenministerium in Wien. Unter der aktenkundigen Ziffer 466-A/81 »Peter Krassa; Studienreise in die VR China« las ich unter anderem:

»Das chinesische Kulturministerium hat zur Studienreise Herrn Peter Krassas ... seine Zustimmung erteilt, wobei neben den bereits ... genehmigten Kulturstätten nunmehr auch noch die landwirtschaftlichen Sehenswürdigkeiten des Dongting-Sees, jedoch nicht die Fundamente der dortigen Pyramiden (Unterstreichung von mir; P. K.) *besichtigt werden können.«*

Was aber andererseits – trotz diesem für mich so enttäuschenden Bescheid und mancher offizieller Dementis, die angebliche Nichtexistenz der Rundpyramiden betreffend – recht eindeutig bewies, daß jene chinesischen Artefakte im Bereich des Dongting-Sees, auf der Felsinsel Jotuo tatsächlich existieren.

Noch war der letzte Schritt nicht getan. Doch sollten bis dahin weitere acht Jahre vergehen ...

Gemeinsam zum Dongting-See

Wie schon eingangs erwähnt, startete ich im März 1994 meine dritte Entdeckungsreise durch die Volksrepublik China. Diesmal aber nicht, wie bei den beiden ersten Erkundungen, gemeinsam mit einer Gruppe von an derlei Dingen kaum interessierten Touristen, sondern erstmals »auf eigene Faust«. Dennoch aber nicht völlig solo. Mit mir hatte ein junger Mann die Anstrengungen dieser auch physisch belastenden Reise auf sich genommen, der jedoch bereits über ein gewisses Maß an Erfahrung verfügte, da er in einem bayrischen Reisebüro als Reiseleiter tätig war. Mit ihm hatte ich mich im August 1993 im Rahmen eines grenzwissenschaftlich orientierten Kongresses – der Weltkonferenz der *Ancient Astronaut Society* – in der amerikanischen »Spielhölle« Las Vegas angefreundet. Dieser junge Mann, Hartwig Hausdorf, war einige Zeit davor mit mir brieflich in Verbindung getreten und hatte mich gebeten, ihm für den illustrativen Teil seines ersten Sachbuches, in welchem er sich ebenfalls mit der rätselhaften Vorgeschichte Chinas beschäftigte, entsprechendes Bildmaterial zur Verfügung zu stellen. Einem Wunsch des mir damals persönlich noch unbekannten Autoren-»Greenhorns«, dem ich (schon aus kollegialen Gründen) gerne nachkam.

Unser persönliches Kennenlernen in Las Vegas ergab in der Folge auch gegenseitige Sympathie und schließlich völlige Übereinstimmung darin, die nächste Tour nach China gemeinsam zu gestalten. Kurz vor dem Antritt der Reise stimmten wir schließlich zu, auch noch eine dritte Person an unserem Unternehmen teilhaben zu lassen. Diese überaus engagierte Dame, obgleich schon ein etwas älteres Semester, wollte unbedingt ebenfalls an unserer kleinen Expedition teilnehmen. Wir entsprachen schließlich ihrem Wunsch.

In unserem Gepäck hatten wir mehrere Kopien einer Satellitenaufnahme, die vom *NASA-LANDSAT* von jener Gegend des Dongting-Sees gemacht worden war. Darauf konnten deutlich vier in einer Reihe liegende Inseln im nördlichen Bereich des Binnenmeeres festgestellt werden. Aber würde sich auch das von uns gesuchte Eiland Jotuo darunter befinden?

Die erste Enttäuschung in dieser Frage bereitete uns jener chinesische Dolmetscher, den wir in Yueyang zugeteilt bekommen hatten. Ihm war der angebliche Name der von uns gesuchten Insel jedenfalls kein Begriff. Und auch alle anderen uns kompetent erscheinenden Personen dieser Stadt, die wir hierbei um Auskunft gebeten hatten, zeigten sich leider völlig ahnungslos. Immerhin war unser Guide, Mr. Feng, schließlich doch in der Lage, jene vier auf dem Satellitenfoto abgebildeten Inseln sowie zwei weitere, im südlichen Teil des Sees liegende, zu identifizieren.

Unabhängig von unseren Bemühungen, das von uns so sehr gesuchte geheimnisvolle Eiland aufzuspüren, ergaben sich bei unseren hartnäckigen Recherchen schließlich doch ein paar neue Hinweise, die hoffen ließen, die Felsinsel Jotuo in absehbarer Zeit doch noch ausfindig zu machen.

Die vier nahezu in einer Reihe liegenden nördlichen Inseln

– Jun Shan, Bian Shan, Zhou Shan und Yue Shan – waren vorrangiges Ziel unserer Nachforschungen. Mr. Feng, unser Dolmetscher, hatte am Hafen ein Fischerboot organisiert, das aber nur über ein sehr schmales Brett zu betreten war. Hartwig, ich und unsere betagte Begleiterin vermochten bei unserem Einstieg nur mühsam die Balance zu halten. Ein falscher Tritt hätte uns sonst ein höchst unfreiwilliges Schlammbad beschert; ganz abgesehen davon, ob es uns in einem solchen Fall gelungen wäre, dem gelbbraunen Morast, der sich am Ufer des Sees gebildet hatte, unbeschadet zu entgehen.

Immerhin haben sich inzwischen zweierlei Angaben über die rätselhaften Relikte der Insel Jotuo als korrekt erwiesen: Zum einen gibt es im Bereich des Dongting-Sees tatsächlich größere Vorkommen von Felsgestein. Somit kann es sich bei der Ortsbezeichnung »Granittal« bzw. »Tal der Steine« wohl kaum um einen bloß der Phantasie entsprungenen Namen handeln. Und bereits ein paar Tage später, als wir in Changsha, der Provinzhauptstadt von Hunan, verweilten, erhielten wir einen weiteren zielführenden Hinweis. Nordwestlich des Sees existiert nämlich ein Verwaltungsbezirk, der die Bezeichnung »Tor der Steine« erhalten hat.

Auch was das behauptete Erdbeben betrifft, durch welches die drei Rundpyramiden auf Jotuo freigelegt worden sein sollen, fand sich eine glaubwürdige Bestätigung: Vor Jahren hat es in dieser Region tatsächlich eine derartige Katastrophe gegeben, wie uns sichtbare Spuren auf der Hafenmole deutlich verrieten.

Und schließlich bewies uns das Dokumentarfoto des *NASA-LANDSAT*-Satelliten einwandfrei: Das gesamte Gebiet ist ein einziger riesiger, von Norden nach Süden verlaufender Grabenbruch. Somit also, wie jeder Geologe bestätigen wird, eine für Erdbeben geradezu prädestinierte Zone!

Leider erkannten wir sehr bald, daß die von uns angesteuerte Insel »Jun Shan« nicht das Geringste mit der gesuchten Felsinsel »Jotuo« zu tun hatte. Es wäre wohl zu schön gewesen, gleich im ersten Anlauf den gesuchten Zielort aufzufinden. Sogar unser chinesischer Dolmetscher empfang Mitleid, als er unsere Enttäuschung bemerkte, und um ein wenig Trost zu spenden, erzählte er uns jene Legende, die über dieses Eiland berichtet wird.

Chinesische Drachenlegenden

Wie wir uns dort persönlich überzeugen konnten, befindet sich auf »Jun Shan« eine wunderschöne Gartenanlage, und mitten darin ein ganz besonderer Brunnen. Zur Zeit der T'ang-Dynastie (618–907 n. Chr.) lebte und studierte auf dieser Insel ein Gelehrter namens Liu Yi (nach dem später dieser Brunnen benannt wurde). Eines Tages wanderte der kluge Mann in die damalige Hauptstadt Chang'an (heute Xian; P. K.), um dort die Prüfung als kaiserlicher Hofbeamter abzulegen. Zu seinem Kummer wurde aber diese Aufgabe von Liu Yi nicht bestanden, und so mußte er sich wieder auf seine Heimatinsel zurück begeben.

Unterwegs begegnete ihm ein hübsches Mädchen. Traurig sah es der Gelehrte am Wegesrand sitzen und die Schafe hüten. Liu Yi blieb stehen und fragte die Schäferin nach dem Grund ihres Kummers. Da erzählte sie dem Gelehrten, sie sei die Tochter des Drachenkönigs vom Dongting-See, habe den Drachenprinzen von Shaanxi geheiratet, doch würde sie dieser äußerst schlecht behandeln. Inständig bat nun das Mädchen, Liu Yi möge doch einen von ihr an den Drachenkönig geschriebenen Brief zum Dongting-See mitnehmen, damit auch der Vater von ihrem Leid erfahre. Liu Yi vermochte diesen Wunsch nicht abzuschlagen. Kaum auf der Insel »Jun Shan« angekommen, kletterte der Gelehrte mit der Botschaft der Drachenprinzessin in den Brunnen, durch den allein man zu der Residenz des Drachenkönigs gelangen konnte. Nachdem Liu Yi einen tiefen Schacht passiert hatte, erreichte er den unterirdisch gelegenen Drachenpalast.

Als der Drachenkönig von dem traurigen Los seiner Tochter vernommen hatte, erhob er sich sogleich in die Lüfte *(sic!)* und flog nach Norden, in Richtung Xian, um dem Mädchen zur Hilfe zu eilen. Nach einem kurzen, heftigen Kampf gelang es ihm, sein

Kind aus der Gewalt des Drachenprinzen zu befreien. Kaum auf die heimatliche Insel zurückgekehrt, gab er dem gelehrten Liu Yi aus Dankbarkeit seine Tochter zur Frau.

Heute noch kann der Liu-Yi-Brunnen von Besuchern der Insel besichtigt und bewundert werden. Niemand weiß, wie tief er ist, doch vermutet man, daß er unterirdisch mit dem Wasserspiegel des Dongting-Sees in Verbindung stehen dürfte.

Auf unserer hartnäckigen Suche nach »Jutuo« wurden wir mit einer weiteren Insel-Sage konfrontiert. Diesmal betraf die uns berichtete Erzählung die weiter südlich im Dongting-See liegende »Schlangeninsel« She Shan, die auch unter dem Namen »Dracheninsel« bekannt ist. Sie ist ungleich älter als »Jun Shan« und galt bereits während der Ts'in-Dynastie (221–206 v. Chr.) als Legende. Hier ihre geradezu unglaublich klingende Geschichte.

Einer der mythischen Urkaiser aus dem Reich der Mitte soll einstmals diese Insel mit Hilfe »göttlicher Kräfte« durch den Himmelsraum befördert haben. Als er eben mit seiner Last über den Dongting-See hinweg flog, scheint er anscheinend für wenige Augenblicke unaufmerksam gewesen zu sein. Jedenfalls entglitt ihm die Insel und fiel ins Wasser. Seit dieser Zeit befindet sie sich, ihrer langgestreckten Form wegen »Schlangeninsel« genannt, im Dongting-See. Ihre zweite Bezeichnung – »Dracheninsel« – dürfte wohl auf ihre »luftige« Beförderung zurückzuführen sein.

Zielorientierte Nachforschungen ähneln manchmal einem Geduldsspiel. Besonders dann, wenn sich die Auffassungsgabe des betreffenden ortsansässigen Dolmetschers, vor allem aber seine Bereitschaft, jenen hilfreich zur Hand zu gehen, die letztlich auf ihn angewiesen wären, als begrenzt herausstellen sollte. Ein Umstand, den wir – Hartwig und ich – während unserer Exkursion zu spüren bekamen. Es stellte sich nämlich bald heraus, daß die von unserem Herrn Feng angepriesene *echte* »Schlangeninsel« viel zu weit entfernt gewesen wäre, um sie mit unserem veralteten Dieselboot anzusteuern. Das betreffende Eiland liegt etwa 50 Kilometer nördlich von Changsha, und der Dongting-

See hat nun einmal keine – so wie etwa in Österreich oder Deutschland gewohnte – übersichtliche Größe, sondern ist ein für unsere Begriffe geradezu unermeßliches Binnenmeer.

Eines wenigstens hatte alle diese vergeblichen Anstrengungen für sich: Es stand nicht dafür, nach »Jotuo« weiter zu suchen. Wir hätten dazu sehr viel mehr Zeit benötigt, die uns aber (schon der zuvor vereinbarten Termine wegen, die uns im Rahmen des mehrwöchigen Aufenthaltes in China gegönnt waren) leider nicht zur Verfügung stand. Deshalb verzichteten wir schließlich darauf, die auf dem Satellitenfoto ebenfalls erkennbaren Inseln drei und vier, Zhou Shan und Yue Shan, ebenfalls aufzusuchen. Wir hatten nämlich inzwischen herausgefunden, daß es sich in beiden Fällen lediglich um Kiesbänke handelte, die für unsere Spurensuche völlig ungeeignet waren.

Einen Tag früher als geplant brachen wir unseren Aufenthalt in Yueyang ab. Wenn es das von uns gesuchte Eiland nämlich tatsächlich gab, dann mußte es in jedem Fall viel weiter im *Süden* gesucht werden. Und noch ein Gutes hatte unsere etwas überstürzte Abreise aus Yueyang. Ursprünglich war geplant gewesen, die Fahrt zu unserem nächsten Reiseziel – nach Changsha – wieder mit der Eisenbahn anzutreten. Doch nachdem wir mit diesem Transportmittel eine zwanzigstündige Fahrt von Xian zum Dongting-See überstanden hatten, war unser Bedarf nach öffentlichen Fortbewegungsmitteln vorerst einmal gedeckt. Wir zogen es vor, die 150 Kilometer, trotz der nicht immer sehr gut befahrbaren Straßen, diesmal in einer gemieteten Limousine zurückzulegen. Mit einem lachenden und einem weinenden Auge berappten wir für dieses holprige Vergnügen an die 600 Yüan (rund 60 Euro), und trösteten uns mit dem Werbespot einer renommierten asiatischen Fluggesellschaft, der den Kunden verspricht: »Arrive in a better shape«, was soviel bedeutet wie: »In einer besseren Verfassung ans Ziel gelangen« …

Bleibt noch die Frage zu beantworten, wo nun das von uns gesuchte Ziel – die »unsichtbare« Felsinsel Jotuo – zu suchen wäre. Wir haben uns bemüht, die dafür in Frage kommenden

Kandidaten, zumindest in theoretischer Hinsicht, etwas genauer aufzulisten: Da wäre einmal die beträchtlich langgestreckte »Schlangen«- oder »Dracheninsel« She Shan, ungefähr 50 Kilometer nördlich von Changsha. Dann die etwas nördlicher liegende Insel Gui Shan, auch »Schildkröteninsel« genannt. Ferner das kleine Eiland Shijun Shan, auf dem, wie wir von kompetenter Seite – Professor Gao Zhi Yi – erfahren hatten, archäologische Funde gemacht worden waren. Der Haken dabei: Diese Insel ist fast während der Hälfte des Jahres von Wassermassen des Dongting-Sees überflutet. Natürlich gibt es weiter südlich noch mehrere andere Inseln, von denen wir aber weder die Namen noch sonst irgendwelche Einzelheiten in Erfahrung zu bringen vermochten.

Und noch ein wichtiger Punkt müßte geklärt werden: Der *chinesische* Name dieses mysteriösen Eilands. Wen immer wir 1994 in China auch befragten, »Jotuo« war niemandem ein Begriff. Möglicherweise ist diese Bezeichnung schon sehr alt, seit langem nicht mehr gebräuchlich und deshalb in Vergessenheit geraten. Es könnte aber auch sein, daß »Jotuo« aus einem der zahlreichen chinesischen Dialekte stammt und die Insel heute – in der modernen Hanyu-Pinyin-Übersetzung – ganz anders heißt. Ebenso denkbar ist aber auch, daß in dem aus den 1960er Jahren herrührenden Bericht ein gänzlich falscher Name angegeben wurde, oder – mangels Kenntnis der chinesischen Sprache – ungewollt verzerrt oder verändert worden ist.

Wir haben die Hoffnung noch nicht ganz aufgegeben, in diesen Belangen vielleicht doch noch zu zielführenden Informationen über die Insel Jotuo (oder wie auch immer dieses felsige Eiland heißen mag) zu gelangen.

Wie verkündet ein Sinnspruch doch so hoffnungsvoll? »Geduld bringt Rosen« …

4. Von »Donnervögeln« und fliegenden Drachen

Der fliegende Drache gilt in China noch heute als *kosmisches* Symbol. So stoßen wir in den zahlreichen Legenden und Überlieferungen dieses riesigen Landes immer wieder auf Textstellen, in denen feurige und fliegende Drachen Erwähnung finden. Der Drache ist (jeder politischen Tendenz zum Trotz) ein heimliches Nationalemblem der Chinesen geblieben. Zwar wissen die jüngeren Asiaten damit heute nur noch wenig anzufangen, aber ältere Chinesen, die es trotz aller Widrigkeiten, von denen ihr Land im Verlauf der letzten Jahrzehnte heimgesucht worden ist, nicht verlernt haben, die traditionelle Kultur des vormaligen Reiches der Mitte hoch zu halten, sehen in dem Drachensymbol ein Sinnbild ihrer Zivilisation.

Natürlich hat der Drache auch in unserer Sagenwelt seinen festen Platz. Er gilt hier allgemein als Resterinnerung an urzeitliche Geschehnisse, an Dinge, die längst vergangen sind. Irgendwann, so wird behauptet, hätten diese Monster auch in unseren Gegenden ihr Unwesen getrieben. Riesige Vierbeiner, die damals Urwälder und Steppen bevölkerten – in Gestalt der uns aus der Naturgeschichte bekannten Saurier.

Erst in späteren Erzählungen, die man sich am Lagerfeuer und vor dem offenen Kamin zuraunte, sind diese urweltlichen Kriechtiere zu jenen feuerspeienden, hornbeschuppten und tatzenbewehrten »Drachen« geworden, die dazu herhalten mußten, jungfräuliche Prinzessinnen und tugendsame Ritterfräuleins durch die Lüfte zu entführen und als Geiseln gefangen zu halten. Das solange, bis diese Ungeheuer von einem unerschrockenen Helden mit Schwert und Lanze vom Leben zum Tode befördert werden konnten.

Auf einen ganz anderen Ursprung werden diese Wesen hingegen in der chinesischen Mythologie zurückgeführt. Darin ist davon die Rede, daß Chinas Vorfahren auf *feurigen Drachen* zur Erde gekommen sein sollen. Wohl liest man in diesen uralten Überlieferungen kein Wort von Raketen oder Raumfahrzeugen, doch finden sich beispielsweise in dem alten chinesischen Text »Huai-nan-tsu« Andeutungen in dieser Richtung, so, als ob im damaligen Reich der Mitte die Raumfahrt gang und gäbe gewesen wäre. *»Geister stiegen oft zu den Menschen herab, um sie die göttliche Weisheit zu lehren«,* wird in dem vorerwähnten altchinesischen Text berichtet. Und in seinem 108. Kapitel wird ein geradezu idyllisches Zeitalter beschrieben: *»Damals lebten die Menschen und Tiere in einem Paradies und waren in kosmischem Verstehen miteinander verbunden. Es gab keine Naturkatastrophen, das Klima war angenehm und mild, die Planeten gerieten nicht aus ihrer Bahn, Verbrechen waren unbekannt.«*

In diesem Zeitalter muß es ein Vergnügen gewesen sein, auf unserem Planeten zu leben. Und anscheinend hatte dies auch etwas mit den legendären Drachen zu tun, finden wir doch im erwähnten Legendentext ebenso den Hinweis, die »Drachenkönige« jener Ära seien gleichermaßen auch die Väter der 1. Dynastie Chinas gewesen. Waren diese »Drachenkönige« die Insassen jener »feurigen, himmlischen Drachen«?

Die Vermutung, bei den chinesischen Ur-Drachen könnte es sich um mechanisch betriebene Himmelsfahrzeuge gehandelt haben, gewinnt an Wahrscheinlichkeit, wenn man die detaillierten Drachenbeschreibungen liest. Diese fernöstlichen Fabeltiere weisen nicht im mindesten jene Eigenschaften auf, die man ihnen einst in unseren Breitengraden zuschrieb. So erfährt man, die Ungeheuer seien auf starken Winden »gen Himmel *geröhrt*« – eine zweifellos *akustische* Wahrnehmung –, sie seien aber ebenso imstande gewesen, bis in die Tiefen der Ozeane hinabzustoßen. Möglicherweise kommen wir dadurch der ursprünglichen Bedeutung zahlreicher Drachensagen näher, in denen davon die Rede ist, daß so ein Ungeheuer eine schöne Prinzessin geraubt und streng bewacht habe. Wird doch auch in den mythischen Überlieferungen aus dem vorgeschichtlichen China gelegentlich angemerkt: *»Ab und zu entführten die Drachen auch Mädchen und brachten sie dann zu ihren Herren, die in den Wolken wohnten.«*

Drachen als Kidnapper – das schlägt dem Faß den Boden aus! Offenbar war den Besuchern aus dem Kosmos damals jedwede »Kontaktaufnahme« mit uns Irdischen erlaubt. Moralische Rücksichten scheint es keine gegeben zu haben. Attraktive Erdenmädchen hatten es den Himmlischen schon immer angetan. So lesen wir ähnliches auch in den griechischen Göttersagen oder in »heiligen« Büchern. Etwa im Alten Testament der Bibel: *»Als die Göttersöhne sahen, daß die Menschentöchter schön waren, nahmen sie sich zum Weibe, welche sie wollten ...«*

Chinas Drachen waren Luftfahrzeuge

Chinas Drachen waren also, das beweisen die Legenden dieses Landes deutlich genug, nichts anderes als die Luftfahrzeuge kosmischer Raumfahrer – eben jener »Herren, die in den Wolken wohnten«.

Der bereits verstorbene britische Schriftsteller W. Raymond Drake, mit dem ich viele Jahre befreundet war, entdeckte seinerzeit in legendären chinesischen Quellen Hinweise, worin von »heiligen Menschen und Herrschern« berichtet wird, die in der Lage waren, ebenso auf Drachen zu reiten wie die Götter selbst. So besaß Yü der Große, Gründer der legendären Hia-Dynastie, angeblich einen Wagen, der von zwei Drachen gezogen wurde. Er wird deshalb in den Annalen auch als »Herr der Lüfte« bezeichnet. Chinesische Künstler haben diese Überlieferungen der Nachwelt erhalten. Auf einem Grabstein in der chinesischen Provinz Shantung wurde beispielsweise eine Gravur hinterlassen, die sehr deutlich einen dieser legendären »Drachenwagen«, hoch über den stilisiert dargestellten Wolken fliegend, veranschaulicht. Das Fluggerät ist ringsum von Drachenwesen eingekreist (siehe auch Bildteil des Buches). Sie besitzen allesamt Flügel. Die Steingravierung zeigt insgesamt fünf Flugtiere. Auf dem einen sitzt ein fahnentragender, behelmter Reiter. In dem fliegenden Gefährt befindet sich, durch ein Dach geschützt, der Herrscher selbst. Vor ihm sitzt der Wagenlenker. Das Original dieser Darstellung stammt aus dem Jahr 147 v. Chr.

Natürlich wird es manche geben, die das Drachensymbol Chinas als bloßes Märchen ohne jedweden Wahrheitsgehalt abtun werden. Drachen, die fliegen konnten – lächerlich!

Aber weswegen sollten die in den chinesischen Legenden immer wieder erwähnten Himmelswesen ausschließlich der menschlichen Phantasie entsprungen sein? Wäre es nicht sinnvoll, darüber nachzudenken, ob jenen mythischen Erzählungen nicht doch ein wahrer Kern zugrunde liegen könnte?

Orientiere wir uns doch an anderen damit vergleichbaren Beispielen: Als die ersten Dampflokomotiven durch die nordamerikanischen Prärien fauchten, versetzten diese schnaubenden Kolosse Amerikas Ureinwohner – die Indianer – zunächst in Angst und Schrecken. Nie zuvor hatten sie etwas Ähnliches gesehen. Und auch ihren verschiedenen Stammesdialekten fehlte hierfür ein entsprechender Begriff. Also wichen sie jeweils auf Bezeichnungen aus, die ihnen geläufig waren und die sie in ihrer Bedeutung auch verstanden. Und was war Winnetous rothäutigen Brüdern, aus eigenem Erleben, damals an Vergleichbarem bislang untergekommen? Pferde natürlich, Rösser. Folglich nannten sie jene rauchenden, funkensprühenden, auf Eisensträngen dahinrollenden Ungetüme kurzerhand »Dampf«- oder auch »Feuerrösser«!

Und jetzt, lieber Leser, versuchen Sie sich doch einmal vorzustellen, noch nie zuvor im Leben ein Flugzeug gesehen zu haben. Schon gar nicht eines der modernsten Bauart – etwa einen Düsenbomber. Bisher lebten Sie in Gottes freier Natur, unbehelligt von allen technologischen Errungenschaften. Die zum Leben notwendige Nahrung holten Sie für sich und Ihre Sippe mit Hilfe einfacher Geräte: Pfeil und Bogen oder Speer und Lanze. Alles andere, waffenartig Weiterführende, ist Ihnen fremd. Sie haben davon nicht die geringste Vorstellung. Auch unseren frühesten Vorfahren ist es seinerzeit nicht anders ergangen.

Eines Tages, Sie befinden sich wieder einmal auf der Jagd, vernehmen Sie ein erschreckendes, noch nie zuvor gehörtes Geräusch. Es dringt aus dem Luftraum an Ihr Ohr. Erstaunt stellen Sie fest, daß das dumpfe, unheimliche Grollen keinesfalls von einem Gewitter herrühren kann. Weit und breit ist keine Wolke am sonnigen, blauen Firmament zu erblicken. Während Sie noch höchst verwundert über diese ungewohnte Geräuschkulisse nachdenken, erblicken Sie plötzlich hoch über sich einen silbrig glänzenden Vogel. Aber handelt es sich überhaupt um ein derartiges Tier? Zwar besitzt es Flügel, scheint diese aber niemals zu bewegen, wie Sie das sonst von gleichgearteten Bewohnern des Himmelsraumes gewohnt sind. Und doch schwebt dieses Lebewesen scheinbar mühelos dahin. Erst als es näher kommt, erkennen Sie, daß zwischen dem Silbervogel und dem unheimlichen Grollen, das unzweideutig an Gewitterdonner erinnert, ein direkter Zusammenhang zu bestehen scheint. Was ist das für eine rätselhafte Erscheinung, die Ihnen hier unvermutet begegnet? Sollte sie etwas mit den »Göttern« des Himmels zu tun haben? Sie sind ratlos, worum es sich hier tatsächlich handeln könnte, aber instinktiv versuchen Sie dennoch dieses fremdartige Ding da oben am Firmament mit einem Ihnen geläufigen Wort zu beschreiben. Das geflügelte Wesen erinnert Sie zwar an einen Vogel – jedoch einen Vogel, der ein Geräusch gleich dem Gewitterdonner von sich gibt. Und schon haben Sie einen hierfür passenden Ausdruck gefunden – eine von Ihnen neugeschaffene Wortverbindung. Ihren Stammesangehörigen und Familienmitgliedern werden Sie später aufgeregt berichten, einem *Donnervogel* begegnet zu sein. Die davon erfahren, werden Ihr Erlebnis selbstverständlich weitererzählen. Ihr ungewöhnlicher Bericht wird an den zahlreichen Lagerfeuern seine Runde machen, wird dann – mit scheuem Blick nach oben, zu den vermeintlichen »Göttern«, und wie das so üblich ist, beim Weitergeben solcher wundersamen Geschichten – entsprechend ausgeschmückt werden. Mit phantasievollen »Zugaben«, die Ihrer ursprünglichen Schilderung nicht mehr im Geringsten entsprechen. Und schon ist wieder eine neue Legende entstanden, wird von Stamm zu Stamm weitererzählt werden und später auch die Nachkommen in Erstaunen versetzen.

Geheimnisvolle »Donnervögel«

Sie halten dieses Beispiel für übertrieben? Keineswegs! In den Mythen der Indianer sind die geheimnisvollen »Donnervögel« tatsächlich gegenwärtig. Und wir erfahren darin, daß jene respekteinflössenden Geschöpfe mit furchtbarem Lärm den Himmel durchpflügten, es soll zuweilen sogar vorgekommen sein (und offenbar handelte es sich auch bei diesen Vorfällen um glaubwürdige Beobachtungen unverdächtiger Augenzeugen), daß aus den »Schnäbeln« dieser Flugwesen fremde Gestalten – vermutlich »Himmelsgötter« – entstiegen. Und diese Unbekannten hätten dann später ihre »Donnervögel« auf dem gleichen Weg (durch deren angebliche »Schnäbel«) wieder betreten, bevor sie sich mit ihren rätselhaften Flugtieren wieder in die Lüfte aufgestiegen seien.

Ein von mir hier erfundenes Märchen? Keineswegs! Genau eine solche Erzählung ist uns von Angehörigen des indianischen Volkes vom Stamm der Haida überliefert, wie sie schon von ihren Vorfahren erzählt worden ist.

Derartige Legenden finden wir nicht nur bei indianischen Kulturen. Sie sind über den gesamten Erdball – ebenso auch bei den Chinesen – verbreitet. Dies jetzt alles als phantastischen Unsinn abwerten zu wollen, wäre zu einfach. Der menschliche Geist bezieht seine Anregungen für schöpferische Gedanken ausschließlich aus authentischen Quellen. Um Phantasie überhaupt entwickeln zu können, bedarf es deshalb unbedingt *realistischer* Anhaltspunkte.

Welche Realität verbirgt sich hinter dem Symbol der fliegenden Drachen? *»Hätte dieses fliegende Objekt die chinesischen Sitten, die Religion und das tägliche Leben so grundlegend beeinflussen können, wenn es niemals existiert hätte?«* fragt auch Raymond Drake. Seine sich daran knüpfende logische Folgerung: *»Die Texte in Alt-China erzählen anscheinend in vielfarbiger Unbegreiflichkeit von feurigen, fliegenden Drachen, die den Himmel eilig durchstreiften, die ins Meer stoßen (wobei mit ›Meer‹ vielleicht das dunkle All gemeint war), von erschrekkenden Wesen, von hitzeversengten Befestigungen, von verschrumpften Landschaften, von ›kidnappenden‹ Leuten und landenden Raumschiffbesatzungen.«*

Der amerikanische Schriftsteller, Sinologe und Anthropologe Berthold Laufer beschrieb in seinem 1928 erschienenen Buch »The Prehistory of Aviation« seltsame Stiche, die er bei einem China-Besuch zu sehen bekommen hatte. Überrascht erkannte der Autor dabei illustrierte Entwürfe von Flugzeugen mit ihm unbekannten Antriebssystemen. Sämtliche dieser Stiche stammten aus dem Jahr 1300 v. Chr. Der wissenschaftlich ausgebildete Autor meinte zu dieser sensationellen Entdeckung:

»Meine Auffassung von der sogenannten mythologischen und legendären Periode in der Geschichte der Luftfahrt unterscheidet sich sehr von der meiner Vorgänger. Es ist eine bequeme Methode und nicht mehr als eine konventionelle Weise des Denkens, frühe Überlieferungen als mythologisch oder legendär abzustempeln. Dies ist eine engstirnige Phrase, die wenig Gewinn einbringt und aus der keine greifbare Bedeutung erwächst. Ein wißbegieriger Geist beschäftigt sich mit der Enträtselung der Struktur eines Mythos und sucht nach dem Zeitpunkt seines Ursprungs. Wenn es den Mythos gibt, wie konnte dieser plötzlich entstehen? So, wie es eine Logik des menschlichen Urteilens gibt, so gibt es auch eine Logik der menschlichen Einbildungskraft. Die Imagination des menschlichen Geistes kann sich keine

Dinge ausdenken, die in der Realität überhaupt nicht vorhanden sind. Ein Produkt unserer Einbildung wird immer erst hervorgebracht durch etwas, das existiert oder worüber wir Grund haben anzunehmen, daß es existiert.«

Glaubt man den Chronisten, dann hat es im Reich der Mitte vor viertausend Jahren bereits mechanisch betriebenes Spielzeug gegeben; Miniaturdrachen gewissermaßen, die die Flügel bewegen und Feuer speien konnten, also so etwas wie Vorläufer unseres heutigen Kriegspielzeuges gewesen sind.

Aber auch andere vollmechanisierte Miniaturtiere, die sich sehr schnell über den Boden bewegten, waren vor vier Jahrtausenden im Land der »Himmelssöhne« nichts Besonderes. Interessant ist die Behauptung, die reichen Bewohner Alt-Chinas hätten sich damals durchaus das Vergnügen leisten können, künstliche Vögel, die singen und fliegen konnten, zu kaufen. Wer denkt da nicht unwillkürlich an das etwas rätselhafte Märchen des Dänen Hans Christian Andersen von der »künstlichen Nachtigall« des Kaisers von China? Woher hatte der Dichter die Idee zu seiner Erzählung? Übernahm er sie mythischen Überlieferungen aus dem Reich der Mitte?

Sicher ist jedenfalls, daß das Drachensymbol bei verschiedenen Völkern des Ostens anzutreffen ist. Der deutsche Altertumsforscher Richard Hennig nannte in seinem 1918 in Berlin erschienenen Aufsatz »Beiträge zur Frühgeschichte der Aeronautik« in diesem Zusammenhang die Skythen ebenso wie die Parther und Inder.

Seiner Auffassung nach spricht eine hohe Wahrscheinlichkeit dafür, daß das stark chinesisch anmutende Drachensymbol aus Ostasien, und zwar aus China, zu den Völkern Vorderasiens und Europas gelangt sei. Hennig rekapitulierte weiter:

»Die Annahme hat um so mehr für sich, als gerade im 1. und 2. nachchristlichen Jahrhundert zwischen dem Chinesischen Reich, das sich zeitweilig bis an den Aralsee und in die Nähe des Kaspischen Meeres ausdehnte, den Parthern und den Mittelmeervölkern besonders rege Handelsbeziehungen bestanden, die

eine Kenntnis chinesischer Sitten und Gebräuche zunächst bei den Parthern, dann aber auch bei den übrigen Westvölkern geradezu als eine psychologische Notwendigkeit erscheinen lassen. Mag nun aber die Entlehnung des Drachensymbols von den Chinesen zutreffend sein oder nicht, in jedem Fall scheint die Verwendung der Drachengestalt im Heeresdienst eine Art von suggestiver Kraft besessen zu haben, wobei die Wahrnehmung mitgewirkt haben mag, daß das Bild des mißgestalteten Ungeheuers einem naiven und abergläubischen Feind Schrecken einflößte und Verwirrung schuf.«

Bei der Mongolenschlacht von Liegnitz am 9. April 1241 machten auch die Polen die Bekanntschaft mit diesem schrekkenerregenden Feldzeichen. Der polnische Geschichtsschreiber Dlugosz legt davon Zeugnis ab, wenn er berichtet:

»Unter anderen Feldzeichen gab es im Heer der Tartaren (Mongolen) eine ungeheure Standarte, auf der das Zeichen X abgemalt zu sein schien. An der obersten Spitze der feindlichen Standarte befand sich das Bild eines schrecklichen, ganz schwarzen Kopfes mit einem bärtigen Kinn.

Als sich nun die Tartaren zurückzogen und zur Flucht wandten, begann der Träger jener Standarte das Haupt, das über den Schaft hinausragte, zu erschüttern. Sogleich entquollen ihm Dampf, Rauch und ein so stinkender Nebel, der das ganze Heer der Polen überflutete, daß die in dem schrecklichen, unerträglichen Gestank kämpfenden Polen – fast leblos und erstickt – zum Kampf und zum Widerstand untauglich gemacht wurden.«

Richard Hennig fand heraus, wann und wo die Mongolen diese Erfindung entdeckt und sie für eigene kriegerische Aktionen ausgewertet haben:

»... und da der Ursprung dieses kriegerischen Hilfsmittels in diesem Falle unmittelbar auf das Hauptland der Drachenverehrung, auf China, zurückweist, haben wir um so mehr ein Recht, auch die römischen Drachenfeldzeichen der späteren Kaiserzeit über das Partherland auf China zurückzuführen. Wir hätten dann die eigenartige Erscheinung zu verzeichnen, daß ein und diesel-

be chinesische Erfindung, die ursprünglich wohl nur eine belanglose Spielerei war, die sich aber schließlich zu einem wirksamen Kampfmittel umgestaltete, zu ganz verschiedenen Zeiten und auf völlig verschiedenen Wegen zweimal nach Europa gelangt ist – ein besonders deutlicher Beweis für die suggestive Kraft, die das Drachensymbol auf alle mit ihm in Berührung kommenden Völker ausgeübt haben muß.«

Der Forscher entdeckte in dem chinesischen Werk »Tung kiang-kang-nsu«, und zwar im 17. Buch der Geschichte der Sung-Dynastie, eine Informationsquelle, in der die Belagerung der chinesischen Stadt Pienking (heute Kaifeng) durch die Mongolen im Jahr 1232 und die Mittel, die sie dabei anwandten, beschrieben sind:

»Die Belagerten ließen einen Papiervogel steigen, auf den sie Schriftzeichen gemalt hatten. Als der Vogel über dem mongolischen Lager angekommen war, durchschnitten sie die Schnur, um die im Lager eingeschlossenen Gefangenen damit vertraut zu machen. Die Leute, die das sahen, sagten: ›Wenn der General den Feind mit Hilfe eines Vogels oder einer Papierlaterne vertreiben will, wird ihm das kaum gelingen.‹«

Richard Hennig schloß aus dieser Beschreibung, daß der Papierdrache durch erwärmte Luft zum Schweben gebracht wurde. Diese Art von Kriegslist, wie sie im Jahr 1232 angewandt wurde, sei nicht eben neu gewesen, meinte er weiter, sei doch bereits in Homers »Ilias« der Drache eigens zu diesem Zweck, und zwar gemeinsam mit dem Medusenhaupt, als Schildschmuck verwendet worden.

»Eigenartig war nur der zweifellos den Chinesen entlehnte Gedanke, den Drachen Rauch und Feuer speien zu lassen. Welche Mittel dabei von ihnen angewandt wurden, wissen wir nicht«, wunderte sich Hennig, um dann aber eine Textpassage des Chronisten Athanasius Kircher aus dem Jahr 1646 wiederzugeben, in welcher es heißt:

»Wenn aber jemand wünscht, daß die Maschine auch Feuer speit, so kann er dies erreichen, wenn er Röhrchen, die mit

Schießpulver gefüllt sind, darin anbringen und einen Schwefelfaden in die Flamme hineinragen läßt. Dann wird diese bald den genannten Schwefelfaden aufzehren, den Schwefelzunder erreichen, der mit den Röhrchen in Verbindung steht, die ganze Maschine in wütendes Feuer verwandeln und somit, wenn die Flamme sie erreicht hat, mit schrecklichem Knall nach allen Seiten hervorströmen lassen.«

Egal wie diese technischen Spielereien im Ernstfall funktionierten – sie alle hatten einen gemeinsamen Ursprung: Sie kamen aus *China*!

Dort wo Schießpulver, Raketen oder der Kompaß bereits im Gebrauch waren, lange bevor wir Europäer diese Geräte benutzten, hielt man die Tradition des geflügelten, feurigen Drachen seit jeher hoch, und die Weisen dieses fernöstlichen Volkes bewahrten die Erinnerungen an die Herkunft der Himmelswesen in ihren Gedanken und Aufzeichnungen.

So stoßen wir in den Mythen der Thai auf die Schilderung der doppelköpfigen Himmelsschlange Tien-she, die nicht nur die Thai, sondern auch die anderen chinesischen Volksgruppen in Angst und Schrecken versetzte. Wörtlich ist uns überliefert:

»Die Himmelsschlange verfinsterte den Himmel; dort, wo sie ihre Bahn zog, wurde den Menschen unter ihr das Atmen fast unmöglich. Ständig rieselte von ihrer Hülle weißer Staub zur Erde, führte nicht nur zu Atembeschwerden, sondern verursachte auch einen unheilbaren Ausschlag, der die Kräfte der Menschen verzehrte, bis sie elendiglich dahinstarben. Der weiße Staub der Tien-she erstickte aber auch alle Pflanzen und kleinen Tiere.«

Ist in dieser seltsamen Erzählung die verheerende Auswirkung einer atomaren Strahlung erkennbar, die die Natur verseuchte und Menschen und Tiere dahinraffte? Wodurch war sie ausgelöst worden? Vielleicht durch einen Raumschiffabsturz, ähnlich jenem spektakulären Ereignis, das sich am 30. Juni 1908 in Rußland – in der sibirischen Taiga – ereignete? Damals, in den Morgenstunden, explodierte acht Kilometer über dem Fluß »Steinige Tunguska« ein unbekannter Flugkörper mit dem Wirkungsgrad einer Wasserstoffbombe. An die 2000 Quadratkilometer Waldbestand wurden vernichtet, unzählige Tiere dieses weitläufigen Gebietes kamen infolge einer rätselhaften Seuche, die fallweise auch dort ansässigen Jägern und Fischern den Garaus machte, ums Leben. Des weiteren gab es dort später auch abnormalen Pflanzenwuchs.

Noch Jahrzehnte nach diesem bislang einzigartigen Vorfall, den die Russen seither als »Rätsel des 20. Jahrhunderts« bezeichnen, registrierten Geigerzähler im Bereich des Epizentrums *radioaktive* Spuren.

Ähnlich lesen sich Symptome, die anscheinend durch die Himmelsschlange Tien-she in China herbeigeführt worden waren. Das Volk der Thai erzählt auch eine Legende über den »Donnergott«, dessen Flugwagen im Bezirk Yenling-hsien unter lautem Getöse und in einem Flammenmeer vom Himmel gestürzt sein soll. Gleiches sei auch einem anderen Himmelsfahrzeug widerfahren. Danach hatten diese Luftschiffe nur noch Schrottwert. Das ursprüngliche Aussehen dieser Flugmaschinen ist uns in den Thai-Legenden überraschend präzise überliefert: Schwarze Fläche, Eberkopf, Hörner, Fledermausflügel, Pantherschweif sowie je zwei Krallenzehen an Füßen und Händen.

Natürlich wäre es naiv, derartige Beschreibungen *wörtlich* zu nehmen. Ich erinnere meine Leser an das früher angeführte Beispiel der indianischen »Feuerrösser«. So wie die naiven Rothäute den schnaubenden Ungetümen auf Schienen einen ihren Gedankengängen und ihrem Sprachverständnis angemessenen Namen gaben, so mag dies wohl auch bei den Thai zugetroffen haben, als sie das Aussehen der vom Himmel kommenden »Donnerwagen« zu beschreiben versuchten. Deren Aussehen verglichen sie deshalb – entsprechend dem eigenen Vorstellungsvermögen – mit geläufigen Dingen ihres täglichen Lebens. Auf diese Weise »verwandelten« sich in der Auffassung naiver Beobachter sämtliche technischen Geräte der Götterfahrzeuge in banale Begriffe wie »Eberköpfe«, »Fledermausflügel«, »Krallenzehen« und dergleichen mehr.

In der chinesischen Mythologie finden wir mehrfach Beschreibungen von seltsamen »Vögeln«, bei denen es sich in Wirklichkeit um künstlich hergestellte Fluggeräte handelte. Etwa jenes, das die Thai als »Wundervogel Chung-ming« bezeichneten. Übersetzt bedeutet dieser Name soviel wie doppeltes Licht, was möglicherweise etwas mit der Beleuchtung des Himmelschiffes zu tun gehabt haben könnte.

Nach den Überlieferungen der Thai glich Chung-ming einem Hahn und kreischte wie der legendäre Vogel Phönix. Letzterer soll bekanntlich imstande gewesen sein, sich immer wieder – und wie neugeboren – aus dem Feuer zu erheben. Was uns ernsthaft vermuten läßt, daß wir es bei diesem angeblichen »Tier« in Wahrheit mit einem Fluggerät zu tun hatten. Das »Kreischen« des sogenannten Vogels läßt sich gut mit dem Motorenlärm dieses fliegenden Objekts erklären, das angeblich »von der Sonne« auf die Erde gekommen sein soll.

Um jede Fehldeutung ein für allemal auszuschließen, Chungming sei eben nichts anderes gewesen als ein Hahn, setzen uns die legendären Berichte der Thai davon in Kenntnis, daß dieser Wundervogel drei Beine gehabt habe. Was unseren Verdacht gleichsam bestätigt, hier mit einem *künstlich* hergestellten Gerät – vermutlich einem Flugapparat – konfrontiert zu sein.

In einer anderen Beschreibung wird Chung-ming ebenso als »Vogel der Sonne« bezeichnet und in der Thai-Legende deswegen auch »Donnerrabe« genannt. Präzise wird vermerkt, daß dieses fliegende Ding der tiergesichtigen Göttin Hsi-wang-mu als Transportmittel gedient haben soll. Die Göttin hatte ihr Hauptquartier auf dem sagenumwobenen K'un-lun-Gebirge und kam dort ihrer Aufgabe nach, den »Lebenstrank« zu bewachen. Muß hierin eine mystische Umschreibung der Treibstoffvorräte gesehen werden, die von den außerirdischen »Himmelssöhnen« für ihre Raumgleiter, mit denen sie in der irdischen Atmosphäre operierten, dringendst benötigt wurden?

Vielleicht gab es innerhalb der Crew rivalisierende Gruppierungen – Besatzungsmitglieder, die mit der Expeditionsleitung unzufrieden waren. Das ist, zugegeben, bloß eine Vermutung, aber sie scheint mir nicht völlig aus der Luft gegriffen zu sein, heißt es doch in den Thai-Erzählungen sehr deutlich, Hsi-wang-mu sei aufgrund ihrer verantwortungsvollen Aufgabe derart überlastet gewesen, daß ihr sogar Speise und Trank regelmäßig herbeigeschafft werden mußten. Als Transportgerät war ihr hierfür Chung-ming, der Donnerrabe, von großem Nutzen.

Ein dreibeiniges Gefährt, mit dem man sich in die Lüfte erheben konnte, war auch im Besitz des legendären »Gelben Kaisers« Huang-ti, dessen Regierungszeit von 2697 bis 2598 v. Chr. gedauert haben soll. Wie alle frühen Herrscher im Reich der Mitte galt auch Huang-ti der Herkunft nach als »Himmelssohn« und wurde von seinen Untertanen deshalb entsprechend verehrt.

Huang-ti war gegenüber seinem Volk überaus wohlgesonnen. Der Legende nach richtete er sein gesamtes Wirken darauf aus, den Menschen manch Wissenswertes beizubringen. So etwa den Bau von Booten und Brunnen. Huang-ti animierte die Bevölkerung aber ebenso dazu, sich musischen Aufgaben zu widmen, wobei der Gelbe Kaiser sie in der Fertigkeit unterwies, verschiedene Musikinstrumente herzustellen.

Huang-ti soll in einem großartigen Palast auf dem K'un-lun-Gebirge gelebt haben. Ihm treu zur Seite stand stets ein angeblich »himmlischer Wächter« mit dem Kopf eines Menschen und dem Körper eines neunschwänzigen Tigers. Versucht man ein derart merkwürdiges Wesen in seinem Aussehen in zeitgemäßer Ausdeutung zu beschreiben, dann wäre es denkbar, daß es sich bei dieser scheinbaren Mensch-Tier-Kombination in Wirklichkeit um ein Allzweck-Fahrzeug gehandelt haben könnte, dessen anscheinend perfekte Manövrierfähigkeit in den alten Texten offenbar mit der Geschmeidigkeit eines Tigers gleichgesetzt wurde.

Über den Gelben Kaiser Huang-ti wird ferner berichtet, er habe einen »Hausvogel« besessen, der ihm half, Kleidung und persönliche Gegenstände in Ordnung zu halten. Möglicherweise handelte es sich hierbei um ein geflügeltes Robotwesen. In dem

Hauptquartier der »Himmelssöhne« auf dem K'un-lun-Gebirge herrschten damals völlig andere Verhältnisse als irgendwo sonst im riesigen Reich der Mitte. Jedenfalls ist aus vielen uns erhalten gebliebenen Überlieferungen zu entnehmen, daß dieses hochalpine Gebiet voller seltener Tiere sowie wunderschöner Blumen und Pflanzen gewesen sei. Denkbar, daß sich die außerirdischen Ankömmlinge damals sehr gewollt mit der Flora und Fauna ihres eigenen (uns heute unbekannten) Heimatgestirns umgaben, um auch hierorts – auf dem ihnen fremden Planeten – gewohnte Verhältnisse zu schaffen. Eine Vorgangsweise, die auch uns Irdischen nicht fremd ist, wenn wir für längere Zeit gezwungen werden, in einer uns nicht vertrauten Gegend zu leben. Daß die Zentrale der »Himmelssöhne« auf einem Berggipfel angesiedelt worden war, dürfte möglicherweise klimatische Ursachen gehabt haben. Aus heutiger Sicht und Kenntnis ist es uns jedenfalls nicht möglich festzustellen, aus welcher Region der Milchstraße jene fremden Besucher damals kamen.

Interessant sind auch die Angaben, womit sich Huang-ti verköstigte: Da ist von einer kristallklaren, cremigen Flüssigkeit die Rede, die angeblich aus weißer »Jade« hergestellt wurde. Da dieses Produkt jedoch nirgendwo auf unserem Planeten existiert, kann angenommen werden, daß Huang-ti sowie seine Begleiter das betreffende Nahrungsmittel (das keineswegs mit der uns bekannten Jade verwechselt werden darf) aus der Heimatwelt mitgebracht hatten. Doch das ist längst nicht alles.

Denn auch die traditionelle chinesische Medizin wird dem urgeschichtlichen »Gelben Kaiser« zugeschrieben. Den legendären Überlieferungen zufolge war Huang-ti nämlich auch der Verfasser des »Huang-ti Nei Jing«, das gemeinhin als das »Buch des Gelben Kaisers zur Inneren Medizin« bezeichnet wird.

Das von mir eingangs erwähnte dreibeinige Gefährt des »Himmelssohnes« scheint im übrigen ein vielseitig verwendbares Produkt gewesen zu sein. Es war imstande, sich in einen »Drachen, der in den Wolken fliegt« zu verwandeln, konnte ebenso »ruhen« wie »gehen« und, wenn es erforderlich schien, sowohl in einen schwerelosen Zustand versetzt als auch in eine gewichtige Last verwandelt werden.

Wie viele positiv denkende Zeitgenossen besaß auch Huang-ti einen negativ agierenden Widerpart. Dessen Name war Chi You. Ihm standen mehrere sogenannte »Brüder« helfend zur Seite. Sie besaßen dem Vernehmen nach jeweils vier Augen, sechs Arme sowie einen metallenen Kopf. Handelte es sich bei diesen Kreaturen womöglich um Roboter? Schon bald werden wir darüber Genaueres erfahren.

5. Wurden Chinas Ur-Kaiser »geklont«?

Huang-ti, der legendäre Gelbe Kaiser (so wird in den altchinesischen Quellen überliefert), war selbst *kein* Außerirdischer. Er wurde von einer Erdenbürgerin geboren. Diese Chinesin hieß Fu-pao, was soviel bedeutet wie »Folgsames Kleinod«.

Fu-pao dürfte diesen Namen keineswegs zufällig erhalten haben. Der Sage nach besuchte sie ein »Himmelssohn« (also ein Außerirdischer) auf recht spektakuläre Weise. Zunächst sah Fu-pao einen grellen Blitzstrahl um das Sternbild des Großen Bären wirbeln, wobei der »Achsenstern« so stark geleuchtet haben soll, daß davon das ganze Land erhellt worden sei. Als der Lichtstrahl sie »berührte«, sei Fu-pao schwanger geworden, brachte ihren Sohn Huang-ti aber erst nach 25 (!) Monaten zur Welt. Welche annähernd logisch klingende Erklärung könnte es für diesen langwierigen Geburtsvorgang geben? Sollte die Zeugung des Jungen womöglich durch ein jetzt wieder weltweit diskutiertes Kloning-Verfahren erfolgt sein? Durch eine künstlich vorgenommene Mutation?

Wie auch immer: Huang-ti war offensichtlich das Produkt der Verbindung eines außerirdischen »Vaters« mit einer Erdenfrau. Daß ihn sein Erzeuger später mit großem Wissen ausstattete, ihn auf diese Weise auf seine zukünftigen Aufgaben im Reich der Mitte vorbereitete, wird auch durch verschiedene Überlieferungen aus dem alten China bestätigt. Huang-ti's Allroundwissen war enorm: Er gilt u. a. als der Erfinder des sogenannten Südanzeiger-Wagens, dessen Rädermechanismus so raffiniert konstruiert war, daß ein Zeiger dieses Gefährts unentwegt in die *südliche*

Richtung wies, ganz gleich wohin auch der Wagen gelenkt wurde. Huang-ti soll seine Erfindung in sämtliche Schlachten mitgenommen haben.

Es verwundert kaum, wenn man aus dem Sagentext erfährt, daß der Gelbe Kaiser auch in der Astronomie sehr bewandert gewesen sein soll. Huang-ti wird beispielsweise der Entwurf des ersten chinesischen Kalenders zugeschrieben, und es vermag deshalb auch kaum zu überraschen, daß sich dieser kreative Herrscher mit besonders fähigen Leuten umgab, die ihrerseits in der Lage waren, als bedeutende Erfinder hervor zu treten.

Cang Jie entwickelte die Bilderschrift, Ling Lun die Zwölftonskala sowie verschiedene Musikinstrumente, Da Nao vollendete den Kalender, Feng Bo den Südanzeiger-Wagen, der nach Huang-ti's Ideen entstanden war. Damit nicht genug: Li Shou konstruierte Meßinstrumente, und Lei Gong (gemeinsam mit Ji Bo) war für die Herstellung von Medikamenten, Schiffen, Fahrzeugen sowie Pfeilen und Bogen verantwortlich. Selbst die Gattin des Gelben Kaisers, Lei Zu, wollte da anscheinend nicht zurückstehen: Sie lehrte die Menschen, Maulbeerbäume zu pflanzen, Seidenraupen zu züchten und Kleider zu nähen. Daß alle diese Errungenschaften vor etwa 5000 Jahren in China zur Geltung kamen, ist inzwischen einwandfrei nachgewiesen.

Um Huang-ti, der zum Symbol der Kultur und schöpferischen Intelligenz des chinesischen Volkes wurde, ranken sich viele Legenden. So kam es im 20. Jahr seiner Thronbesteigung zu einem ungewöhnlichen Phänomen: Am Himmel erschienen glänzende bunte Wolken, und in ihrer Nähe soll sich eine rotglühende Luftzone mit einer grünlich leuchtenden abgewechselt haben. Der rotglühende Teil hatte zwei Sterne in der Mitte, der grünleuchtende hingegen nur einen Stern. Man nannte damals diese drei Himmelskörper »die glänzenden Sterne«. Sie sollen angeblich am klaren Morgenhimmel wunderschön geleuchtet haben. Handelte es sich dabei um einen »himmlischen Gruß« von Huang-ti's außerirdischen Erzeuger? Beobachteten die Menschen damals eine spektakuläre UFO-Demonstration?

Huang-ti's Verbindung zu kosmischen Besuchern läßt sich auch anhand einer anderen Überlieferung bestätigen: Sie berichtet von seinem Kampf gegen Chi You und ist in dem Werk »Tai Ping Yu Lan« erhalten geblieben, das Li Feng zusammenstellte. Chi You wird darin als eine Gottheit beschrieben, was den Schluß zuläßt, daß es zwischen einzelnen »Himmelssöhnen« zu Rivalitäten gekommen sein dürfte. Leidtragender dabei scheint der »Halbgott« Huang-ti gewesen zu sein, der gegen die willkürlichen Machtansprüche Chi You's zu Felde zog.

Es kam zu einem erbitterten Gefecht. Läßt man hierbei die symbolischen Umschreibungen der Kampfausrüstung außer acht, dann wird schnell deutlich, mit welchem »Kriegsspielzeug« Chi You seinen irdischen Gegner zu besiegen trachtete: mit Panzerfahrzeugen.

Wie anders könnte man Beschreibungen interpretieren, in denen von 72 (in anderen Versionen: von 81) »Brüdern« Chi You's die Rede ist, deren Aussehen furchteinflößend gewesen sein soll: *»Ihre Köpfe waren aus Bronze und ihre Stirnen aus Eisen. Sie hatten menschliche Gesichter, aber die Körper waren von Tieren.«*

Die Legende erwähnt außerdem, Chi You habe sich besonders auf das Schmelzen von Bronze und das Schmieden von Waffen verstanden. Jetzt wird auch klar, woher der Gelbe Kaiser jenen, bereits früher erwähnten »himmlischen Wächter« hatte, der sein Hauptquartier auf dem K'un-lun-Gebirge bewachte. Hier handelte es sich offenbar um Kriegsbeute aus dem Waffenarsenal Chi You's, dem Huang-ti erfolgreich getrotzt hatte.

Zunächst aber hatte der Kaiser gegen seinen bestens ausgerüsteten Gegner Niederlage um Niederlage hinnehmen müssen. Aus den legendär erhalten gebliebenen »Frontberichten« werden wir sogar darüber in Kenntnis gesetzt, mit welchen Methoden Huang-ti's göttlicher Widerpart die verheerenden Auseinandersetzungen zunächst siegreich beendete. So ließ Chi You im ärgsten Kampfgetümmel »einen dichten Nebel aufziehen, der den Männern des Gelben Kaisers die Sicht raubte«. Huang-ti rettete die verkorkste Situation, indem er seinen Südanzeiger-Wagen zum Einsatz brachte, der ihm und seinem Heer durch den dichten Nebel den richtigen Weg zu weisen vermochte.

Es muß damals recht wüst auf diesem Kriegsschauplatz zugegangen sein – und die Technik in der vielfältigsten Art scheint auf beiden Seiten triumphiert zu haben. Das geht jedenfalls aus dem betreffenden Legendentext (wenn auch oft nur in umschriebener Weise) deutlich hervor: So heißt es beispielsweise, es habe in Chi You's Heer viele Monstren und Dämonen gegeben – was natürlich, so man das vermutlich technische Unverständnis des uns unbekannten Chronisten bei diesen Berichten mit einbezieht, eine andere Interpretation voraussetzt.

Man ist unwillkürlich dazu verleitet, an die Zerstörung des biblischen Jericho zu denken, wenn man etwa erfährt, der Gelbe Kaiser habe seine Männer angewiesen, aus Tierhörnern Instrumente herzustellen. Mit diesen Hilfsmitteln sei es ihnen möglich nunmehr gewesen, den Drachenschrei täuschend ähnlich nachzuahmen. Und siehe da: *»Als die Dämonenkrieger den Laut hörten, waren sie gelähmt vor Schrecken und verloren die Schlacht.«*

Wurden Chi You's Panzerwaffen mit Hilfe von Ultraschallkanonen unwirksam gemacht?

Chi You bat daraufhin einen Drachengott um Hilfe, der in der Folge ein mächtiges Gewitter über den Gegner heraufbeschwor, wird weiter berichtet. Huang-ti habe dieses Manöver mit einer »Hitzewelle« beantwortet, die schließlich zu der völligen Vernichtung der gegnerischen Panzer führte. Wörtlich erfahren wir: *»Bevor Chi You's Brüder sich von ihrem Schrecken erholen konnten, hatten die Krieger des Gelben Kaisers sie geschlagen.«*

Aber der »Frontbericht« ist damit noch nicht zu Ende. Chi You sammelte nämlich seine Streitmacht zu einer Entscheidungsschlacht im Gebiet von Zhoulu. Mit Hilfe der aus dem Norden kommenden Kuafu-Riesen versuchte er, die Truppen des Gelben Kaisers zurückzudrängen, was ihm anfangs auch tatsächlich glückte. Zwar ist in den alten Chroniken nicht überliefert, wie es

Huang-ti schließlich doch noch gelang, Chi You zu besiegen, gefangen zu nehmen und ihn hinrichten zu lassen, doch wird immerhin angedeutet, es sei ihm dies *»mit einer Strategie, die er von der Göttin des neunten Himmels erlernte«*, schließlich gelungen.

Nunmehr herrschte der Gelbe Kaiser konkurrenzlos über die gesamte Mittlere Ebene. Sein Reich erstreckte sich im Osten bis ans Meer, im Westen bis in die Provinz Gansu, im Süden stieß es an Chanjiang und im Norden umfaßte es die Provinzen Shaanxi und Hebei.

Huang-ti blieb aber der irdischen Welt nicht mehr lange erhalten. Als er 110 Jahre alt geworden war, schmiedete er beim Jingshan-Berg einen bronzenen Dreifuß, danach soll ein Drache vom Himmel gekommen sein. Der überbrachte dem Gelben Kaiser den Befehl des Himmelskönigs, wieder in den Himmel zurückzukehren.

Nachfolgend wird nunmehr deutlich, welche wirkliche Identität dieser himmlische »Drache« besaß, erfahren wir doch des weiteren, Huang-ti habe daraufhin mit 70 seiner Beamten das Fluggerät bestiegen, sei damit zunächst zu dem in der Provinz Shaanxi liegenden Tsiao-Shan-Berg geflogen, um dort von seinen Untergebenen Abschied zu nehmen. Danach sei er mit dem »Drachenschiff« in den Himmel aufgestiegen.

Zur Ehre Huang-ti's errichtete man auf dem Tsiao-Shan-Berg eine Grabstätte. Sie mißt im Umfang 18 Meter und ist über drei Meter hoch.

Künstliche Befruchtungen

Künstliche Befruchtungen scheint es in Chinas Welt der Götter – so diese Interesse zeigten, sich mit Menschen zu paaren –, öfter gegeben zu haben. So muß auch die Herkunft des Kaisers Yao als reichlich mysteriös angesehen werden. Seine leibliche Mutter war Ch'ing-tou (»Alle grüßen«). Von ihr wird berichtet, sie sei ständig von einer seltsamen gelben Wolke umgeben gewesen.

Ch'ing-tou wurde überdies von einem Drachen begleitet (ein Fluggerät?), und einmal habe ihr dieser eine versiegelte Botschaft sowie das Bildnis eines geheimnisvollen Unbekannten überbracht, und die Botschaft habe gelautet: *»Der Rote wird vom Höchsten beschützt.«*

Die Augenbrauen auf dem Bildnis sollen dem Zeichen »Pa« entsprochen haben und ungleich gewesen sein. Haare und Bart des Unbekannten waren einen Fuß lang, seine Größe betrug sieben Fuß, zwei Zoll. Das Antlitz auf dem Bildnis wird als oben schmal und unten breit beschrieben, und seine Füße sollen auf dem Zeichen für »Yi« gestanden haben, was soviel bedeutet wie »Krater« oder »Hydra«.

Es kam zu einer künstlichen Befruchtung, denn die Überlieferung umschreibt, der Rote habe Ch'ing-tou – in angeblicher Verbindung mit einem »kalten Wind« – berührt, worauf sie schwanger geworden sei.

Yao kam 14 Monate später in Tanling zur Welt. Tanling bedeutet soviel wie »Zinnoberroter Erdhügel«. War damit vielleicht die medizinische Station der »Himmelssöhne« gemeint? War Yao dort geklont worden? Wie sonst sollte man wohl den Hinweis verstehen, das Aussehen des Knaben habe jenem Unbekannten auf dem Bild geglichen, das der Mutter noch *vor* der Geburt ihres Sohnes gezeigt worden war?

Bei Yao (der Name bedeutet soviel wie »Erhabener«) stellte sich schon in jungen Jahren heraus, daß er sehr wißbegierig war. So gab er seinen beiden Hofastronomen Hsi und Ho die Anweisung, den Kalender zu berechnen und die Gestirne zu beschreiben.

Während seiner späteren Regierungszeit sollen sich überdies die wundersamen Vorzeichen gemehrt haben. In seinem 29. Regierungsjahr beispielsweise – und zwar während der Frühlingszeit – wurde Yao von Ch'iao-yao, dem Chef der Zwerge besucht. Der Kleinwüchsige maß, der Beschreibung nach, lediglich etwas über einen Fuß und überbrachte dem Kaiser ein offensichtlich kostbares Tribut: »Sinkbare Federn«, also *Flügel*.

Im 42. Regierungsjahr Yaos wurde ein »Stern« beobachtet, der sich in einem Vulkankrater niederließ. Ein Himmelsschiff der Götter?

Wie auch immer: Acht Jahre später bestieg der »Erhabene« jedenfalls ein seltsames Gefährt, das im Sagentext als ein »Fahrzeug von früher« beschrieben wird. Es sei, heißt es weiter, von »summenden Ameisen« bewegt worden (womit wohl der Antrieb gemeint war), und Yao wäre damit auf den Hauptberg seines Reiches – den Shou-shan – geflogen.

Im 70. Jahr seiner Herrschaft soll sich dann jener »Stern« aus dem Krater wieder gezeigt haben. Hatten sich Yaos außerirdische Protektoren wieder bemerkbar gemacht, um sich von ihrem irdischen Günstling durch besondere Wohltaten verwöhnen zu lassen? Fast scheint es so, als hätte in jenem Herrschaftsjahr des chinesischen Kaisers das gesamte Reich der Mitte einen besonderen wirtschaftlichen Aufschwung erfahren.

Die Überlieferung berichtet uns, daß in jener Zeit das »rote Wunderkraut« gewachsen sei, köstliches Getreide gereift wäre, würziger junger Wein geduftet habe, frische Quellen den Hügeln entsprungen wären und Sonne und Mond wie »Edelsteine« ausgesehen hätten.

Oder mußte dies alles einer besonderen Konstellation bestimmter Gestirne zugeschrieben werden? Jedenfalls läßt ein in dieser Überlieferung enthaltener Satz eine solche Überlegung zu, heißt es doch darin sehr deutlich: *»Die fünf Planeten sahen aus wie eine aufgereihte Perlenschnur.«*

Handelte es sich dabei tatsächlich um Planeten? Oder waren damit in Wirklichkeit fünf Flugkörper gemeint, die von außerhalb der Erde gekommen waren und nunmehr ihre Anwesenheit über dem Palast des Kaisers Yao unübersehbar demonstrierten? Unwillkürlich wird man daran erinnert, daß UFOs von Augenzeugen schon oft als »Perlen am Himmel« beschrieben worden sind. Nicht nur in moderner Zeit. Auch in prä-indischen Sanskrittexten finden sich ähnlich lautende Darstellungen solcher Himmelsfahrzeuge. Dort werden die geheimnisvollen Flugobjekte Vimanas genannt.

Jede Ära, war sie auch noch so erfolgreich, geht irgendwann einmal zu Ende. Auch Yao blieb dieses Schicksal nicht erspart. Allerdings dankte er nicht gezwungenermaßen, sondern durchaus freiwillig ab – zugunsten seines Nachfolgers Shun, der offensichtlich (wie schon zuvor Yao) von vermutlich »höherer Instanz« dazu bestimmt worden war, der nächste Herrscher im Reich der Mitte zu werden. Gemeinsam bestiegen die beiden kaiserlichen Auserwählten den Shou-shan – den Berg des »Erhabenen«. Daß es sich dabei um eine dem Rang nach weit über Yao und Shun stehende Persönlichkeit gehandelt haben dürfte (mit großer Wahrscheinlichkeit um einen wirklich authentischen »Himmelssohn«), wird auch durch jene überlieferte Textstelle erhärtet, in welcher es heißt, daß zwischen den Inselchen des Flusses Ho währenddessen »die fünf Weisen der fünf Planeten« geschwebt seien – also die Piloten jener Flugscheiben, die zuvor als »Perlen am Himmel« beschrieben worden waren.

Sodann verkündeten die Fremden Yao und Shun die (ziemlich kryptisch klingende) Anweisung: »Aus dem Fluß wird die Tafel kommen, die dem Herrscher die Zeit kündet. Er, der uns kennt, ist der Gelbe Yao mit den doppelten Pupillen.«

Und wie um anzuzeigen, daß unsere zuvor geäußerte Vermutung, bei den vorgeblichen »Planeten« habe es sich in Wirklichkeit um fünf Raumfahrzeuge gehandelt, zutreffend war, erfahren wir aus jener legendären Überlieferung: »Daraufhin flogen die fünf Weisen *wie strömende Sterne* empor, um in die *Plejaden* einzutreten.«

Zwei Jahre nach diesem Ereignis – und zwar im 2. Monat (wie die Legende berichtet) – »kam im Zwielicht aus der Dämmerung ein strahlendes Licht hervor und ruhte über dem Ho-Fluß. Vier Dampfwolken, die sich im Wind drehten, hielten plötzlich an und stiegen dann rüttelnd auf. Es war jedoch ein Drachenpferd, das im Maul eine grüne Rüstung mit roten Ornamenten trug, die es oben auf der Plattform auswarf. Dann verschwand es. Die Rüstung glich einem Schildkrötenpanzer.«

Das Drachenpferd hatte Yaos rechtmäßigen Nachfolger Shun

eine Botschaft hinterlassen. Sie lautete: *»Mit Wohlgefallen dem Herrscher Shun gewidmet«,* und war vom »Höchsten« unterzeichnet worden.

Aus heutiger Sicht könnte die Erscheinung über dem Fluß folgendermaßen gedeutet werden: Ein als »Drachenpferd« symbolisierter Flugkörper, der über dem Fluß Ho schwebte, eine schriftliche Botschaft zurückließ, die der »Höchste« – wahrscheinlich der die Besatzung des »Drachenpferdes« kommandierende Verantwortliche – unterzeichnet hatte. Was sich der De-facto-Statthalter der Außerirdischen als besondere Ehre anrechnen durfte.

Wie sich zwei Jahre später zeigen sollte, hatten die »Himmelssöhne« (deren Heimatwelt ganz offensichtlich im Sternsystem der Plejaden lag) mit Shun Besonderes vor. Denn da gaben sie ein weiteres Lebenszeichen:

»Da kam ein rotes Licht. Eine Schildkröte stieg herab und hielt auf dem Platz an. Sie trug auf dem Rückenpanzer, und zwar mit roten Schriftzeichen, die Botschaft, daß der Herrscher nun zurücktreten und Shun ihm nachfolgen solle.«

Obwohl anfangs willig, sich den Anordnungen seiner himmlischen Auftraggeber unterzuordnen, scheint Yao später der Abschied von der kaiserlichen Macht schwer gefallen zu sein. Zwar befahl er einer seiner Töchter, Shun nunmehr zu ehelichen, er selbst behielt jedoch vorderhand die Regierungsgewalt. Möglicherweise gelang es ihm damals, die ungeduldig wartenden »Himmelssöhne« zu beschwichtigen, liest man doch in den überlieferten Texten, der »Herr der Lüfte« habe im 75. Jahr der Herrschaft Yaos sogar die Flüsse Lo und Ho reguliert, und weil es zehn Jahre später zu Unruhen im Reich gekommen sei, hätten sich die außerirdischen Auftraggeber als willige Besatzungsmacht gezeigt und die damals aufständischen Ts'ao und Wei mit Waffengewalt zur Räson gebracht. Danach, im nunmehr bereits 86. Regierungsjahr Yaos, sei der »Herr der Lüfte« sogar höchstpersönlich auf die Erde gekommen. Doch auch diesmal scheint es dem Kaiser geglückt zu sein, eine weitere Verlängerung seiner Herrschaftszeit zu erwirken. Weiß man doch inzwischen, daß Yao auch noch im 97. Regierungsjahr über China herrschte, der »Herr der Lüfte« keine Anstalten machte, ihn zum Abdanken zu zwingen, sondern sogar eine Besichtigungsreise durch die Verwaltungsbezirke der einzelnen Provinzen absolvierte.

Erst nach seinem hundertsten Regierungsjahr mußte Yao sein hohes Amt an seinen rechtmäßigen Nachfolger Shun abtreten. Der betagte Herrscher soll damals in »T'ao« zum Himmel aufgestiegen sein. T'ao heißt soviel wie »Brennofen mit Sieb«.

Auch wenn es selbstverständlich nicht mehr möglich ist, jede Einzelheit aus den Legendentexten wiederzugeben, um deren Bedeutung aus heutiger Sicht zu analysieren – die meisten darin geschilderte Ereignisse sowie die wahrscheinliche Identität der damals bestimmenden Persönlichkeiten lassen sich dennoch im wesentlichen »rekonstruieren«.

Jener ominöse »Herr der Lüfte« etwa war ein zweifellos wichtiger Beauftragter des »Höchsten«, hinter dem wir eine *nicht* auf diesem Planeten geborene Persönlichkeit – und zwar einen außerirdischen »Himmelssohn« – vermuten müssen. Diese Fremden, die (wie bereits erwähnt) aus dem Plejaden-System auf die Erde gelangt waren – was mythologisch überliefert ist –, betrieben hierorts etwa das, was man später als Kolonialherrschaft zu bezeichnen pflegte. Die Besucher aus dem All kontrollierten damals das gesamte Reich der Mitte und behandelten die dort offiziell regierenden Monarchen wie Kolonialbeamte.

Sie fuhren zum Himmel auf

Es vermag also kaum zu überraschen, daß sich die späteren legitimen Beherrscher Chinas (als ihre ursprünglichen außerirdischen Auftraggeber längst ihre Stützpunkte auf unserem Planeten verlassen hatten) ebenfalls als »Himmelssöhne« ausgaben – ohne dieses Prädikat auch wirklich verdient zu haben. Ähnlich wie manche biblische Persönlichkeiten (Henoch, Moses und Elias, vielleicht sogar Jesus) wurde auch Yao – aus heute nicht mehr nachvollziehbaren Gründen – von seinen außerirdischen Erzeugern (auf deren Planeten?) mitgenommen.

Von Interesse ist für uns die Andeutung, Yao sei im »T'ao« *zum Himmel* aufgefahren; kann doch dieses Geschehen mit einem ähnlich klingenden Ereignis verglichen werden, das im berühmten »Codex Mendoza« in Mexixo City aufgezeichnet worden ist. Darin erfahren wir, auch Quetzalcoatl, der Kulturheroe der Tolteken, sei nach der Zerstörung der letzten Sonne (gemeinsam mit seinem Zwillingsbruder Xolotl) am Strand von Yucatan »unter Feuer und Rauch« zum Himmel aufgefahren und in östliche Fernen entschwunden. Alte gezeichnete Darstellungen zeigen den »geschundenen Gott« – wie Quetzalcoatl *fälschlich* bezeichnet wird – auf einem Gerüst, ehe er sich anschickt, »zum Himmel« aufzusteigen. Bei Yao's »Brennofen mit Sieb« scheint es sich um eine ähnliche (heute jedoch nicht näher definierbare) Vorrichtung gehandelt zu haben. Möglicherweise um die laienhafte Umschreibung einer Startrampe für ein nichtirdisches Raumfahrzeug, das Yao bestieg, ehe er China für immer den Rücken kehrte.

Im übrigen wird auch seinem Nachfolger Shun göttliche Herkunft nachgesagt. Seine Mutter Wu-Tang (»Handvoll«) sah, der Fama nach, eines Tages einen riesigen Tausendfüßler, »der sie berührte«. Dieser vorgebliche »Tausendfüßler« war bestimmt kein tierisches Wesen. Vielmehr könnte es sich dabei um eine Art Transportgerät der »Himmelssöhne« gehandelt haben. Die Aussage, Wu-Tang sei bei dieser Begegnung »berührt« worden, scheint mir wohl eher die diskrete Umschreibung für einen bei dieser Gelegenheit vollzogenen Geschlechtsakt gewesen zu sein. Was auch der Legendentext selbst bestätigt. Denn bald nach dieser Begebenheit gebar die Chinesin in Yao-hsia (»Schöner Markt«) einen Knaben, den sie Shun nannte. Shun unterschied sich (wie vor ihm bereits Yao) merklich vom Aussehen seiner irdisch geborenen Mitmenschen.

Was weiter nicht verwundert, er war ja ebenfalls unter *außerirdischer* Kontrolle gezeugt worden.

Wie Yao hatte auch Shun »Augen mit doppelten Pupillen«, was ihm den Beinamen Chung-hua (»Doppelte Klarheit«) eintrug. Die Überlieferung weiß ferner zu berichten, er habe »die Gesichtsfarbe eines Drachen, einen großen Mund und einen schwarzen Körper« gehabt. Was gewisse Rückschlüsse auf das physische Aussehen jener »Himmelssöhne« zuläßt, die an Shuns (vermutlich künstlicher) Zeugung beteiligt waren.

»Er war 6 Fuß, ein Zoll groß, und seine Eltern haßten ihn«, erfahren wir weiter und erkennen erstaunt, daß Shun körperlich von riesigem Wuchs gewesen sein muß. Ein Fuß entspricht nach einem alten deutschen Längenmaß etwa 36 Zentimetern. Sechs Fuß wären demnach 2,16 Meter gewesen. Mit dem zusätzlichen Zoll (3 Zentimeter) war das eine respektable Größe. Daß Shuns normal gewachsene Eltern beim Anblick ihres Sohnes – schon aufgrund seiner abnormalen Körpermaße – merkliches Unbehagen, ja sogar Abneigung gegenüber dem Knaben verspürten, ist durchaus verständlich.

Auf welche Weise Yaos Nachfolger gezeugt worden sein könnte, hat der Schweizer Götterforscher Erich von Däniken in verständlicher, von Wissenschaftlern heute durchaus nachvollziehbarer Weise beschrieben:

»Außerirdische entnahmen einem ausgesuchten Menschenexemplar eine Zelle, veränderten sie genetisch, und pflanzten diese nun mutierte Zelle einer dafür auserwählten Frau ein. Nach einer bestimmten Zeit gebar die Frau ein Kind. Dieses Retortenbaby war damit ein erbgleicher Nachkomme seiner außerirdischen Erzeuger.«

Da Shun kein Produkt einer Liebesvereinigung seiner »offiziellen« Eltern war, stand er wahrscheinlich von Anfang an unter »höherem« Schutz. Er genoß künftig die Unterstützung seines leiblichen – außerirdischen – »Vaters«, was sich aus dem weiteren Inhalt dieser Legende, die über das Schicksal Shuns zu berichten weiß, unmißverständlich herauslesen laßt.

Auch Yaos »programmierter« Nachfolger mußte vorerst durchaus irdische Arbeiten verrichten. Er wurde, wie es heißt, zu niederen Diensten angehalten und so etwa von seinen Eltern veranlaßt, den Getreidesilo vom Schlamm zu säubern. Danach entzündeten sie darunter ein Feuer. Shun war dennoch nicht gefährdet, von den hochzüngelnden Flammen verletzt zu werden, denn er »zog das Arbeitskleid eines Vogels an und flog davon«. Daß es sich bei diesem »geflügelten« Anzug um ein mechanisches Hilfsmittel gehandelt haben muß, das Shun von seinen außerirdischen Gönnern erhalten hatte, ist kaum zu bestreiten. War Shun in technischer Hinsicht bereits damals wie ein Vorgänger unserer heute zumeist in Militäreinsätzen erprobten »rocket-belt-men« ausgerüstet gewesen?

Die Aversion der Eltern gegenüber ihrem andersgearteten Kind scheint im Laufe der Zeit mehr und mehr zugenommen zu haben. Jedenfalls erzählt uns die Legende, daß Wu-Tang und ihr irdisch-chinesischer Ehemann alles getan hätten, um den ungeliebten Sohn zu vernichten. Zwar war ihnen ihr erster Anschlag im Getreidesilo (wo sie bewußt Feuer gelegt hatten) mißlungen, doch sie versuchten es dennoch ein zweites Mal. Sie veranlaßten Shun, einen Brunnen auszumauern, und füllten dann den Schacht mit Steinen. Diesmal schien der Knabe hoffnungslos verloren zu sein. Obwohl nunmehr unter einer Steinlawine begraben, gelang es ihm dennoch, sich zu retten.

»Shun zog das Arbeitskleid eines Drachen an und befreite sich selbst«, erfahren wir überrascht. Woraus dieses Drachengewand im einzelnen bestand, ist uns leider nicht überliefert. Da es sich bei den sogenannten »Drachen« ja keineswegs um Ungeheuer, sondern vielmehr um *mechanisch* betriebene Apparaturen handelte, darf angenommen werden, daß Shun es verstand, ein ihm jederzeit zur Verfügung stehendes technisches Gerät zu aktivieren, mit dessen Hilfe er der Steinmassen Herr werden konnte.

Shun residierte später in Chi (»Hoffnung«), erwies sich als großer Künstler und wird auch als Erfinder der musikalischen Richtung Ta-shao (»Große Bewunderung«) gepriesen. Bei seiner kaiserlichen Krönung soll auf den Stufen des Thrones die Wunderpflanze Ming-lai (»Glücksbohne«) gewachsen sein. Auch seine außerirdischen Freunde erwiesen dem »Himmelssohn« ihre Reverenz: Wie schon bei Yao ließen sich auch bei Shuns Inthronisierung »Phönixe« in der Empfangshalle des Palastes nieder.

»Wenn sie die ›klingenden Steine‹ berührten, um die neun Gesänge von Shuns Musik zu begleiten«, so lesen wir, *»dann tanzten alle Tiere danach.«* Wir wissen zwar nicht genau, wer diese »Phönixe« wirklich gewesen sind, aber wir erfahren: Shun war nicht nur ein guter und anerkannter Komponist seiner Zeit, er besaß auch ein Orchester, das seine Werke intonierte. Da die »Phönixe« außerirdischer Herkunft gewesen sein dürften, kann deshalb auch angenommen werden, daß Shun die Musik Ta-shao sozusagen aus anderen Sphären nach China importierte.

Bereits in seinem ersten Regierungsjahr empfing der neue Kaiser außerirdischen Besuch: »Ein strahlender Stern kam aus dem Gebiet des Skorpions«, ist überliefert – was wohl die Landung eines Raumfahrzeuges ankündigte. Später scheint es dann noch vermehrte kosmische Kontakte zwischen Shun und seinen außerirdischen Gönnern gegeben zu haben. Es empfiehlt sich deshalb, die nachfolgende Passage besonderes aufmerksam zu studieren:

»Im 14. Regierungsjahr sah man eine ›Wolke‹, und Shun befahl dem Minister Yü, die Angelegenheit zu untersuchen. In diesem Jahr kam von dem Ende einer Aufführung mit Glocken, klingenden Steinen, Orgeln und Flöten ein großer Gewittersturm. Der Wind zerstörte Häuser und riß Bäume aus. Die Trommeln wurden auf die Erde verstreut, Glocken und Steine wirbelten umher. In dem Aufruhr fielen die Menschen übereinander, und der Musikmeister rannte in panischem Schrecken davon. Shun aber, der sich an dem Gerüst festhielt, von dem die Glocken und Klangsteine herabhingen, lachte und rief: ›Wie klar ist es, daß dieses Reich keines Menschen Reich ist!‹ Daraufhin stellte er seinen Minister Yü dem Himmel vor und veranlaßte den Beamten, sich wie ein ›Sohn des Himmels‹ gegenüber dem Herrscher zu verhalten. Danach wurden die Lüfte ruhig auf allen Seiten, und es erschienen ›Glückswolken‹. Sie waren wie Rauch

und doch kein Rauch, wie Wolken und doch keine Wolken, alle durcheinanderstrahlend, wirbelnd und sich wie Scheiben drehend oder wie Spiralen gegeneinander schwebend …

Als die Herrlichkeit erschöpft war, hoben die ›Wolken‹ ihre Schleppen und rollten sich ein und gingen fort. Dann drehten sich die acht Winde, und die ›Glückswolken‹ rollten sich ein. Die feurigen Drachen kamen schnell aus ihren Lagern.

Shun aber errichtete eine Plattform am Ho, wie Yao es zuvor getan hatte in alter Zeit. Als der Tag sich neigte, sah man ein glänzendes Licht. Ein ›gelber‹ Drache erschien und ließ sich auf der Plattform nieder. Er trug eine Tafel, die 32 Fuß lang und 9 Fuß breit war, mit roten und grünen Zeichen, die besagten, daß Shun zugunsten Yüs abdanken sollte.«

Auch diesmal wurde also die Nachfolgefrage »von oben her« geregelt. Bemerkenswert an der Erzählung ist die sehr realistische Beschreibung jener »Glückswolken«, die – wie ausdrücklich vermerkt ist – natürlich keine echten Wolken gewesen sind (»Sie waren wie Rauch und doch kein Rauch, wie Wolken und doch keine Wolken …«). Ihr Aussehen glich hingegen auf frappierende Weise jenen Flugscheiben, wie sie gelegentlich auch jetzt des öfteren am Himmel beobachtet werden. Wer Gelegenheit hatte, vor etlichen Jahren Steven Spielbergs »ufologisch« beeinflußten Science-Fiction-Film »Unheimliche Begegnung der dritten Art« auf der Kinoleinwand oder am TV-Bildschirm zu sehen, und sich dabei noch der Wolkenspiele vor dem jeweiligen Auftauchen der UFOs erinnert, dem wird die in dem chinesischen Legendentext überlieferte Schilderung des damaligen Ereignisses vermutlich bekannt vorkommen. Es muß ein imponierendes Spektakel gewesen sein, das sich damals in den Lüften über Shuns Kaiserpalast ereignete.

Wer bei derartigen Wiedergaben lediglich von »Symbolik« spricht, dem scheint es an dem nötigen Durchblick zu fehlen. Jedenfalls läßt sich der Abschnitt »Als der Tag sich neigte, sah man ein glänzendes Licht. Ein ›gelber‹ Drache erschien und ließ sich auf der Plattform nieder« kaum anders (und auch zeitgemäßer) interpretieren als mit der Landung eines ufo-artigen Flugobjekts.

Ursache und Wirkung sind ebenfalls klar: Als die Dunkelheit hereinbrach, erkannten Shun und seine Getreuen ein Licht, das schnell näher kam und schließlich in Gestalt eines »gelben« Drachen auf der Plattform landete.

Wir wissen inzwischen, daß im alten China die Bezeichnung »Drache« ganz und gar nichts mit dem uns geläufigen Fabeltier zu tun hatte, und daß es sich dabei auch nicht um einen Saurier gehandelt haben kann. Der Drache gilt bei den Chinesen seit jeher als Synonym für – *kosmische Kraft*!

An dieser Auslegung läßt sich nicht rütteln, auch wenn heute die eigentliche Bedeutung dieser Bezeichnung aus der Erinnerung der modernen »Himmelssöhne« in der Volksrepublik entschwunden ist.

Nach der Landung des »gelben« Drachen akzeptierte Shun (wahrscheinlich schweren Herzens, denn wer verzichtet schon gerne auf eine machtvolle Position?) die Anordnung seiner Befehlsgeber und überließ schon bald danach die kaiserliche Krone seinem Nachfolger Yü.

Die Heimat der »Drachengötter«

Auch über diesen Regenten ist Erstaunliches zu berichten: Yüs Mutter hieß Hsiu-chi (»Zierendes Ich«). Auch sie war eines Tages mit einer ungewöhnlichen Himmelserscheinung konfrontiert worden – und zwar mit einem glänzenden Stern, der durch die Plejaden ging.

Die sich in den überlieferten Texten mehrfach wiederholenden Hinweise auf den wahrscheinlichen Herkunftsort der außerirdischen »Drachengötter« sollten ernstgenommen werden.

Die Plejaden sind eine Sterngruppe, die aus rund 120 Haufenmitgliedern besteht. Sie gehören zum Sternbild des Stiers, und sie bewegen sich mit großer Geschwindigkeit durch den Kosmos. Diese Sterngruppe ist an die 400 Lichtjahre von unserem

Sonnensystem entfernt; ihr Alter wird von den Astronomen auf rund 600 Millionen Jahre geschätzt. Neun Sterne aus diesem System sind mit freiem Auge erkennbar, sieben davon sogar besonders deutlich. Sie sind als »Siebengestirn« bekannt.

Namensgeber des Sternhaufens war übrigens die griechische Mythologie, und in diesem Zusammenhang scheint es mir von Interesse, daß die Plejaden auch mit Atlantis in Verbindung gebracht werden. Vielleicht auch deswegen, weil Atlantis soviel wie »auch zu Atlas gehörend« bedeutet. Die Plejaden wurden bei den alten Griechen nach den sieben Töchtern des Atlas und der Okeanide Pleione benannt.

Im übrigen spielen die Plejaden nicht nur in China eine wichtige Rolle. Auch die Maya-Mythen in Lateinamerika erwähnen das Siebengestirn. Im »Popol Vuh«, dem »Buch des Rates«, ist beispielsweise davon die Rede, daß 400 himmlische Jünglinge, nachdem sie sich unter die Menschen gemischt und hier an Kämpfen und anderen entwürdigenden Geschehnissen teilgenommen hatten, wieder zu den Plejaden zurückgekehrt sein sollen. Das muß vor sehr langer Zeit geschehen sein, denn das »Popol Vuh« enthält bekanntlich den Schöpfungsmythos der Quiche-Indianer. Daß hierbei ausdrücklich die Plejaden erwähnt werden, ist jedenfalls recht bemerkenswert.

Es erscheint mir in diesem Zusammenhang von großer Wichtigkeit, daß die Fremden aus dem All nicht nur den alten Chinesen ihre Aufwartung machten, sondern daß sich deren Spuren auch in anderen Kulturkreisen (wie etwa bei den Quiche) wiederfinden. Verständlich wird nun auch, weshalb Retortenkinder der »Himmelssöhne« (in Südamerika nannten sie sich »Söhne der Sonne«) anatomisch nicht so ganz den Erdbewohnern ähnelten – wie dies auch die Statur des Kaisers Shun anschaulich bestätigte.

Mit großem Feingefühl umschreiben Alt-Chinas Chronisten die Zeugung ihrer kaiserlichen Vorfahren. Auch jene des Yü, dessen Mutter von der Landung eines fremdartigen Objekts überrascht worden war.

Was sich im Einzelnen ereignete, ist nicht überliefert. Diskret wird lediglich angedeutet: *»Im Traum wurde ihr Geist bewegt, bis sie schwanger wurde, worauf sie eine Geisterperle schluckte. Nach der vorgesehenen Zeit gebar sie Yü in Shih-niu.«*

Vermutlich war der Zeitablauf von der Zeugung Yüs bis hin zu seiner Geburt von den »Himmelssöhnen« genauestens programmiert worden. Der Hinweis »nach der vorgesehenen Zeit« läßt alle Möglichkeiten offen. Es ist uns heute einfach nicht mehr möglich, festzustellen, in welchem Abstand Befruchtung und Geburt des Göttersohnes damals erfolgten. Auch einen Deutungsversuch der »Geisterperle« müssen wir uns versagen, da hierfür nähere Angaben fehlen.

Jedenfalls wies auch Hsiu-chis Sohn Yü erhebliche anatomische Unterschiede gegenüber seinen Mitmenschen auf. Sonst wäre es wohl nicht zu dieser absonderlichen Beschreibung seines Aussehens durch altchinesische Chronisten gekommen:

»Er hatte die Nase eines Tigers und einen großen Mund. Seine beiden Ohren waren ungleich. Auf dem Kopf war eine Sichel eingraviert, auf der Brust trug er einen Edelstein mit dem Zeichen des Großen Bären. Seine Fußlinien entsprachen dem Zeichen des letzten Monddrittels. Deshalb nannte man ihn Wenigming (›Schicksalslinien‹).«

Bemerkenswert an dieser Erzählung ist auch der Hinweis, der junge Yü habe bei Kaiser Shun besondere Sympathie genossen. Keinerlei Eifersucht war bei diesen beiden Männern im Spiel. Noch zu Yaos Lebzeiten (und Erdendasein) soll sich Shun des Knaben angenommen und ihn, wo immer er es vermochte, gefördert haben.

Yüs Lebensjahre sind von zahlreichen Legenden umrankt. Eine davon berichtet von einem höchst merkwürdigen Abenteuer des jungen Mannes, als er sich in einem Turm befunden haben soll und auf den Ho-Fluß blickte. Plötzlich sei aus den Fluten ein »großer Mann mit weißem Gesicht und einem Fischleib« aufgetaucht.

Das amphibische Wesen bezeichnete sich Yü gegenüber als

»Geist des Flusses« und forderte ihn auf, für die Regulierung der Gewässer zu sorgen. Er übergab dem jungen Mann eine Karte des Flusses, auf der alles über die Regulierung von Gewässern enthalten war. Danach tauchte der angebliche Flussgeist wieder im Ho unter.

An dem Geschehnis fällt auf, daß der »große Mann« ein durchaus menschliches Antlitz besaß, anderseits jedoch einen »Fischleib« aufwies. Ein Widerspruch also – oder doch nicht? Wenn wir uns vergegenwärtigen, wie unsere Taucher heute ausgerüstet sind, mit enganliegenden Gummianzügen und mit Schwimmflossen, so erscheint uns aus der Unkenntnis desjenigen heraus, der diese Geschichte niederschrieb, ein darin enthaltener Widerspruch durchaus verständlich.

Es sei in diesem Zusammenhang gestattet, auf ein Parallelgeschehen hinzuweisen, das sich zwar in einem anderen Kulturkreis, möglicherweise aber im selben Zeitabschnitt ereignete. Ich meine die Legende von Oannes aus der sumerischen Mythologie. Der Bericht von diesem fremdartigen Wesen wurde durch den Archivar Alexander Polyhistor aus Milet – er lebte im ersten Jahrhundert vor Christus – der Nachwelt übermittelt. Polyhistor hatte frühere Schilderungen des Baalpriesters Berossos und des Griechen Appolodoros aus Athen übernommen. Wörtlich erfahren wir:

»Der gesamte Körper des Tieres glich dem eines Fisches, unter dem Fischkopf besaß es einen anderen Kopf, und unten am Körper hatte es auch Füße, ähnlich denen eines Menschen. Sie waren unterhalb des Fischschwanzes angewachsen. Auch seine Stimme und seine Sprache waren klar und menschlich, und noch bis auf den heutigen Tag bewahrt man eine Darstellung von ihm auf. Sank die Sonne, so pflegte dieses Wesen ins Meer zu springen, und die ganze Nacht brachte es in der Tiefe zu, denn es war ein ›Amphibium‹.«

Wer immer diese Beschreibung ursprünglich geliefert haben sollte, sie bezeugt jedenfalls die außergewöhnlich gute Beobachtungsgabe des Berichterstatters. Und sie macht ferner deutlich, daß es sich bei Oannes keineswegs um ein amphibisches Wesen – halb Mensch, halb Fisch – gehandelt haben kann. Daß sich nämlich unter dem Fischkopf, bei dem es sich wohl eher um eine Tauchermaske gehandelt haben dürfte, »ein anderer Kopf« befand, ist nicht weiter erstaunlich, wenn man etwa an die Ausrüstung unserer Sporttaucher denkt.

Noch klarer zeigt sich dies durch den Hinweis, das Wesen habe »unter dem Körper«, deutlich sichtbar, »auch Füße« gehabt, »ähnlich denen eines Menschen«.

Oannes, der zuvor »in einer weißen Muschel« auf der Meeresoberfläche gelandet war, ehe er ins nasse Element hinuntertauchte, kam also ganz offensichtlich aus dem Himmelsraum – vermutlich sogar aus dem Weltall – auf die Erde.

Im übrigen bedeutet Oannes auf altsyrisch soviel wie Fremdling, und verschiedene Parallelerzählungen deuten darauf hin, daß sich derartige »Fischwesen« nicht nur im Persischen Golf getummelt haben, sondern auch im Roten Meer aufgetaucht sein dürften.

Oannes war keineswegs ein Einzelgänger, sondern – wie uns die Mythologie der Sumerer überliefert hat – nur *das erste* von *zehn* anderen Wesen, die aus dem Persischen Golf an Land gestiegen waren. Der Baalpriester Berossos weiß auch von einem Fischwesen Odakon zu berichten. Es kam im Erythräischen Meer (das war der altgriechische Name für das Arabische Meer) an die Wasseroberfläche. Berossos bezeichnete diese Fischwesen als »Annedotoi«. Annedotos bedeutet soviel wie »scheußlich« oder »abstoßend«.

»Sollte man nicht eher annehmen, daß die Kulturbringer des Vorderen Orients als herrliche Göttergestalten verehrt wurden?« fragt zu Recht Ulrich Dopatka in seinem »Lexikon für Prä-Astronautik«. Er meint: »Statt dessen sollen sie ekelerregend gewesen sein – ein Indiz, das für die Echtheit der Berichte spricht. Würden wir uns heute nicht ähnlich verhalten beim Anblick eines außerirdischen Lebewesens?«

Auch aus dem ägyptischen Kulturkreis erfahren wir von einem amphibischen Wesen. Der byzantinische Gelehrte Photios – er lebte im neunten Jahrhundert – hinterließ ein Fragment des ägyptischen Philologen Helladios. Darin wird von einem Mann namens Oe berichtet. Er kam aus dem Persischen Golf, besaß einen fischähnlichen Körper und war ursprünglich in einem »Ei«, das ins Meer gefallen war und vorher »geleuchtet« haben soll, gelandet.

In diesem Beispiel wird noch deutlicher, was sich seinerzeit tatsächlich ereignet haben dürfte: nämlich die Landung außerirdischer Kosmonauten, die hier – weil vielleicht die Umweltbedingungen in diesem Gebiet jenen des heimatlichen Planeten am ehesten entsprachen, oder aber auch aus rein strategischen Gründen – Unterwasser-Stützpunkte errichtet hatten und von dieser Stelle aus ihre Erkundungen vornahmen.

Eine gewisse Übereinstimmung dieser Erzählung mit jener altchinesischen Überlieferung, in der von einem »großen Mann mit weißem Gesicht und einem Fischleib« die Rede ist, kann kaum geleugnet werden. Yü dürfte jedenfalls die ihm gestellte Aufgabe mit Erfolg zu Ende geführt haben, denn nachdem er »die Regulierung der Flüsse durchgeführt hatte, gab ihm der ›Höchste‹ einen dunklen Stab aus Zinn, um damit das vollendete Werk anzuzeigen«.

Der menschlichen Psyche nicht recht einzuordnende, zumeist fremdartig aussehende Gestalten, die sich zudem vorzugsweise in wasserreichen Gegenden aufzuhalten schienen, finden wir in legendären Niederschriften immer wieder. Erich von Däniken fotografierte seltsame Rüsselwesen in Tula und auf dem Monte Alban in Mexiko, in Copan (Honduras) sowie in Tikal und in El Baul (Guatemala).

Im asiatischen Raum sind es die Kappas aus dem Mittelalter der japanischen Inselwelt, die sich im schilfreichen Küstengebiet niederließen, nachdem sie dort zuvor in fliegenden »Muscheln« gelandet waren. Zeichnungen, die uns über ihr angebliches Aussehen erhalten geblieben sind, zeigen die Fremden, die ebenfalls mit einem Rüssel ausgestattet waren. Er war jeweils mit einem auf dem Rücken getragenen Behälter verbunden. Bei diesem »Rüssel« dürfte es sich aber wohl eher – wie auch bei Oannes, Odakon oder Oe – um eine Art Atemschlauch gehandelt haben. Zusätzlich zu dieser amphibischen Ausrüstung trug jeder Kappa auch noch einen merkwürdig anmutenden Kopfschmuck: Vier dünne Stäbe. Oder handelte es sich hier jeweils um Sende- und Empfangs-*Antennen*?

In Indien verehren die Hindus den sogenannten »Elefantengott« Ganescha, dessen Rüssel möglicherweise ebenso als Atemgerät gedient hatte, in seiner tatsächlichen Bedeutung aber von den ihn verehrenden Gläubigen verkannt wurde.

Tausende Jahre Abstand zum tatsächlichen Geschehen machen es nicht ganz einfach, bestimmte Vorkommnisse zu deuten. Mit einiger Wahrscheinlichkeit können wir jedoch annehmen, daß diese Überlieferungen keineswegs nur als reine Symbolik aufzufassen sind. Im Gegenteil: Vielfach wird uns dabei Handfestes angeboten, Dinge also, die sich tatsächlich ereigneten. In diesem Zusammenhang muß auch einiges aus der Zeit des Kaisers T'ang (»Der Erfolgreiche«) erwähnt werden.

Dieser Herrscher besaß sieben Namen. Er leitete außerdem neun Strafexpeditionen. Überliefert ist uns auch, daß T'ang, als er aus dem südlichen Grenzgebiet zurückkehrte, von Prinzen aus 1800 Ländern sowie von acht Übersetzern besucht worden sei. Eine Begebenheit, die durchaus stattgefunden haben könnte. Ist es doch auch heute bei international beschickten Konferenzen und Kongressen üblich, vielsprachig bewanderte Dolmetscher beizuziehen. T'ang dachte also schon zu seiner Zeit durchaus modern. Als besonderen Gast begrüßte er damals den »Chef der Wunderwaffen«. Wer immer dieser Ehrengast gewesen sein mag, offenbar dürfte es sich dabei um einen Gelehrten von hohem Rang gehandelt haben. Jedenfalls bezog sich die Bezeichnung »Wunderwaffen« – das steht wohl außer Zweifel – auf eine Waffengattung besonderer Prägung und Qualität.

Aus dieser Überlieferung geht deutlich hervor, daß die geschilderte Zusammenkunft der Prinzen aus 1800 Ländern (womit wohl *chinesische* Provinzen gemeint waren, worin diese Teilnehmer vermutlich hohe Würdenträger verkörperten) einem besonderen Anliegen diente: T'ang wurde nämlich eindringlich beschworen, endlich die Kaiserwürde als »Sohn des Himmels« anzunehmen. Schon dreimal hatte er zuvor ein solches Ansinnen zurückgewiesen, nun aber stimmte auch er endlich dem Vorschlag zu.

Mit großer Wahrscheinlichkeit ist anzunehmen, daß dieser Regent ebenfalls unter der »Schirmherrschaft« nichtirdischer »Himmelssöhne« gestanden hatte, was auch aus nachfolgender Überlieferung zwingend hervorzugehen scheint:

»In grauer Vorzeit begann die Welt mit der Dynastie Kaohsin (›Bittere Größe‹) durch eine Herrscherin, die Chien-ti (›Erinnerung an nordische Barbaren‹) hieß. Sie benutzte die Frühlings-Tagundnachtgleiche, um ihrem Gatten in die Wüste zu folgen, dort zu opfern und einen Sohn zu erbitten, als der Mystische Vogel heranflog. Als sie mit ihrer kleinen Schwester im Wasser am Mystischen Erdhügel badete, kam der Vogel, um sie zu betrachten. Er ließ ein wunderschönes buntes Ei fallen, dessen fünf Farben glänzten. Sie wetteiferten miteinander, es in ihre Körbe zu legen; Chien-ti war schneller. Sie schluckte das Ei und wurde schwanger. Schließlich gebar sie Wei (›Ursache‹). Als er groß war, wurde er bei Yao dem Erhabenen Unterrichtsminister, der mit ihm, seiner Verdienste wegen, um das Fürstentum Shang verhandelte. Nach 13 Generationen wurde der Nachkomme von Wei, Chu-kuei (›Herr des Sommers‹) geboren. Chu-kueis Ehefrau Fu-tou (›Hilfe aller‹) sah weißen Dampf durch den kostbaren Mond hindurchgehen und fühlte sich davon angerührt, so daß sie schwanger wurde. Am Tag Yih gebar sie T'ang, deshalb wurde er T'ien-i (›Himmelsbogen‹) genannt.«

Auch hier werden Geschlechtsakte beziehungsweise genetische Manipulationen, die zur Geburt des Knaben führten, poetisch umschrieben. Das mag an der Hochachtung gelegen haben, die die Chinesen früherer Tage den irdischen »Göttersöhnen« entgegenbrachten.

Anders als wir Menschen

Nicht so sehr überraschen kann die legendär überlieferte Beschreibung vom Aussehen T'angs, das sich anscheinend beträchtlich von dem seiner Untertanen unterschied: *»Sein Gesicht war unten breit und verjüngte sich nach oben. Sein Körper war einseitig* (?) *und von heller Farbe; er schrie mit sehr lauter Stimme. Er war neun Fuß lang, und seine Arme hatten vier Gelenke.«*

T'ang war also ein Riese und auch sonst anatomisch von uns Irdischen sehr verschieden. Daß er, schon aufgrund seiner monströsen Gestalt, auch eine außergewöhnlich laute Stimme besaß, leuchtet ein. Wichtig erscheint mir auch der Hinweis auf seine auffallend helle Hautfarbe.

Vergegenwärtigen wir uns noch einmal jene Episode aus dem Leben Yüs, der am Fluß Ho mit einem Fischwesen, nämlich jenem »großen Mann mit weißem Gesicht«, konfrontiert worden war. Wenn wir davon ausgehen, daß dieses »Amphibium« (laut »Duden«, Ausgabe 1961, »ein Flugzeug, das zu Wasser und zu Lande starten und landen kann«), dem Yü begegnete, ein außerirdischer »Himmelssohn« war, der in eine Art Taucheranzug trug, dessen Kopf jedoch verhüllt war, dann wird deutlich, daß diese Kosmonauten offenbar von *heller* Hautfarbe gewesen sein müssen. Folglich auch jene, die von ihnen abstammten.

Ein kleiner Hinweis gibt andeutungsweise Aufschluß darüber, *wo* sich der Zeugungsakt – also das genetische Experiment bzw. das Kloning-Verfahren, das die Außerirdischen an T'angs Mutter Fu-tou vornahmen – mit großer Wahrscheinlichkeit abgespielt haben dürfte: In einem der als »Drachen«, »Donnervögel« oder »Eier« verkannten Fluggeräte der »Himmelssöhne«.

Das läßt sich auch aus der recht merkwürdig klingenden Beschreibung »kostbarer Mond« herauslesen, durch den »weißer Dampf« hindurchgegangen sein soll. Es könnte durchaus sein, daß diese uns seltsam anmutende Verherrlichung des Erdtrabanten aus der Sicht Fu-tous deshalb erfolgte, weil sie dem fatalen

Irrtum unterlegen war, den Mond mit einem auf sie zukommenden (ihn vielleicht unbewußt ähnlich sehenden) *kugelförmigen* Raumfahrzeug zu verwechseln. Der »weiße Dampf«, den T'angs Mutter dabei sah, wurde vielleicht durch die zum Stillstand gebrachten Düsenaggregate oder durch sonstige Antriebsvorgänge hervorgerufen.

T'ang war also ebenfalls ein Auserwählter. Er soll von seinen außerirdischen »Vätern« sogar ins Weltall mitgenommen worden sein, um ihn für seine künftigen Aufgaben als Herrscher Chinas vorzubereiten.

Die Legende berichtet in diesem Zusammenhang von einem »Traum«, in dem T'ang mit einem Schiff zum Himmel aufgestiegen sei. Seine »Reise« führte ihn vorbei an Sonne und Mond. Schließlich gelangte er zum himmlischen »Tempel des Herrschers Yao« (wahrscheinlich die Raumstation seiner Schutzherren), wo er zum erstmals Kontakt mit den Drachengöttern gehabt haben soll.

Später gab es jedoch Widerstände gegen seine vorgesehene Inthronisation, wobei sich ein Tyrann namens Chieh unrühmlich hervorgetan haben soll. T'ang wurde jedenfalls »von oben« beauftragt, den unliebsamen Rivalen zu beseitigen. Abermals »träumte« er, mit einem Schiff in den Luftraum aufzusteigen, und diesmal flog er angeblich so hoch wie nie zuvor. Er soll sogar »den Himmel« überflogen haben. Die mythologische Quelle läßt uns zudem wissen: *»Nachdem er aus dem Himmel, von einem unbekannten fernen Ort, mit dem Schiff herabkam, wurde er Herr des Reiches.«*

Während T'angs Regierungszeit scheint es im Reich der Mitte auch den spektakulären Aufprall eines Meteors gegeben zu haben. Es wird nämlich von einem »schwarzen Vogel« berichtet, der sich am Fluß Lo auf einem Erdhügel niedergelassen habe, worauf er sich in einen schwarzen Edelstein verwandelt haben soll. Mehr ist über den Vorfall nicht bekannt, hingegen ist überliefert, daß T'ang insgesamt 29 Jahre über sein Reich herrschte. Dann wurde er von oberster Stelle abberufen und *»stieg auf«*.

Also dürfte auch dieser Regent von den außerirdischen »Himmelssöhnen« ins Weltall mitgenommen und an einen anderen Bestimmungsort versetzt worden sein.

6. Die »vom Himmel« Gekommenen

Woher die Chinesen gekommen sind, ehe sie sich in China ansiedelten, darüber streiten die Gelehrten. Man schreibt die Herkunft der gelben Rasse abwechselnd den Altbabyloniern, Ägyptern oder Indern zu. Einige Historiker bringen auch die sagenhaften, versunkenen Kontinente Atlantis, Lemuria oder Mu ins Spiel – doch derartige Überlegungen werden durch keinerlei frühgeschichtliche Mythen der Chinesen gestützt. Bezieht sich ein Altertumsforscher jedoch auf solche Überlieferungen, dann müßte er zu ganz anderen Ergebnissen gelangen. Er müßte sich beispielsweise die Frage stellen, weshalb sich sämtliche Herrscher im Reich der Mitte stets als »Himmelssöhne« titulierten. Diese sich selbst gegebene Bevorzugung gegenüber Anderssterblichen erfolgte nämlich keineswegs zufällig. Bezeichnenderweise ist uns in diesem Zusammenhang ein Schriftzeichen aus der Shang-Dynastie (aus der Zeit zwischen 1500–1100 v. Chr.) erhalten geblieben. Es symbolisiert heute den Begriff Himmel.

Doch inzwischen wissen wir, daß dieses Schriftzeichen im Laufe der Jahrhunderte eine Veränderung erfahren hat. Es entspricht längst nicht mehr seiner ursprünglichen Bedeutung. Früher ähnelte es eher einem primitiv gezeichneten Männchen, und es bedeutete soviel wie *»Der vom Himmel Gekommene«*.

Entdeckt wurde dieses uralte Schriftzeichen auf Orakelknochen bei den Königsgräbern der Shang in Anyang.

Wer aber war da einstmals aus dem Kosmos herabgestiegen? Vermag uns darüber das chinesische »Buch der Wandlungen« aufzuklären? Darin wird die Erfindung des Ackerbaus dem »himmlischen Genius« Außerirdischer zugeschrieben, die den Menschen entsprechende Unterweisungen gaben. Handelte es sich dabei um ätherische Wesen? Um Phantasiegestalten oder gar um Besucher aus dem Weltraum?

Legendäre Überlieferungen aus Chinas grauer Vorzeit besagen jedenfalls einhellig, daß die Vorfahren der gelben Rasse *göttlichen* Ursprungs gewesen sein sollen. Sie seien mit »feurigen Drachen« zur Erde gekommen und hätten diesen Planeten von China aus besiedelt.

Das mag unglaublich klingen, doch trotz mancher phantastisch anmutender Beispiele über außerirdische Einflußnahme auf das einstige Reich der Mitte ist die Geschichte Chinas seltsamerweise von jeder übertriebenen Mystik verschont geblieben. Während etwa in Indien eine personifizierte Sonne stets als »goldener Gott« bezeichnet wurde, haben die beiden chinesischen Klassiker Shi-Chi und Han-Shu hier genau differenziert: Für sie war jene »Sonne« kein Gott, sondern ein »goldfarbiger, himmlischer Mensch«. Im Verlauf eines halben Jahrhunderts sei dieser Unbekannte mehrfach in Erscheinung getreten, und zwar vor etwa 1500 bis 2000 Jahren.

Um wen hat es sich bei diesem »goldfarbigen, himmlischen Menschen« gehandelt? Um einen Irdischen – oder etwa um einen Extraterrestrier? Jedenfalls um ein Wesen mit menschenähnlichem Aussehen, wie das auch im chinesischen Schöpfungsmythos festgehalten wurde. Dort ist nämlich zum ersten Mal von dem Erscheinen eines Menschen die Rede.

Dabei handelt es sich um P'an-ku, der interessanterweise als der Vater des Universums gilt und der *»aus einem Ei«* geboren wurde. Dieses »Ei« gilt gleichzeitig als Sinnbild für das Urchaos, aus dem sich im Verlauf von 18 000 Jahren die Erde entwikkeln sollte. Taoistische Legenden behaupten, seit dem Erscheinen P'an-ku's auf dieser Welt seien bis zum Jahr 479 v. Chr. genau 276 000 Jahre vergangen. In anderen mythischen Berichten wird hingegen von fast 97 Millionen Jahren gesprochen.

Auf den ersten »*ei*geborenen« Menschen P'an-ku, dessen Herkunft augenscheinlich nicht unser Planet gewesen ist, folgten später die »Herrscher des Himmels«, danach die »Herrscher der

Erde«, und erst dann traten Chinas *irdische* Kaiser und Könige im »Reich der Mitte« ihre Herrschaft an.

Das universelle Ei, bei dem es sich (wie aus den Legendentexten hervorgeht) ganz offensichtlich um ein für Reisen durch den Kosmos ideal geeignetes Transportmittel handelte – ein offensichtlich kugelförmiges Raumschiff –, kann auch in anderen Kulturkreisen nachgewiesen werden.

So auch in Tibet. Die Philologin B. C. Olschak erzählt in ihrem 1960 erschienenen Buch »Tibet: Erde der Götter« eine durchaus aufschlußreiche Legende aus dem geheimnisvollen Land:

»Aus dem ungeschaffenen Wesen entstand ein weißes Licht, und aus dem Grundstoff dieses Lichts kam ein vollkommenes Ei hervor. Von außen war es strahlend, es war durch und durch gut; es hatte keine Hände, keine Füße und dennoch die Kraft der Bewegung; es hatte keine Schwingen und konnte dennoch fliegen; es hatte keine Augen, weder Kopf noch Mund, und dennoch erklang eine Stimme aus ihm. Nach fünf Monaten zerbrach das wunderbare Ei, und ein Mensch kam heraus.«

Bringt man diese Aussagen in die richtige Relation zum Geschehen, dann wird manches am Inhalt derartiger Legenden verständlich. Doch ist es erforderlich, sich erst einmal in die Lage des Betrachters zu versetzen: Plötzlich sieht er am Himmel ein grelles (»weißes«) Licht. Mehr vermag er zunächst nicht zu erkennen. Nach und nach schält sich aus der Lichterscheinung ein fester Körper. Dieser nimmt nunmehr auch Konturen an. Der beobachtende Chronist vergleicht den fremdartigen Ankömmling spontan mit einem ihm geläufigen Gegenstand: Er erinnert ihn frappant an ein – Ei. Was auf das ungefähre Aussehen des Raumfahrzeugs hindeutet: es war offenbar oval und besaß eine glatte Außenhülle. Vielleicht spiegelte sich auch die Sonne darin (»von außen war es strahlend«), und der Augenzeuge bewunderte das Aussehen des »Eies«. Es hatte für ihn nichts Erschreckendes an sich, was möglicherweise zu dem Gesamturteil des Betreffenden »es war durch und durch gut« führte.

Jener unbekannte Tibeter, der unvorbereitet Augenzeuge einer Landung jenes himmlischen Gefährts geworden war, zeigte sich über die Eigenschaften des prähistorischen »UFOs« aus verständlichen Gründen erstaunt. Blieb ihm doch dessen eigentliche Funktion verständlicherweise rätselhaft. Das Ding besaß weder Hände noch Füße, dennoch aber hatte es »die Kraft der Bewegung«. Vielleicht war das Gefährt von seinem Piloten, ehe dieser auf dem Boden aufgesetzt hatte, zunächst in die richtige Position manövriert worden.

Was den Augenzeugen besonders in Erstaunen versetzte, war der Umstand, daß das »Ei« ganz ohne Flügel zu fliegen vermochte, und als ihn der Pilot schließlich – vermutlich über Bordlautsprecher – auch noch anredete, zur für ihn folgerichtigen Überzeugung gelangte: »Es hatte keine Augen, weder Kopf noch Mund, und dennoch erklang eine Stimme aus ihm.«

Ob nun tatsächlich fünf Monate vergingen, ehe sich der Pilot des Donnervogels dem Augenzeugen seiner Landung zeigte, bleibt offen. Jedenfalls kam der verwunderte Tibeter zu der für ihn erstaunlichen Erkenntnis, daß sich der Insasse des »Eies« äußerlich nicht im geringsten von ihm und seinen Stammesbrüdern unterschied. Konstatierte er doch sachlich: »... und ein *Mensch* kam heraus.«

Sollten Sie, lieber Leser, nun meinen, hier habe der Buchautor eine willkürliche Kurve in Richtung »Raumfahrt« genommen, diese tibetische Legende kurzerhand »außerirdisch« interpretiert, so sei hier als Gegenbeweis ein wahres, durchaus nachweisbares Parallelbeispiel wiedergegeben. Es dürfte verständlich werden lassen, was vielleicht manchen in der vorangegangenen tibetischen Erzählung inhaltlich irritierte.

In seinem Sachbuch »Unsere Wiege steht im Kosmos« gibt der in den USA beheimatete Professor Luis E. Navia den interessanten Bericht eines Anthropologen, K. Muller, wieder, welcher einen ähnlichen Vorgang zum Inhalt hat. Dieser Forscher, leitet Navia zunächst ein, sei in Australien und Neuseeland verschiedene Steinzeit-Kulturgebiete bekannt, in denen primitive Stämme seit dem Ersten Weltkrieg aus Stroh und Lehm nachgebaute Flugzeuge beharrlich verehren. Diese Gegenstände wurden von den Eingeborenen zu göttlichen Wesen erhoben, hatten sie doch die fliegenden Originale lange Zeit hindurch täglich am Himmel beobachten können. Noch drastischer entwickelten sich die Dinge jedoch auf der kleinen melanesischen Insel Tanna. Fernab jeder Technologie fristen dort ihre Bewohner heute noch ein anspruchsloses Leben.

Wer war John Frum?

Seltsam dünkt uns auch die Religion der Einheimischen. Auf deren Inhalt ging Prof. Navia anhand von K. Mullers Bericht näher ein:

»Sie konzentriert sich ausschließlich auf eine geheimnisvolle Gestalt, einen Gott, den sie als ›John Frum‹ kennen und der natürlich nicht unter ihnen weilt. Frum scheint ein legendärer Besucher gewesen zu sein, der vor mehreren Jahrzehnten bei den Melanesiern lebte – vielleicht in den vierziger Jahren, als während des Zweiten Weltkriegs Tausende von amerikanischen Soldaten und Matrosen auf den Inseln dieses Gebietes gelandet sind.«

Auch dieser John Frum gehörte wohl dazu. Ihn verschlug es wahrscheinlich auf die kleine Insel Tanna, wo es ihm gelang, ein äußerst positives Verhältnis zu den Eingeborenen herzustellen. Die wenigen Habseligkeiten, die er besaß, teilte er mit seinen Gastgebern – ein paar Münzen und Geldscheine, einen Helm und andere Kleinigkeiten. Sogar ein Foto, das wahrscheinlich den Amerikaner in Uniform zeigte, machte er dem Häuptling zum Geschenk. Außerdem erzählte Frum seinen neuen Freunden von der Heimat, den Vereinigten Staaten, und von seiner Sehnsucht, wieder dorthin zurückkehren zu können. Der gestrandete Ami dürfte auch über einfache medizinische Kenntnisse verfügt haben, vielleicht war er in seiner Truppe Sanitäter gewesen. Jedenfalls gelang es ihm, einige der Eingeborenen mit Hilfe von

Medikamenten, die ein Soldat für Notfälle immer mit sich führt, von ihren Leiden zu heilen. John Frum unterschied sich auch äußerlich von seinen Inselfreunden, *»er war größer, hatte hellere Haut, sprach seltsam und hatte merkwürdige Gewohnheiten«*, gibt Professor Navia den Bericht K. Mullers wieder.

So »geheimnisvoll«, wie er gekommen war – zumindest in der Vorstellung der Eingeborenen –, so plötzlich verschwand John Frum eines Tages von der Insel. Vorher aber versprach er seinen neuen Freunden, er werde zurückkehren, um ihnen viele weitere Dinge zu bringen. Offenbar versicherte er dem gutgläubigen Stammesältesten, seinem ersten Kommen werde bald eine triumphalere, dauerhafte Rückkehr folgen.

Mag sein, daß Frum den ihm verehrenden Eingeborenen versprochen hatte, er werde eines Tages *»aus den Wolken«* zurückkehren, also mit dem Flugzeug, um es in unserer Sprache auszudrücken. Als jedoch die Zeit verstrich und John Frum sich nicht mehr blicken ließ, ängstigten sich die Inselbewohner, ihr »Gott« – denn für einen solchen wurde der US-Soldat inzwischen längst gehalten – sei über Sünden des Stammes dermaßen erzürnt, daß er sein Kommen deswegen verzögere.

»Als in letzter Zeit Besucher aus dem Westen nach Tanna kamen, fanden sie ein Volk vor, das auf die Rückkehr seines ›Gottes‹ wartete. Sie stellten fest, daß die Eingeborenen auf dem Rücken die mythischen Buchstaben ›USA‹ trugen, die sie mit Frum in Verbindung brachten.«

Weiter berichtet Professor Navia, daß die Inselbewohner sogar so weit gegangen wären, ihre Besucher zu bitten, »Frum« zu einer Rückkehr zu bewegen, denn auf Tanna sei alles wieder wie zuvor, sie hätten die alten Gebräuche wieder angenommen, so wie sie es ihm einst versprochen hätten. Das Foto, das die Besucher auf Tanna zu sehen bekamen, ist natürlich keine Garantie dafür, John Frum identifizieren zu können, denn es kann irgendeinen von Millionen lebenden oder toten Amerikanern darstellen.

Professor Navia verweist in diesem Zusammenhang auf die

unzähligen Parallelen in anderen religiösen Überlieferungen der Welt:

»Manche Juden warten noch immer auf das Kommen des angekündigten Messias, der ihr Erlöser sein wird. Die Christen erwarten noch immer die Wiederkunft von Jesus Christus, der versprochen hat, aus dem Himmel, zu dem er aufgefahren ist, zurückzukehren. Dieser Gedanke einer Wiederkehr ist allerdings nicht auf wenige Religionen beschränkt. Er ist vielmehr fast universell.«

Zwei Dinge sind demnach beachtenswert und können in zwei Punkten zusammengefaßt werden:

- Die aus Unwissenheit von primitiveren oder naiveren Völkern vorgenommene Übertragung göttlicher Attribute auf leblose, also künstliche Gegenstände, die zum Artefakt religiöser Verehrung werden.
- Das von den »Göttern« gegebene Versprechen, bald wiederzukehren.

Es existiert kaum ein Sagenkreis, der nicht ähnliche Berichte von über- oder außerirdischen Wesen enthält. Nichts wäre trügerischer, als solche Worte auf die Goldwaage zu legen. Mit großer Wahrscheinlichkeit wurden alle diese Versprechen nur deshalb gegeben, um die völlig aus dem Häuschen geratenen »Gläubigen«, die in den Besuchern Abgesandte des Himmels sahen, zu beruhigen.

Es kann schon sein, daß bei diesem oder jenem »Gott« die Absicht bestand, später einmal Nachschau zu halten, was aus der primitiven Kultur geworden ist, in deren Einflußbereich er für einige Zeit gelebt hat. In den meisten Fällen wurde jedoch bloß ein Scheinversprechen gegeben. Daß daraus einmal eine religiöse Hoffnung entstehen würde, das konnten die Fremden allerdings nicht ahnen. Für uns aber sind es wichtige Indizien für eine *kosmische* Interpretation einzelner Legenden. Es wäre dennoch falsch, davon sämtliche religiöse Ursprünge ableiten zu wollen. Gerade hier gilt es – getreu einem biblischen Ratschlag – »die Spreu vom Weizen« zu trennen.

Kehren wir deshalb wieder zu dem tibetischen »Ei« zurück, das in der Mythologie dieses tiefreligiösen Staates (dem Chinas Besatzungsmacht seine ursprüngliche Identität leider weitgehend genommen hat) in verschiedenen anderen Erzählungen wiederkehrt.

So wird beispielsweise von dem ersten mythischen König Tibets – er hieß Yehi – erzählt, er sei aus einer Muschel oder aus einer Eierschale geboren worden. Die Tibeter sehen in Yehi den Stammvater der menschlichen Rasse.

»Eier« (oder was man in ahnungsloser Wiedergabe dafür hielt) spielen auch in den mythischen Erinnerungen der Thai eine bevorzugte Rolle. Wolfram Eberhard hat in seinem 1942 in Peking erschienenen Buch »Monumenta Serica – die Lokalkulturen des Südens und Ostens« einige dieser Berichte gesammelt. So etwa jenen, der von der Familie Ch'en erzählt, auf deren Haus während eines Gewitters ein großes Ei gefallen sein soll. Es war so schwer, daß es das Dach des Hauses durchschlug, um dann auf dem Fußboden zu zerschellen. Wer beschreibt die Verblüffung der Familienangehörigen, als aus dem Wrack ein kleines menschliches Wesen kroch!

Laut Sagentext handelte es sich dabei um das Kind der Himmelsbewohner. Das erkannte auch die Familie Ch'en und kümmerte sich auf rührende Weise um ihren außergewöhnlichen Gast. Sie nahm ihn an Kindes Statt in ihren Kreis auf. Seit diesem Tag gelten die Nachkommen der Ch'en als legitime Abkömmlinge des »Donnergottes«.

Kleine Bemerkung am Rande: Ob diese legendäre Erzählung dann später zum Ideenbringer für den populären US-Comicstrip-Bestseller »Superman« herhalten mußte? Der ideelle Gleichklang beider Geschichten erscheint mir jedenfalls frappierend …

Die Ahnengalerie der Thai

Im Zusammenhang mit der historischen Herkunft der Thai scheint es mir wichtig, darauf hinzuweisen, daß dieser Stamm stets eigenständig geblieben ist und keineswegs zu den sonstigen Volksgruppen Chinas hinzugerechnet werden darf. Die Thai sind seit jeher im Süden des Riesenreiches ansässig und leben hier seit mehr als 2300 Jahren.

Die Ahnengalerie der Thai beginnt mit der legendären Persönlichkeit von T'ai-Hao. Er war der erste von fünf mythischen Herrschern und soll vor etwa 5000 Jahren gelebt haben. T'ai bedeutet »Ur«, »größte«, »höchste«, t'ai-i hingegen »die Einheit vor der Schöpfung«, während t'au-chu »Uranfang« und t'ai-ku »Urzeit« heißt. T'ai-kung wird in der Thai-Sprache mit »Weltall« übersetzt; t'ai-hsü ist der Begriff für »Weltenraum«.

Diese Begriffsübersetzungen erscheinen mir wichtig, weil sie auf die wahrscheinliche Herkunft des ersten Thai-Herrschers hinweisen. Der Name T'ai-Hao läßt zudem darauf schließen, daß der Ahne dieses Volkes tatsächlich aus dem Kosmos gekommen sein könnte.

Parallel hierzu erzählt uns eine Thai-Legende, einstmals sei das »Ei« des Königs von Hsü auf die Erde gekommen – wobei es vom Mond aus gestartet sein soll –, habe dann plötzlich die Balance verloren und sei im Meer versunken.

Der König dürfte aber zuvor noch imstande gewesen sein, seinen »Schleudersitz« zu betätigen, denn nur ihm scheint es (zumindest der Sage nach) gelungen zu sein, sich aus dem in den Wasserfluten versinkenden Raumfahrzeug zu retten. Die Fama berichtet weiter, daß der Fremde vom Mond später unter den Menschen gelebt und *»das Wissen von den Sternen«* unter ihnen verbreitet habe.

Auch eine »emanzipierte« Göttin soll es in Chinas grauer Vorzeit gegeben haben. Sie hieß angeblich Ch'ang-i, und wurde die »knochenlose« Königin genannt. Auch diese Dame soll, der Legende nach, aus dem Weltraum zur Erde gekommen sein und hier den ersten legendären Herrscher der Shang geehelicht haben. Die »Knochenlose« unterrichtete später die Weisen ihres Volkes in der Kunst der Mondberechnung, doch dürfte Ch'ang-i das Erdendasein auf die Dauer nicht zugesagt haben. Als sich ihr

Mann eines Tages von der Wächterin des K'un-lun-Gebirges, Hsi-wang-mu, das »Elexier der Unsterblichkeit« besorgte, stahl ihm Ch'ang-i das wertvolle Präparat und floh damit zurück auf den Mond. Handelte es sich bei diesem »Elexier« um Treibstoffvorräte, die die »Knochenlose« für ihre Rückkehr zu unserem Erdtrabanten unbedingt benötigte, nachdem ihr eigenes Raumschiff zuvor nach einer Bruchlandung im Meer fluguntauglich geworden war?

Es mag vermutlich manchen meiner Leser zu abstrakt erscheinen, auf diesen Seiten laufend davon in Kenntnis gesetzt zu werden, daß es im prähistorischen Reich der Mitte bereits möglich gewesen sei, Raumflüge zum Mond, ja sogar zu anderen Planeten durchzuführen. Aber diese Wiedergaben sind ganz und gar nicht meiner Phantasie entsprungen, sondern vielmehr in der chinesischen Mythologie allgegenwärtig. In diesen frühgeschichtlichen Aufzeichnungen finden sich immer wieder Schilderungen über einen anscheinend regen Flugverkehr ins Weltall. So beschrieb der große chinesische Dichter und Denker Chuang Tzu in der Ich-Form eine Reise auf dem Rücken eines riesigen Vogels, der ihn 52 000 Kilometer weit in den Kosmos hinausgetragen haben soll. Mag schon sein, daß Pegasus, das Dichterroß, hier ebenfalls mit im Spiel war und den altchinesischen Literaten dazu animierte, sich auf den Flügeln der Poesie ins Universum entführen zu lassen. Dennoch: So ganz kann dabei nicht außer acht gelassen werden, daß hier Chuang Tzus Erzählung »Reise in die Unendlichkeit« vielleicht einem längst verschollenen Bericht aus vergangener Zeit nachempfunden wurde, der sich damals tatsächlich ereignete. Schon Maxim Gorki, der große russische Dichter, kam in weiser Einsicht zu der Erkenntnis:

»Überhaupt gibt es nichts Märchenhaftes auf der Welt. Alles, was wundersam zu sein scheint, hat in Wirklichkeit eine ganz bestimmte reale Grundlage. Es gibt nichts, was der Mensch erfunden hätte und was in der Wirklichkeit nicht begründbar wäre.«

Lange vor Gorki wußte das auch der chinesische Gelehrte Yuan Ke, denn er schrieb:

»Viele sind der Ansicht, daß Mythen eine Ausgeburt der Phantasie sind und mit der Wirklichkeit nichts gemein haben. Das ist ein schwerer Irrtum.«

Einer, der diese Auffassung durch eigene Beweisführung auch praktisch bestätigte, war der deutsche Altertumsforscher Heinrich Schliemann. Ihm allein verdankt es die archäologische Wissenschaft, daß das sagenhafte Troja Stein für Stein nachgewiesen wurde und nicht länger mehr – wie dies zuvor steif und fest behauptet worden war – allein der einfallsreichen Dichtkunst eines Homer zugeschrieben werden mußte. Warum also sollte Chuang Tzu nicht ebenfalls bloß dichterisch verbrämt haben, was einst und durchaus reell als Raumschiffreise in einem prähistorischen »Space Shuttle« beschrieben worden war?

Märchenhafte Himmelsreisen

Der angelsächsische Autor Arthur Waley widmete ebenfalls ganz bewußt einen Abschnitt seines Buches »Lebensweisheit im alten China« dem chinesischen Poeten Chuang Tzu. Darin gibt er auch das vielleicht eher ungewöhnliche Märchen »König Mu und der Zauberer« wieder. Ehe hier womöglich von bestimmter Seite Einwände erhoben werden können, sei es gesagt: Auch Märchen enthalten vielfach *tatsächliche* Geschehnisse. Sie lassen sich allerdings oft nur schwer (wenn überhaupt) von dem darin erzählten Handlungsverlauf trennen, sind aus dem phantasievollen Inhalt der jeweiligen Geschichte kaum oder nur schwer herauszufiltern.

Das häufig zitierte »Körnchen Wahrheit« sollte dennoch auch hier nicht völlig ignoriert werden. Mit Absicht lasse ich deshalb im folgenden den Inhalt dieser sinnigen Erzählung vor meinen Lesern Revue passieren und überlasse es jedem einzelnen von ihnen, sich darüber selbst Gedanken zu machen und vielleicht auch zu einer kritischen Beurteilung zu gelangen.

Das Märchen berichtet von einem Zauberer »aus dem Land des Westens«, dessen magische Fähigkeiten sich bis zum Hof des Königs Mu von Chou herumgesprochen hatten. So wurde dem Wundermann nachgesagt, die Fähigkeit zu besitzen, durch Wasser und Feuer schreiten, und auch metallische oder felsige Hindernisse überwinden zu können. Mu würde es sogar fertigbringen, Berge zu stürzen, Flüsse rückwärts fließen zu lassen sowie Befestigungen und Städte von ihren Standplätzen wegzubewegen. Auch sei er fast unverwundbar und ebenso in der Lage, hoch in den Lüften zu reiten.

»Es gab in der Tat keine Grenze für die Wunder, die er vollbrachte«, wird uns überliefert.

Dazu gehörte auch die Fähigkeit, die äußere Form der materiellen Dinge zu verändern sowie die Gedanken der Menschen zu beeinflussen. Der König war von dem Zauberer dermaßen fasziniert, daß er alles unternahm, um diesen zufriedenzustellen. Doch der fühlte sich im irdischen Bereich nicht wohl, bemängelte die menschlichen Errungenschaften und war nur mit Mühe zu überreden, die ihm vom König zur Verfügung gestellte Wohnstätte zu beziehen.

Nach einiger Zeit, in der er häufig abwesend war, lud der Zauberer eines Tages den König ein, ihn auf einer Reise zu begleiten. Der König sagte zu. Darauf schwebte der Zauberer mit ihm in die Höhe. So wurden sie aufwärts getragen, *»immer höher, bis sie den Himmel erreichten«*. Und weiter erfahren wir:

»Hier hielten sie genau vor dem Haus des Zauberers an. Es war mit Gräben von Gold- und Silberstaub umgeben, mit Ketten aus Jade und Perlen umschlungen und ragte weit über die Regionen des Regens und der Wolken hinaus. Worauf es errichtet war, ließ sich schwer bestimmen, doch schien es von einem Wolkengebilde getragen zu werden.«

Obgleich – wie speziell durch ihre phantasievollen Schilderungen – solche Geschichten durch Einschübe und Bearbeitungen oft inhaltlich nur verzerrt und entstellt wiedergegeben sind, sollte auch diese Erzählung in ihrem Aussagegehalt nicht unterschätzt werden. Sie wirkt – mit dem Wissen des 21. Jahrhunderts gelesen – auf seltsam anmutende Weise durchaus real.

Auf welche Weise der König schließlich das Haus des Zauberers zu erreichen vermochte, ist uns im Detail leider nicht überliefert. Schemenhaft ist aber innerhalb der Erzählung ein technologischer »Background« spürbar. Man beachte: Das Haus des Wundermannes ist »mit Gräben voll Gold- und Silberstaub umgeben« sowie »mit Ketten aus Jade und Perlen umschlungen«. Ob dahinter nicht die blitzende, im Sonnenlicht funkelnde Außenhaut einer Weltraumstation vermutet werden kann?

»Doch schien es von einem Wolkengebilde getragen zu werden«, lesen wir weiter. Was es mit mythologisch überlieferten »Wolken« in damals tatsächlich auf sich hatte, ist uns – aus heutiger Kenntnis damaliger Geschehnisse – längst gegenwärtig: Der König befand sich wahrscheinlich in einer Beobachtungsanlage der »Himmelssöhne«. Einzelheiten haben in diesem Märchen zwar keine Berücksichtigung gefunden (die seit dem Urtext sich dazwischengeschobenen Jahrtausende haben möglicherweise manchen aussagehaltigen Hinweis wegretuschiert), doch sind uns in der überlieferten Fassung immerhin einige nicht ganz uninteressante Beobachtungen des Königs (die vermutlich dann später, trotz allem Unverständnis der damit befaßten Chronisten, aufgezeichnet worden sind) erhalten geblieben:

»In diesem Haus glich nichts von dem, was Augen und Ohren sahen und hörten, was Nase und Mund rochen oder schmeckten, in irgend etwas dem, was der König von der Menschenwelt her gewohnt war. Er glaubte, sich in einem der Paläste Gottes zu befinden. Als er auf die Welt hernieder sah, erblickte er etwas wie einen mit Gestrüpp umgebenen Erdhügel, und plötzlich merkte er, daß dies sein eigener Palast mit den Gartenanlagen war. Schließlich lud ihn der Zauberer abermals zu einer Reise ein, und wieder glitten sie dahin, bis sie einen Ort erreichten, wo man weder Sonne noch Mond erblickte, wenn man aufwärts sah, weder Strom noch See, wenn man abwärts schaute. Hier flammte und blitzte ein so überhelles Licht, daß die Augen des Königs geblendet wurden und er nichts mehr vernehmen konnte. Seine Glieder wurden schwach, seine Eingeweide waren wie ausge-

löst, seine Gedanken verwirrten sich, sein Wille erlosch. ›Nur fort von hier‹, rief er dem Zauberer zu, der ihm einen Stoß versetzte, und alsbald fielen sie durch den Weltraum …«

Wo auch immer der König sich befunden haben mag, die dort empfundenen Eindrücke drohten ihn zu überwältigen. Manch skeptischer Leser mag jetzt vielleicht Zweifel hegen an dem zuvor Geschilderten. Ihm möchte ich deshalb empfehlen, doch einmal den Versuch zu wagen, sich versuchsweise in die Situation eines Menschen hinein zu versetzen, der zum ersten Mal in eine ihm fremde, sein Vorstellungsvermögen übersteigende Umgebung hineingestellt wurde. Nichts von dem, was er sieht, ist ihm in irgendeiner Weise geläufig. Er findet hierfür keine Worte, es ermangelt ihm an jedweden Vergleichsmöglichkeiten. Es ist wie ein Stammeln, ein verzweifeltes Suchen nach irgendwie verständlichen Begriffen, um das Sichtbare auch geistig verarbeiten und in seiner Bedeutung annähernd beschreiben zu können.

Auch dem König in unserem Märchen erschien damals alles völlig fremdartig, nur ihm Geläufiges konnte er wieder erkennen: Seinen Palast sowie die Gartenanlagen, die man ihn – vermutlich durch ein entsprechend leistungsstarkes Teleskop – aus großer Entfernung bestaunen ließ.

Aufgrund der gewaltigen Distanzen, die zwischen seinem kurzzeitigen Aufenthaltsort in der außerirdischen Weltraumstation und seinem Wohnsitz auf der Erde lagen, vermochte er Palast und Gärten nur »en miniature« auszunehmen. Noch mußte der König die für ihn absolut rätselhaft und unerklärbar scheinende, völlig veränderte Perspektive erst begreifen lernen, sie auch gedanklich verarbeiten. Was er sah, war ihm zwar nicht alles fremd, vieles aber ging über seinen Verstand und machte ihn unsicher.

Treffender konnte der Zustand eines ziemlich verwirrten Menschen, der sich plötzlich in eine ihm völlig fremde Umwelt gestellt sah, kaum beschrieben werden.

Glücklicherweise hatte aber der »Zauberer« – in Wahrheit ein außerirdischer »Himmelssohn« – völliges Verständnis für die augenblicklichen geistigen Nöte seines Schützlings. Er brachte deshalb den König auf schnellstem Weg wieder zurück auf die Erde, in vertrautes Gebiet – zu seinem heimatlichen Palast. Wer dieses Märchen mit wachem Verstand in sich aufnimmt, wird schnell erkennen: Das Erzählte fußt keineswegs auf einer bloßen Gedankenspielerei, sondern auf einem *tatsächlichen* Ereignis! Und obwohl der Text im Laufe der Zeit manche naive Veränderung erfahren haben dürfte, ist er im wesentlichen – was seine Gestaltung anlangt – inhaltlich »rein« erhalten geblieben. Das ist weit mehr, als Mythologen im Allgemeinen erwarten dürfen.

Zu dieser Erzählung gibt es sowohl sumerische als auch babylonische Parallelen. So reiste beispielsweise König Etana auf den Schwingen eines *»Adlers mit eisernen Krallen«* zum Himmel, um dort oben das *»Kraut des Gebärens«* zu pflücken. Aufgefordert, zu beschreiben, was er – erdwärts blickend – sehe, zeigte sich Etana darüber maßlos verwundert, denn *»das Land da sieht aus wie ein Berg, das Meer ist geworden wie ein Wasserlauf«*. Als Etana mit dem Adler noch höher emporstieg, meinte der königliche Passagier erstaunt: *»Die Erde sieht aus wie eine Baumwollpflanzung.«* Schließlich bekam er es aber mit der Angst zu tun, als er erkennen mußte: *»Ich blicke hin, wie die Erde <u>verschwunden</u>* (sic!) *ist, und am weiten Meere sättigen sich meine Augen nicht!«*

Etanas Reaktion glich jener des Königs Mu (*»Nur fort von hier«*), und er beschwor den Adler inständig: *»Mein Freund, ich will nicht zum Himmel aufsteigen, mach halt, daß ich zur Erde zurückkehre.«*

Ein ähnliches Erlebnis wurde auch dem biblischen Propheten Ezechiel (prot. Hesekiel) am Fluß Kebar – nahe der Siedlung Tel-Abib in Palästina – zuteil. Ihm war im Jahr 593 v. Chr. erstmals »die Herrlichkeit des Herrn« (wie er sie bezeichnete) erschienen. Natürlich war das keineswegs der »liebe Gott« gewesen, der dem völlig verwirrten Priestersohn damals seine Aufwartung machte. Vielmehr setzte vor den Augen Ezechiels (der sich zu jener Zeit in babylonischer Gefangenschaft befand) ein kreiselförmiges Fluggerät mit spektakulären Begleitgeräuschen zur Landung an. Der (leider bereits verstorbene) *NASA*-Ingenieur und damalige Projektleiter für die Entwicklung der Mond- und Mars-Landefähren, mein Landsmann Joseph F. Blumrich, den ich viele Jahre hindurch zu meinen Freunden zählen durfte, vermochte das wahrscheinliche Aussehen des außerirdischen »Flugkreisels« – anhand eines genauen, wissenschaftlich fundierten Studiums unterschiedlicher, aber inhaltlich gleichlautender Texte im Alten Testament der Bibel – zu rekonstruieren und optisch darzustellen.

Ezechiel wurde später (so berichtet uns der biblische Text sehr eindrucksvoll) noch mehrere Male von den Fremden in ihrem Fluggerät mitgenommen. Seine Reisen beschrieb der sich nunmehr als Prophet Berufene (nachdem er seine ersten Ängste überwunden hatte) verblüffend realistisch: *»Dann hob mich ein Geisthauch zwischen Himmel und Erde empor und führte mich nach Jerusalem in gottgewirkten Schauungen ...«*

Diese »gottgewirkten Schauungen« lassen sich durchaus nüchtern deuten. »Gottgewirkt« war für Ezechiel alles, was er *aus großer Höhe* (denn dort vermutete er das Reich Gottes) beobachten konnte. Wobei der Priestersohn bald erkannte, daß ihn nicht Gott selbst, sondern sehr reale, menschenähnliche Wesen aufgesucht hatten. Da er verschiedene Einzelheiten zwar erkennen, ihre Bedeutung aber nicht zu begreifen vermochte, verglich Ezechiel das Gesehene – so auch die Landefähre der Außerirdischen – mit der »Herrlichkeit des Herrn«.

7. Fluggeräte im Reich der Mitte

Zu den großen Sehnsüchten der Menschheit gehörte seit ehedem der Wunsch, sich – gleich den Vögeln – frei von jeder Erdanziehung in die Lüfte erheben zu können. Mannigfach sind die Märchen und Sagen, die diesen Traum scheinbar mühelos zu erfüllen scheinen. Wahrheitsgehalt wird solchen Erzählungen selbstverständlich keiner zugesprochen. Unsere Historiker sind im Gegenteil davon überzeugt, daß lediglich der Wunsch, die Kunst des Fliegens zu beherrschen, Vater des Gedankens gewesen sei und daß alle Legenden, die uns real rund um den Globus und bei fast allen Kulturvölkern der Erde begegnen, nichts mit wirklichen Geschehnissen zu tun hatten.

So sah es auch der deutsche Altertumsforscher Richard Hennig. Dies allerdings im Jahr 1928, als der Flugverkehr noch in den Kinderschuhen steckte. In seiner Abhandlung »Zur Vorgeschichte der Luftfahrt« in dem seinerzeit erschienenen »Jahrbuch des Vereines deutscher Ingenieure« meinte Hennig dezidiert:

»Daß in den Religionen und Märchen aller Zeiten und Völker die Götter, Engel, Zauberer, Hexen usw. fliegen können, ist eine Sache für sich. Bei solchen übernatürlichen Wesen kommt es nicht darauf an, daß technische Mittel angegeben werden, die ihnen das Fliegen gestatten; sie können eben alles, was den Menschen unmöglich ist, und wenn's hoch kommt, muß die Angabe genügen, daß jene überirdischen Wesen Flügel besessen hätten oder zauberische Schuhe mit Flügeln, wie der griechische Götterbote Hermes. In solchen Fällen prüft der Hörer der Er-

zählung nicht kritisch die technische Möglichkeit der beschriebenen Flugmethode. Anders aber liegen die Dinge, wenn die Dichtung menschlichen Wesen die Fähigkeit zuschreibt, durch die Lüfte davon zu schweben. In solchen Fällen muß auch eine Angabe gemacht werden, wie das geschilderte Wunder technisch möglich gewesen sein soll. Deshalb sind gerade die Sagen von fliegenden Menschen sowohl für den Techniker wie für den Psychologen ganz besonders reizvoll, weil sie jedes Mal erkennen lassen, wie primitive Gemüter sich technisch die Lösung des fliegenden Menschen vorstellen. Heute, wo uns die Lösung dieses Problems bekannt ist, hat es einen doppelten Reiz, rückschauend das Labyrinth der irrigen Lösungen zu betrachten.«

Doch unsere Vorfahren haben nicht nur primitive Geräte und »irrige Lösungen« anzubieten, was vielleicht angenommen werden könnte, wenn man an den sagenumwobenen Flugversuch der beiden Griechen Dädalus und Ikarus denkt: Ihre mit Wachs am Körper befestigten Schwingen hielten der Sonnenbestrahlung nicht stand, so daß Ikarus abstürzte. Die Beschreibung weit weniger naiver und durchaus bemerkenswerter Flugmaschinen wurde uns nämlich ebenfalls überliefert: Etwa jene in einem orientalischen Märchen aus »Tausendundeiner Nacht« – und in der fast wesensgleichen Erzählung »Das hölzerne Pferd«, eine phantasievolle Geschichte aus Chinas unerschöpflich scheinendem Märchenschatz. Darin wird von einem Königssohn berichtet, der, um zu seiner angebeteten Prinzessin zu gelangen, ein künstliches Pferd aus Holz benützte, mit dem er sich in die Lüfte schwingen konnte. Es wäre denkbar einfach gewesen, sich in dieser Geschichte darauf zu beschränken, daß es sich dabei um ein »Wunderpferd« gehandelt habe, das eben auch zu fliegen vermochte.

In diesem Märchen erfahren wir jedoch, daß der verliebte Königssohn zur Bedienung seines Fluggerätes bestimmte technische Spielregeln zu beachten hatte. Der einfallsreiche Konstrukteur, seltsamerweise ein Tischler, klärt ihn darüber auf, auf welche Weise dieses Wunderwerk funktioniert:

»Majestät, mein Pferd ist ein Wunderpferd ... Um es kurz zu sagen, dieses Pferd übertrifft die edelsten Rennpferde der Welt, denn es kann fliegen. 26 Schrauben sind daran angebracht: Dreht man an der ersten Schraube, so hebt sich das Pferd vom Boden in die Luft, dreht man an der zweiten, so beginnt es schneller zu fliegen, so schnell wie eine Schwalbe etwa; dreht man schließlich alle 26 Schrauben auf, jagt es durch das Wolkenmeer dahin wie ein Pfeil, schneller als die Segler der Lüfte und schneller als der Adler. Mit diesem Pferd, Majestät, kann man die Welt sicher und mühelos bereisen.«

Hier nun von »irrigen Lösungen« zu sprechen, wie das Richard Henning in seiner Abhandlung tat, wäre tatsächlich ein Unding. In dieser Erzählung (wie auch in jener fast wesensgleichen aus »Tausendundeiner Nacht« und ähnlich gearteten Geschichten) schimmert vielmehr die Ahnung um ein technisches Wissen durch, das unsere Vorfahren – wann immer dies auch gewesen sein mag – offensichtlich besaßen. Es ist deshalb kaum überraschend, daß uns auch hierin vor allem die Chinesen der Vorzeit Anschauungsunterricht zu geben vermögen.

»Eine Art von Übergang von rein sagenhaften zu geschichtlichen Flugunternehmungen stellen gewisse alte chinesische Überlieferungen dar, über die der englische Sinologe Herbert A. Giles in Cambridge im Jahr 1910 interessante Mitteilungen machte.«

So leitete der deutsche Gelehrte in jenem Jahrbuch-Beitrag sein Kapitel »Altchinesische Flug-Überlieferungen« ein, um danach – anscheinend nun selber etwas ratlos – fortzusetzen:

»Bei solchen alten chinesischen Meldungen ist es noch schwerer als bei abendländischen, die Grenze zwischen Dichtung und Wahrheit zu ziehen.«

Was darin berichtet würde, so meinte er erkannt zu haben, müsse »mit wohlwollender Skepsis« betrachtet werden, sei aber auf jeden Fall als frühzeitige gedankliche Beschäftigung mit dem Flugproblem »psychologisch reizvoll«.

Hennig gab getreu wieder, was der Sinologe Giles zu seiner Studie über die vorgeschichtlichen Flugkünste der Chinesen angeregt hatte. Bei einem Festessen der *China Society* am 27. Mai 1909 war es zu einem angeregten Gedankenaustausch zwischen dem Briten und dem chinesischen Gesandten Lord Li gekommen, und dabei hatte der fernöstliche Diplomat einen interessanten, für Giles jedoch völlig überraschenden Vergleich gezogen, als er meinte: »Welches gefällige Bild führte uns der Professor aus Cambridge durch einen Taxameterwagen vor, der vor zwei Jahrtausenden in der Hauptstadt des Cheu-Königreichs mietfrei fuhr. Alles heutige Neue scheint sein Gegenstück im alten China gehabt zu haben. Wer weiß, ob nicht, bevor wir uns im nächsten Jahr wieder in diesem Raum treffen, ein konkurrierender Professor entdeckt haben wird, daß bei demselben scharfsinnigen Cheu-Volk das Flugzeug häufig benutzt wurde.«

Nicht nur ein Wunschtraum

Was zunächst eher ironisch gemeint zu sein schien, erhielt dank der Nachforschungen von Herbert A. Giles eine überraschende Bestätigung. Fliegen, das war im alten China nicht nur ein Wunschtraum, sondern basierte anscheinend auf Erfahrungswerten, die uns inzwischen von zahlreichen Chronisten zugänglich gemacht worden sind.

Bezeichnenderweise besitzt dieses fernöstliche Kulturvolk von alters her die Vokabel »Fei-chi«. »Fei« bedeutet »fliegen«, »chi« wird mit »Maschine«, »Kraft« oder auch »Energie« übersetzt. In seiner Zusammensetzung kann dieser Begriff zweifelsfrei als Bezeichnung für ein mechanisch gesteuertes Fluggerät angesehen werden.

Professor Giles entdeckte in dem Buch »Po wy chih«, das im dritten Jahrhundert verfaßt worden war, Berichte über das kunstsinnige Volk der Chi-Kung. Es besaß der Überlieferung nach mehrere solche »Fei-chis«, also fliegende Wagen. Es gibt sogar zeichnerische Darstellungen von diesen Fluggeräten – Tuschmalereien, die im frühen Mittelalter angefertigt worden waren und auf weit ältere Quellen zurückgeführt werden müssen.

Dem unbefangenen Beobachter von heute stechen beim Anblick dieser illustrativen Darstellungen frappierende Einzelheiten ins Auge. Schon die Form der Wagenräder scheint ungewöhnlich. Ihre Felgen erinnern uns an herkömmliche Propeller. Und zwischen den Rädern bemerken wir Vorrichtungen, die man durchaus als Getriebe interpretieren könnte.

Berichte über rätselhafte Flugwagen der Chi-Kung reichen jedenfalls in Epochen zurück, von denen uns heute mehr als 3800 Jahre trennen. Eine Legende über die Erbauer dieser fliegenden Transportmittel erzählt:

»Die Chi-Kung sind ein kunstreiches Volk. Sie kennen viele Dinge, die anderen Völkern verborgen bleiben. Auf großen Wagen reisen sie mit Windeseile durch die Lüfte. Als der Kaiser T'ang die Welt regierte, trug ein westlicher Wind die fliegenden Wagen bis nach Yüchow (dem heutigen Hunan; P. K.), *wo sie landeten. T'ang ließ die Wagen auseinandernehmen und verbergen. Zu leicht glaubte das Volk an übernatürliche Dinge, der Kaiser aber wollte seine Untertanen nicht in Unruhe versetzen. Die Besucher blieben hier zehn Jahre, dann bauten sie ihre Wagen wieder zusammen, luden die Ehrengeschenke des Kaisers ein und flogen auf einem starken östlichen Wind davon. Sie erreichten wohlbehalten das Land der Chi-Kung, 40 000 Li jenseits des Jadetores. Mehr ist über sie nicht zu berichten.«*

Dem allerdings ist ganz und gar nicht so, wie inzwischen herausgefunden werden konnte. Manche Legenden scheinen nämlich über Kontinente und Ozeane hinweg eine gemeinsame *Urquelle* zu besitzen. Läßt sich dahinter ein reales Geschehen vermuten? Versuchen wir einmal, uns die Antwort darauf selbst zu geben, und tauchen wir hinein in die geheimnisvolle Welt mythologischer Berichte, die beispielsweise rund um einen angeblich »magischen Berg«, den Pizzo Badile Camuno im Val Camonica, kursieren.

Eine der dortigen Sagen macht uns mit dem Zauberer Spina de Mul vertraut, der sich gerne in die abschreckende Gestalt eines halbverwesten Maultieres zu verwandeln pflegte. Er besaß angeblich das größte Heiligtum im gesamten Alpenraum – die »Rayeta«, einen wunderwirkenden Stein, von dem Strahlen ausgegangen sein sollen. Karl Felix Wolff hat diese alte Volkslegende aufgezeichnet und in seinen berühmten »Dolomitensagen« veröffentlicht. Weiter heißt es darin, daß die »Rayeta« später in die Obhut eines Königs gelangt sei, der das Reich der Fanis regierte. Es lag in seiner beherrschenden Dominanz angeblich hoch droben im Gebirge. Heute finden wir dort, wo das legendäre Königreich vermutet wird, eine bizarre Felsenwüste – sowie die dem Namen nach erhalten gebliebene Fanisalpe.

Es gibt von Sage zu Sage unterschiedliche Angaben, auf welche Weise der König die »Rayeta« erhalten haben soll, gleichlautend sind nur jene Passagen, worin es heißt, der Monarch habe den geheimnisvollen Strahlenstein seiner bezaubernden Tochter geschenkt. Die Prinzessin trug ihn danach bis zu ihrem Ende in Gestalt eines Diadems. Nach dem Tod der Königstochter unternahm der Magier Spina de Mul alle Anstrengungen, in den Besitz dieses kostbaren Schmuckstücks zu gelangen. Eines Tages, liest man im Legendentext, sei ein gespenstischer »Drachenvogel« vom Himmel niedergefahren, habe die »Rayeta« mit seinen Krallen gepackt, um danach wie ein »feuriger Schweif« durch den Nachthimmel zu entschwinden. Der Strahlenstein soll schließlich in einem tiefen Bergsee versenkt worden sein. Fast gleichlautende Wiedergaben dieses dramatischen Geschehens finden sich nicht nur im Sagenschatz der Dolomiten – auch im Vintschgau erzählt man vom »feurigen Alber«, der nachts mit dem wertvollen »Karfunkelstein« durch die Lüfte braust. Alles bloß Märchen?

Eine voreilige Annahme. Heute wissen wir nämlich, daß die Fanis-Legende einen wahren Kern enthält. Der Heimatforscher Wolff war jedenfalls überrascht zu erfahren, daß die Geschichte von Fanis »sehr viel älter ist«, als ursprünglich angenommen. Ein alter Ladiner aus Enneberg, den Wolff in den Südtiroler Alpen kennengelernt hatte, als er dort Material für sein Sagenbuch sammelte, gab ihm diese Auskunft und wußte außerdem zu berichten, daß die Erzählung seit langem von Generation zu Generation weitergereicht werde. Ein Bewohner aus dem Gadertal wiederum ließ Wolff wissen, daß oben auf der Fanisalpe einst ein Schloß gegenüber der Berglücke von St. Kassian gestanden habe, dort ein König regierte und alles später in einem furchtbaren Krieg zugrunde gegangen sei.

Spätestens seit 1953, viele Jahre nach Karl Felix Wolffs Aufzeichnungen, weiß man mit Bestimmtheit, daß jener Mann aus dem Gadertal kein Märchen ersponnen hatte. Hoch droben in der unwirtlichen Felsenwildnis der Fanisalpe entdeckte nämlich der Bozener Archäologe Dr.-Ing. Georg Innerebner tatsächlich die Überreste einer vorgeschichtlichen Wallburg. Den Rest des Herrschersitzes im legendären Fanis-Reich. Die Burgruinen fanden sich in schwindelnder Höhe von über 2600 Metern. Niemand hatte hier jemals die Existenz einer Vorzeitkultur ernsthaft in Erwägung gezogen. Der Sachbuchautor Felix R. Paturi gibt in seinen »Zeugen der Vorzeit« Innerebners Beschreibung des außergewöhnlichen Fundortes wieder:

»Gleich dem Geleise einer Grottenbahn hebt sich aus dem infernalisch wirkenden Steintrümmerfeld ein kreisbogenförmiger Steinwall von rund 50 Metern Länge, einigen Metern Höhe und im Mittel vier Meter Kronenbreite heraus. Unschwer läßt er sich in seinem unter den Steintrümmern verborgenen Teil zu einem Kreiszug von rund 60 Metern Durchmesser beziehungsweise 200 Metern Umfang ergänzen, der insgesamt eine Fläche von 3000 Quadratmetern einschließt und in seiner Mitte, wie es scheint, einen heute zu einer Kuppe zusammengestürzten Zentralbau getragen hat. Oberflächliche Schürfungen auf der Wallkrone, im Sattel und auf der Kuppenhöhe des Burgstalls ergeben typische Branderde und Scherbenstücke grober Ausführung, deren Zeitbestimmung mangels charakteristischer Merkmale nicht möglich ist, aber späte Bronzezeit vermuten läßt.«

Heute noch heißt der Berggipfel neben der Burgruine »Burgstall«, ein älterer Name für Burgstelle.

Das Volk der Einarmigen

Somit steht fest: Das sagenhafte Fanis-Reich hat es wirklich gegeben – und ebenso die in den Sagen beschriebenen Nachbarstämme, welche sich damals mit den Fanis-Leuten im permanenten Kriegszustand befanden. Eines der von dem Herrscher bedrängten Völker waren die Camuni, jene Bewohner, die sich – wie historisch belegt ist – vor vielen Jahrtausenden im Val Camonica angesiedelt hatten und der Nachwelt ihre bemerkenswerte »Fleißarbeit« – Millionen von Ritzzeichnungen auf Felsplatten – hinterließen.

Was aber soll dies alles mit China, seinen uralten Legenden, vor allem aber mit dem flugfähigen Volk der Chi-Kung zu tun haben, wird sich jetzt mancher Leser verwundern? Haben Sie, bitte, noch ein wenig Geduld, denn jetzt wird es interessant.

Die Fanis-Sage weiß nämlich auch von mysteriösen Verbündeten der Gebirgsbewohner zu berichten – genannt »das Volk der *Einarmigen*«. Um wen es sich dabei konkret handelte und wo die Heimat der geheimnisvollen Beschützer lag, verschwiegen die Annalen. Umso überraschender berührt die legendäre Eröffnung, wonach die »Einarmigen« nicht auf dem Landweg, sondern »durch die Luft« gekommen sein sollen. Sie seien *vom Himmel herabgestiegen*, erfahren wir. Ausgerüstet mit »Adlermänteln«, wären sie herbeigeflogen – zu einem Zeitpunkt, als die Fanis in einen wilden Kampf mit anderen Bergvölkern verstrickt gewesen seien und dabei bereits ins Hintertreffen geraten waren. Das Gemetzel soll sich nach überlieferten Quellen rund um die Gebirgsspitze »Furtya dai Fers« ereignet haben. Doch dann sei eine unerwartete Wendung eingetreten. Der schon mehrfach erwähnte Heimatforscher Karl Felix Wolff gibt den Inhalt einer der Dolomitensagen wieder, worin es heißt: *»Bei Sonnenuntergang erschienen dann plötzlich die Einarmigen; in Adlerkleidern kamen sie aus den Lüften herab – jeder ein Schwert in der Hand – und stürzten sich auf die Feinde der Fanis.«*

Gab es diese »Einarmigen« tatsächlich? Die Wahrscheinlich-

Abb. 1: Es machte mir Spaß, mich während meines ersten Aufenthalts in China entsprechend auszustatten: Mit der spezifischen »Mao-Bibel« ebenso wie mit dem obligaten, während der Kulturrevolution von fast jedem getragenen »Mao-Anzug«. Besondere Freude bereitete mir jedoch das Geschenk meiner Gastgeber: Ein recht seltenes Foto aus dem privaten Bereich des »Großen Vorsitzenden«; es ziert noch heute die Wand über meiner Wiener Schlafstätte.

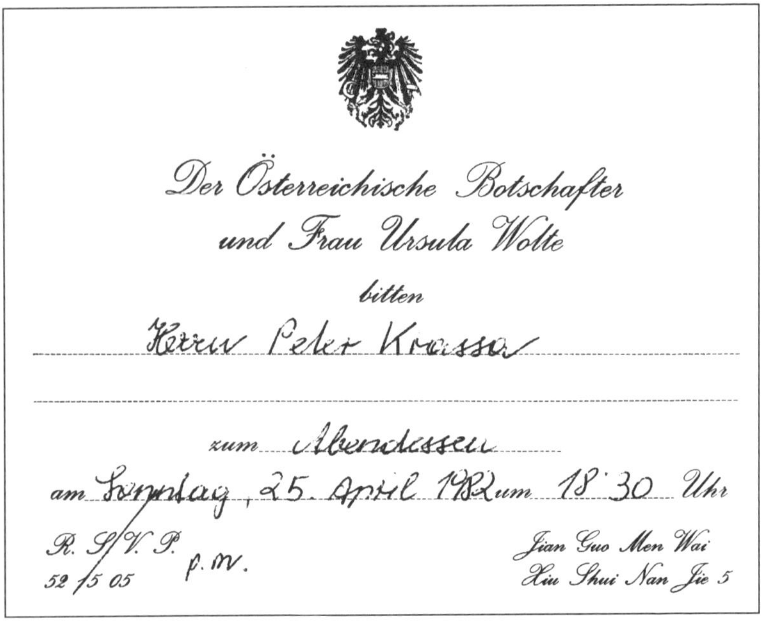

Der Österreichische Botschafter
und Frau Ursula Wolte
bitten
Herrn Peter Krassa

zum Abendessen
am Sonntag, 25. April 1982 um 18:30 Uhr

R.S.V.P. p.m.
52 15 05

Jian Guo Men Wai
Xiu Shui Nan Jie 5

Abb. 2: Die offizielle Einladung zum Abschiedsessen im Botschaftsgebäude in Peking vor meiner Rückkehr in die Heimat. Prof. Xia Nai, der ebenfalls gerne daran teilgenommen hätte, wurde hingegen von der Archäologischen Akademie der Wissenschaften die Teilnahme an dem Bankett des österreichischen Botschafters ohne Angabe von Gründen untersagt.

Abb. 3: Der Buchautor im Gespräch mit dem 1982 die Archäologische Akademie in Peking leitenden Wissenschaftler, Professor Xia Nai.

Abb. 4: Der berühmte, in einem chinesischen Feldherrngrab entdeckte, mehr als 1700 Jahre alte Metallgürtel aus Silber und *Aluminium*. Woher besaßen damals die alten Chinesen die Kenntnisse, derartiges herzustellen?

Abb. 5: Hans-Werner Sachmann (rechts) während einer Südamerikareise mit dem Buchautor. Vergeblich bemühte sich der deutsche Hobbyforscher bisher, dem Wahrheitsgehalt einer Meldung aus China nachzuspüren.

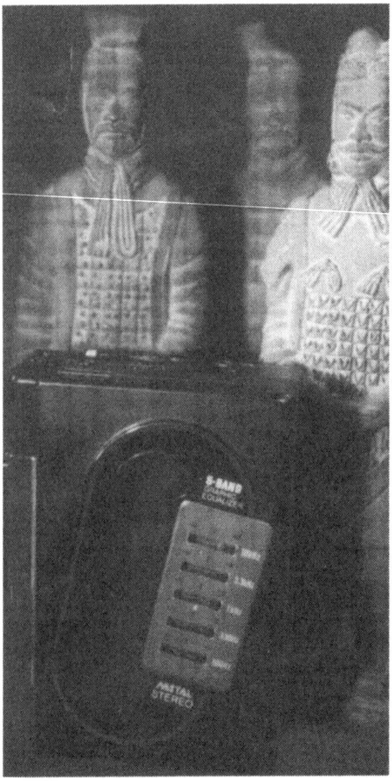

Abb. 6: Die chinesische Nachrichtenagentur hatte allen Ernstes behauptet, vor 2500 Jahren sei einem toten Chinesen ein Gerät ins Grab gelegt worden, das die gleichen Fähigkeiten wie ein moderner »Walkman« aufgewiesen habe.

Abb. 7 (unten): Die berühmte »Große Mauer«, für welche Chinas selbsternannter »Erster Kaiser« Ts'in Shi-huang-ti den Bauauftrag gab. Angeblich soll dieser Herrscher auch ein Gerät besessen haben, das als »Zauberspiegel« bezeichnet wurde und einem zeitgemäßen Röntgenapparat geglichen haben soll.

Abb. 8: Chang Heng gilt noch heute in China als dessen genialster Erfinder. Er schuf beispielsweise einen Seismographen, der später originalgetreu nachgebaut wurde.

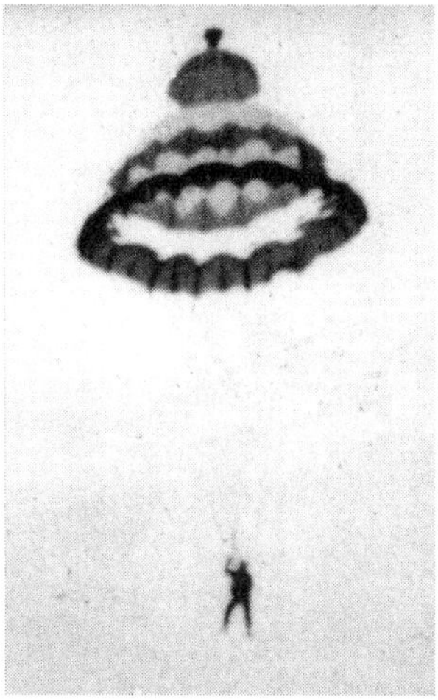

Abb. 9: Auch einen prähistorischen Fallschirm soll er geschaffen haben.

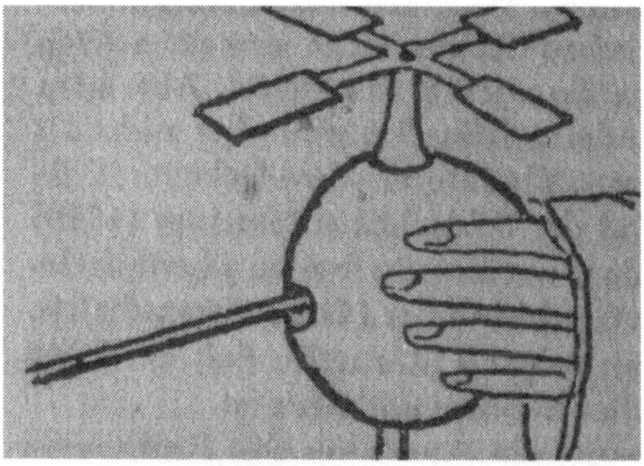

Abb. 10: Die Kreativität von Chang Heng machte es ihm möglich, auch ein Fluggerät mit drehenden Rotoren und eingebautem Antriebsmechanismus zu entwickeln. Es funktionierte ähnlich unseren modernen Helikoptern. Nach einer alten Überlieferung soll er dann später damit »durch die Lüfte« geschwebt sein.

Abb. 11: Nicht nur in Ägypten oder Mexiko existieren Pyramiden, auch in China wurden vor Tausenden von Jahren derartige Kultstätten errichtet. So wie in Lateinamerika (und im Gegensatz zu Ägypten) weisen sie keine Spitze auf, sondern besitzen jeweils ein Plateau. Chinas Bauwerke bestehen auch nicht aus Stein, sondern aus Lehm. Sie wurden allesamt bepflanzt, wie etwa jene Grabstätte des »Ersten Kaisers« Ts'in Shi-huang-ti, nahe der Stadt Xian. Bis zum heutigen Tag blieb diese »getarnte« Pyramide ungeöffnet.

Abb. 12: Wenn die Berichte des chinesischen Historikers Sima Ch'ian der Wahrheit entsprechen sollten, dann scheint das Innere seiner Grabanlage – wie auf dieser Illustration dargestellt – einem Miniatur-Universum zu gleichen.

Abb. 13: Glück und Zufall spielten zusammen, als Bauern auf einem der Äcker, beim Graben nach Wasser, auf überlebensgroße Tonfiguren stießen – jene Totenarmee, die Kaiser Ts'in Shi-huang-ti mit in die Unterwelt zu seinem persönlichen Schutz genommen hatte. Mehr als 8000 Nachbildungen wurden bisher aufgefunden: Soldaten, Diener, sogar Pferde und Streitwagen konnten aus dem Erdreich gebuddelt werden.

Abb. 14: Handelte es sich bei dieser Anlage um die höchste Pyramide der Welt? Zwei amerikanische Piloten fotografierten das Bauwerk aus ihren Flugzeugen in den Jahren 1945 und 1947. Sein Standort befindet sich im Ts'in-Ling-Shan-Gebirge in Zentralchina. Beide Augenzeugen schätzten die Höhe der als »weiße Pyramide« bezeichneten Anlage auf rund 300 Meter, ihre Basislänge auf mindestens einen halben Kilometer.

Abb. 15: Hartwig Hausdorf, mein kongenialer Partner während unserer China-Expedition im Jahr 1994, war in der Lage, mit dem Sohn eines der beiden US-Piloten zu korrespondieren und nähere Auskünfte über die Identität der rätselhaften Pyramide zu erhalten.

Abb. 16: Das »Tal der Pyramiden«, wie es sich uns vom Plateau einer der dort zahlreichen Anlagen offerierte. Es erstreckt sich in ungewohnter Ausbreitung bis hin zum Horizont und scheint zumindest einhundert solcher prähistorischer Bauwerke zu umfassen.

Abb. 17., 18., 19., 20: Die zwei nebenstehenden und die beiden auf der folgenden Seite abgebildeten Fotos verschaffen dem Leser einen ungefähren Überblick über die Vielfalt dieser nach wie vor ungeöffneten Bauwerke. Sie sind ausnahmslos bepflanzt und verschafften der chinesischen Landbevölkerung zudem die einzigartige Gelegenheit, auf ihrem lehmigen Terrain Getreide anzubauen.

Abb. 21 (S. 139 oben): Wie nicht anders zu erwarten, haben die Chinesen ihre Pyramiden inzwischen auch als Fremdenverkehrsattraktion aufgewertet. Während Hartwig und ich 1994, gemeinsam mit unserem chinesischen Dolmetscher, nur mühsam auf dem lehmigen und durch vorangegangene Regenfällen äußerst glitschigen Boden vorankamen und uns von Pyramide zu Pyramide weiterkämpften, hat man – Jahre später – von chinesischer Seite alles getan, um interessierten Touristen den Zugang zu den attraktiven Bauwerken zu ermöglichen.

Abb. 22: Chinas größte Zeitung »People's Daily« berichtete kürzlich über eine Reihe wertvoller archäologischer Entdeckungen durch Wissenschaftler des Archäologischen Instituts der autonomen Provinz Ningxia am Xi-Bei-Ting. Auf dem rund 50 Quadratkilometer umfassenden Areal im Helan-Shan-Gebirge in der Inneren Mongolei entdeckte man neun Rundpyramiden.

Abb. 23: Diese königlichen Grabstätten und 208 Begleitgrabstätten werden in China gemeinhin als »Pyramiden im Osten« bezeichnet.

Abb. 24: Unsere Suche nach der Rundpyramide auf der Felsinsel Jotuo im Dongting-See verlief 1994 leider ergebnislos. Wir hätten dafür bei weitem mehr Zeit benötigt, als uns während unseres China-Aufenthalts zur Verfügung gestanden hatte.

Abb. 25: Dieses rätselhafte Motiv soll angeblich auf einem der unterirdischen Reliefs sichtbar gewesen sein. Es wurde hier, so wie von dem chinesischen Anthropologen Chi Pen-lao geschildert, zeichnerisch nachgebildet.

Abb. 26. Der Drache gilt in China seit jeher als Zeichen für »kosmische Kraft«. Zahlreiche Reliefs im Stadtgebiet von Peking bestätigen die landesweite Wertschätzung dieses Symbols.

Abb. 27: In legendären Überlieferungen aus chinesischer Vorzeit wird behauptet, daß die Urväter der ersten Herrscher aus dem Reich der Mitte – die sagenhaften »Himmelssöhne« – einstmals auf »feurigen Drachen« aus dem Weltraum zur Erde gekommen seien, um sich später in China anzusiedeln.

Abb. 28: Auf einem Grabstein in der chinesischen Provinz Shantung entdeckte man eine Gravur, welche die Drachensagen deutlich bestätigt: Sie zeigt einen der legendären »Drachenwagen«. Er fliegt über stilisiert dargestellten Wolken und ist ringsum von insgesamt fünf geflügelten Drachenwesen eingekreist. Auf einem von ihnen sitzt ein fahnentragender, behelmter Reiter. In dem Flugwagen selbst befindet sich der Herrscher. Vor ihm sitzt der Wagenlenker. Die Darstellung stammt aus dem Jahr 147 vor Christus.

Abb. 29: Chang Ngo genießt in den Überlieferungen aus dem alten China »göttlichen Status«. Tatsächlich soll sie aber eine sehr kreative Forscherin gewesen sein, der es (so wie auch ihrem wissenschaftlich tätigem Mann Hou-Yih) möglich war, mit einem Raumschiff zum Mond zu fliegen. Diese Tat wird in der Volksrepublik bildhaft dargestellt – wenn auch nur symbolisch, wie auf diesem Gemälde, das ich 1982 während meines Aufenthalts in der Volksrepublik erwarb.

Abb. 30., 31: Rätselhaft klingen die Berichte über das »kunstreiche Volk« der Chi-Kung, das vor 3800 Jahren in der Lage gewesen sein soll, sich fliegende Wagen zu konstruieren und damit riesige Entfernungen zu überwinden. Seine Spuren finden sich nicht nur in China, sie existieren ebenso in Südtirol.

Abb. 32: Zwei chinesische Studenten beobachteten im Bergland Changping in den frühen Morgenstunden nach einem Ausflug zur »Großen Mauer« ein unbekanntes Flugobjekt. Es gelang ihnen, das aufsteigende UFO zu fotografieren.

Abb. 33: Zwei anerkannte UFO-Forscher, Shi Bo und sein mit mir abgebildeter Kollege Zhu Fuzheng, informierten mich während meines China-Aufenthalts im Jahr 1982 über diesen damals landesweit sehr populären Vorfall.

Abb. 34: Stolz präsentierten mir die beiden jungen Leute ihre Zeitschrift »The Journal of UFO-Research«, die in den 1980er Jahren innerhalb der Volksrepublik China in einer bemerkenswerten Auflage von rund 300 000 Exemplaren verlegt wurde.

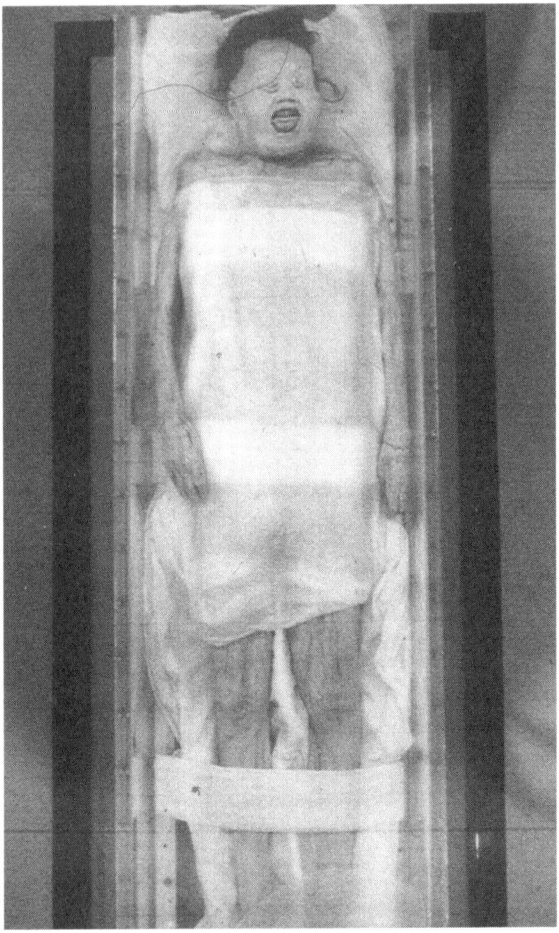

Abb. 35: Nicht weniger als drei Gräber entdeckte chinesische Archäologen zufällig in dem Hügel Ma Wang Dui in Wulipai, einem östlichen Randbezirk von Changsha, der Provinzhauptstadt von Hunan. Sie waren für Xin Zhui, Gattin eines hohen Adeligen aus dem Volk der Thai, vor mehr als 2170 Jahren angelegt worden. Die Mumie der nur 1,54 Meter großen Toten ist heute im städtischen *Hunan-Museum* von Changsha zu besichtigen.

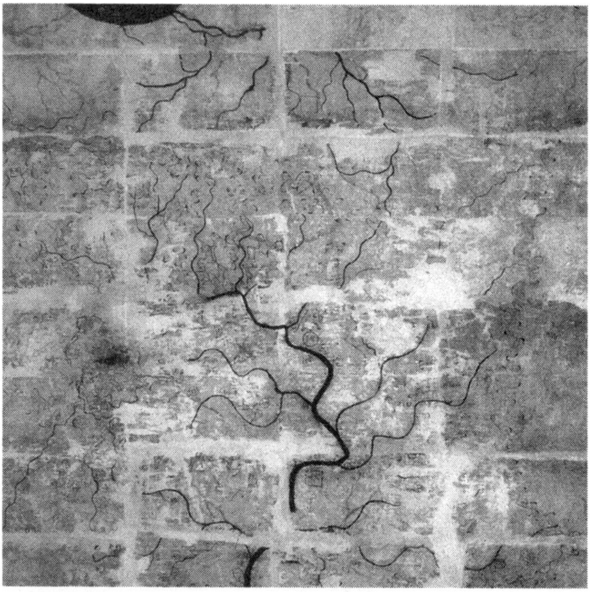

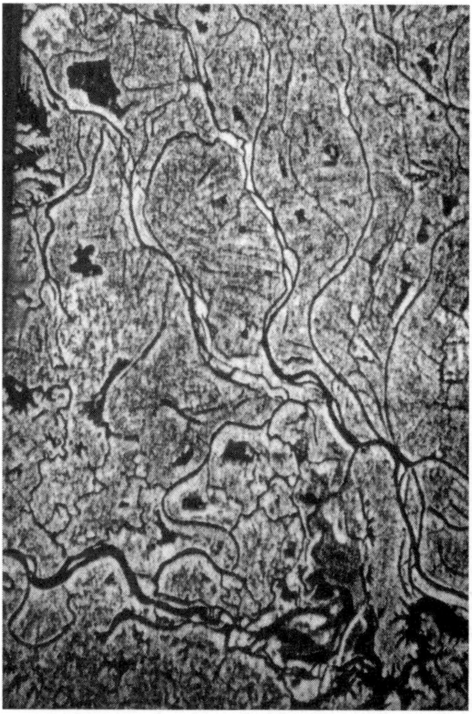

Abb. 36 (oben): Noch ungewöhnlicher sind aber mehrere Funde, die man zu Ehren der Verstorbenen (Abb. 35) mit ins Grab gelegt hatte: Vor allem verblüfft jene topographische Landkarte, deren Darstellung frappant an eine im Weltraum getätigte Aufnahme erinnert.

Abb. 37: Als Vergleich hierzu: Ein modernes *LANDSAT*-Satellitenfoto der *NASA*.

Abb. 38: Bemerkenswert im Zusammenhang mit der prähistorischen Topographie (siehe Abb. 36) war die uns hierzu überraschende Bemerkung von Prof. Wang Shiping (Bildmitte), dem Leiter des Historischen Museums von Xian. Er ließ sich jedenfalls zu der nicht alltäglichen Aussage hinreißen: »Wenn es nicht so phantastisch klingen würde, müßte man sagen, das Vorbild für diese Karte ist eine Satellitenaufnahme, die vor Jahrtausenden von einem fremden Satelliten aus dem Erdorbit gemacht worden ist.« Handelt es sich hierbei tatsächlich um ein *außerirdisches* Relikt?

Abb. 39. Dem russischen Mathematiker und Physiker Prof. Alexander Chuvyrov von der Baschkirischen Staatsuniversität gelang vor kurzer Zeit ein sensationeller Fund …

Abb. 40: ... Unterstützt von der bezaubernden Huan Hong, einer postgraduierten Studentin aus China, entdeckte der Gelehrte ein rätselhaftes Artefakt – eine tonnenschwere Steintafel.

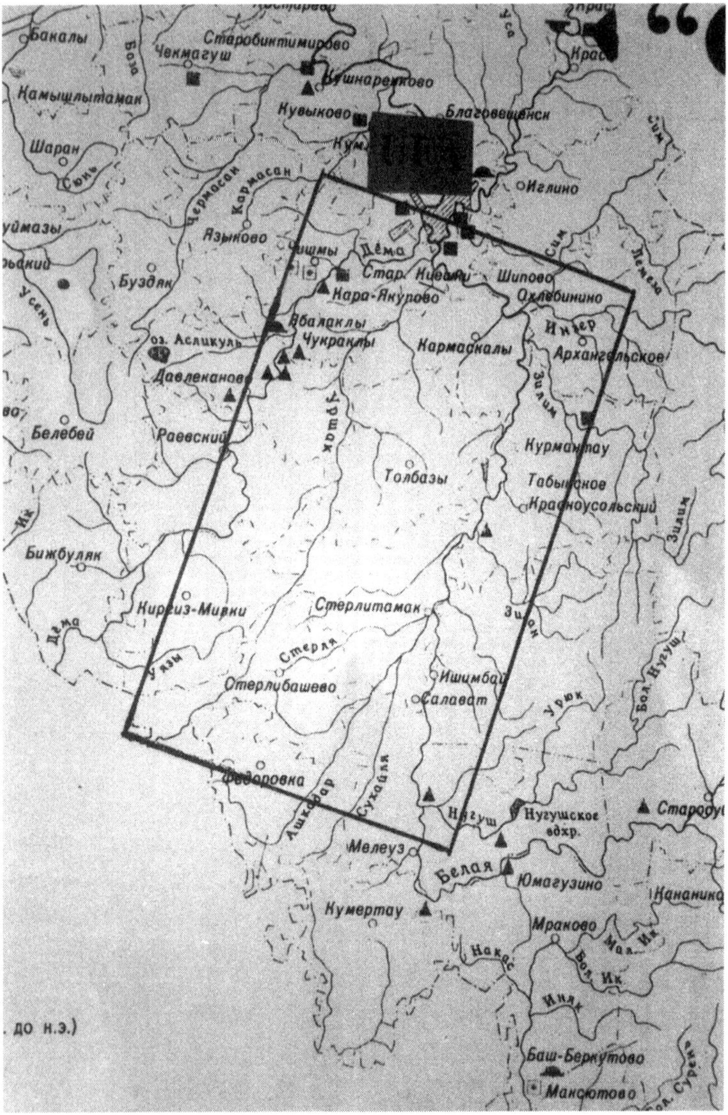

Abb. 41: Das Gebiet des außergewöhnlichen Fundes umfaßt die südliche Uralregion der Republik Baschkortostan (eingerahmter Bildteil).

Abb. 42: Professor Chuvyrov war vor einigen Jahren zunächst im Archiv des Generalgouverneurs der Stadt Ufa auf mehrere Notizen aus dem 18. Jahrhundert aufmerksam geworden. Darin war von etwa 200 außergewöhnlichen Steintafeln die Rede gewesen, die angeblich mit Runen beschrift waren. In dem kleinen, hier abgebildeten Dorf Chandar wurde er schließlich fündig.

Abb. 43: Die dort aufgefundene Steinplatte von gewaltiger Größe, die noch teilweise im Erdreich vergraben war, wies zahlreiche, offensichtlich von Menschenhand vorgenommene Einkerbungen auf. Sie ist 1,48 Meter lang, 1,06 Meter breit, 16 Zentimeter dick und etwa eine Tonne schwer. Es handelt sich dabei um eine regelrecht bearbeitete Landkarte. Ja mehr noch: Um eine sensationelle, absolut hochwertige *dreidimensionale* Reliefwiedergabe.

Abb. 44: Zunächst war die bearbeitete Steintafel auf mehrere tausend Jahre geschätzt worden, schließlich erkannte man aber deren tatsächliches Alter: Viele *Millionen* Jahre! Auch die darauf befindlichen Schriftzeichen waren dem russischen Gelehrten wie auch seinen nunmehr mitarbeitenden Kollegen unbekannt. Deren erster Verdacht, es könnte es sich dabei um Altchinesisch handeln, erwies sich als falsch. Die ominösen Schriftzeichen (siehe Bild) müssen einer hieroglyphenähnlichen Silbenschrift unbekannten Ursprungs zugeordnet werden.

Abb. 45: Die Baian-Kara-Ula-Story ist bereits mehr als sechs Jahrzehnte alt. Auch wir – mein Partner und Co-Autor Hartwig Hausdorf und ich – vermochten sie bisher nicht zu enträtseln. 1994 besuchten wir beide das Banpo-Museum in Xian, wo vor 29 Jahren ein österreichischer Hobbyforscher zwei der geheimnisvollen Steinscheiben aus den Felsgräbern von Baian-Kara-Ula in einer Vitrine entdeckt und fotografiert hatte.

Abb. 46: Auch ein hochinteressantes Zusammentreffen, das ich mit dem prominenten russischen Schriftsteller und Physiker Alexander Kasanzew in dessen Wohnung in Moskau im Jahr 1973 hatte, führte leider zu keinem brauchbaren Ergebnis.

Abb. 47: Dipl.-Ing. Dr. Ernst Wegerer (Bild rechts), jener österreichische Hobbyforscher, der auf den Spuren meines ersten China-Buches »Als die gelben Götter kamen« im Banpo-Museum von Xian tatsächlich fündig geworden war, zeigte mir in seinem Privararchiv mehrere Fotos, die er 1974 von den beiden ihm gezeigten Scheiben gemacht hatte.

Abb. 48: Die beiden von Dipl.-Ing. Dr. Wegerer fotografierten Artefakte.

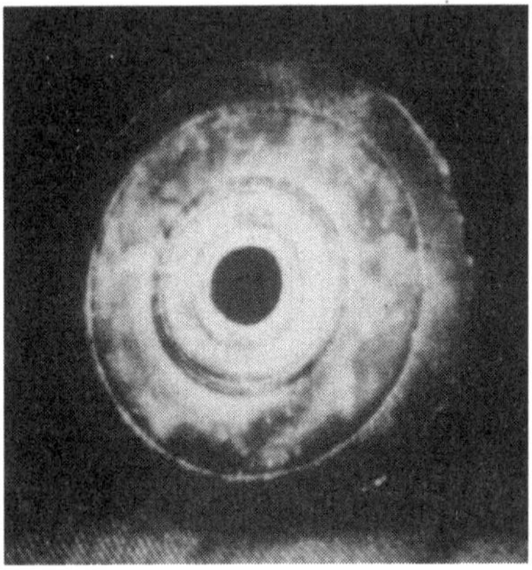

Abb. 49: Diese Steinscheibe (die andere war – wie auf dem vorangehenden Foto zu sehen – teilweise beschädigt) konnte von Wegerer in ihrer Vitrine fotografiert werden.

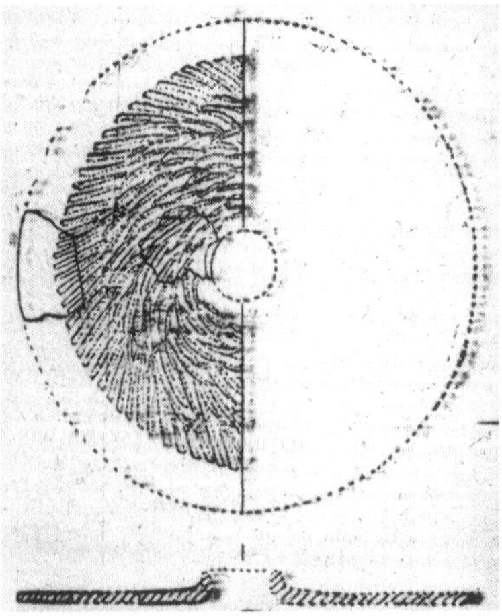

Abb. 50: Immerhin war auch uns beim Besuch des Banpo-Museums ein kleines Erfolgserlebnis gegönnt: In einem archäologischen Bildband des Museums entdeckten wir eine Rißdarstellung von einer der inzwischen verschollenen Steinscheiben.

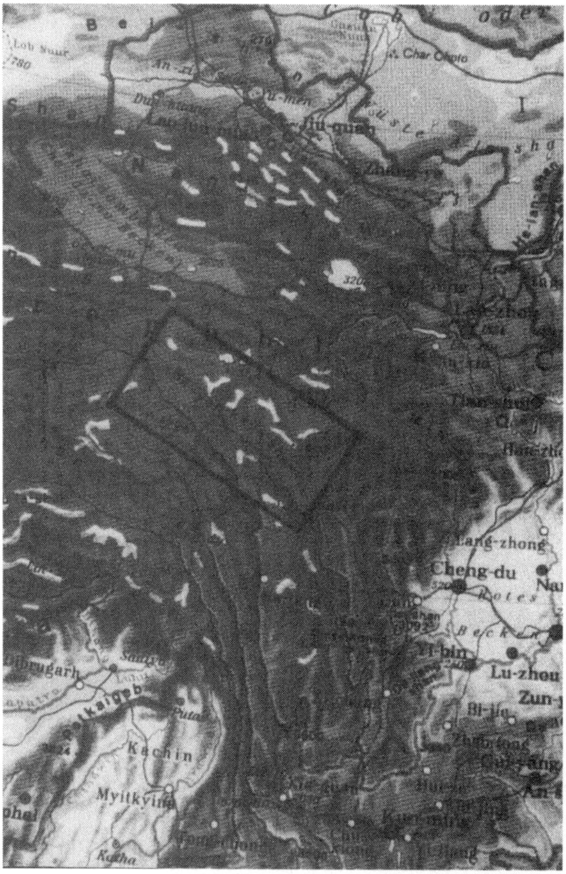

Abb. 51: Der Baian-Kara-Ula-Hochgebirgszug in der zentralchinesischen Provinz Qinghai (im Bild eingegrenzt), wo angeblich vor 12000 Jahren außerirdische Wesen gelandet sein sollen.

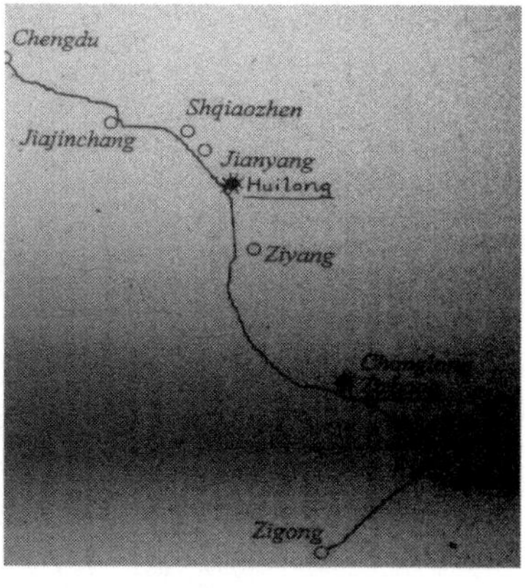

Abb. 52: Der Standort der beiden chinesischen Dörfer (sie sind im Bild gesondert sowie unterstrichen gekennzeichnet), die heute möglicherweise von zwergartigen Nachkommen jener »außerirdischen« Dropa bewohnt werden.

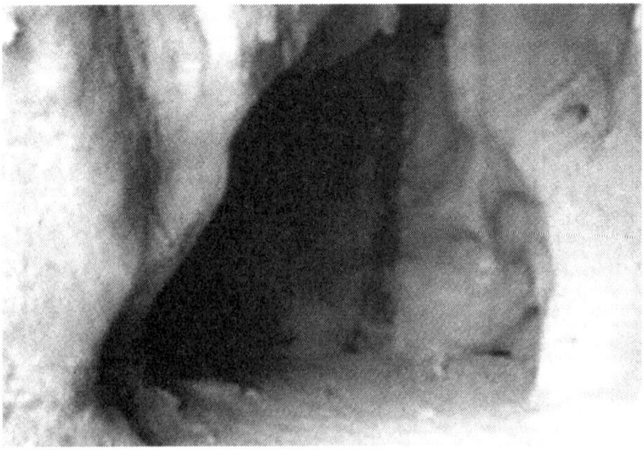

Abb. 53: In der westchinesischen Provinz Qinghai, am Fuß des Buigong-Berges im Grenzgebiet zwischen der Mongolei und Tibet, entdeckten neun chinesische Wissenschaftler eine etwa 60 Meter hohe Pyramide, die – wie chinesische Legenden behaupten – einst eine Art Abschußrampe für außerirdische Raumfahrer gewesen sein soll. Das alte Bauwerk enthält drei höhlenartige dreieckig geformte Zugänge. Das Foto zeigt den Eingang zur mittleren der drei Höhlen. Sie ist die geräumigste. Ihr Boden befindet sich in zwei, die Höhlendecke in acht Meter Höhe. Ihr Durchmesser beträgt etwa sechs Meter.

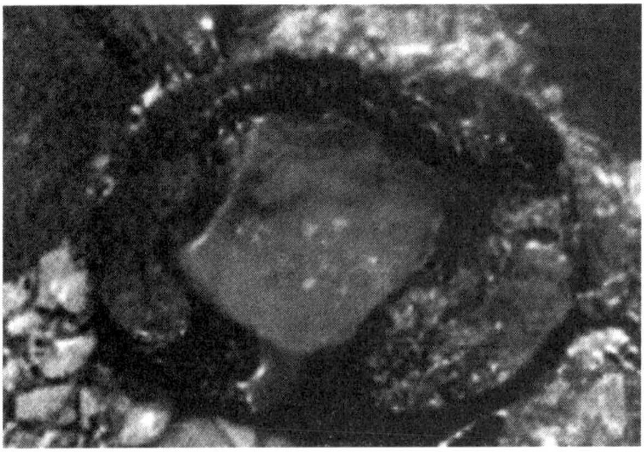

Abb. 54: Innerhalb dieser Höhle stieß man auf eine halbförmige Röhre (siehe Bild) mit einem Durchmesser von vierzig Zentimetern, die von der Höhlendecke zum inneren Ende der Höhle führt. Ein weiteres Rohr verläuft direkt im Boden und ist teilweise noch sichtbar. Die Wissenschaftler waren vor allem von dem hohen Können der dabei angewandten Montagetechnik fasziniert. Übereinstimmend kam man zur Ansicht, daß die Anlage von intelligenten Wesen angelegt wurde.

keit gewinnt an Bedeutung, daß unsere Vorfahren jenen seltsamen Himmelsboten leibhaftig begegnet sind. Manche Legenden scheinen somit eine *globale* Gemeinsamkeit aufzuweisen. Denn wie anders wäre es sonst zu verstehen, daß uns diese rätselhaften »Einarmigen« auch ganz anderswo, nämlich ausgerechnet in altchinesischen Aufzeichnungen, wieder begegnen? Dort finden wir, völlig losgelöst von irgendwelchen Alpensagen oder steinzeitlichen Felsgravuren, fast gleichlautende Beschreibungen über »Himmelssöhne«, ihre »fliegenden Wagen« – und über die »Einarmigen«.

In dem im Jahr 1341 veröffentlichten chinesischen Werk »Ku yü t'u« findet sich der entsprechende Hinweis, und wir erfahren erstaunt:

»Vor alter Zeit, unter Kaiser Cheng von der Chou-Dynastie (1115–1077 v. Chr.) schickte das Land der Einarmigen (Unterstreichung durch mich; P. K.) *Gesandte mit Tributgeschenken. Sie saßen auf einem Wagen aus Federn, der vom Winde getrieben wurde. So kamen sie zum Hofe der Chou herangeflogen. Der Herzog von Chou fürchtete, daß das seltsame Kunstwerk seine Bevölkerung aufregen könnte, und er ließ daher die Wagen zerstören. Da die Gesandten infolgedessen nicht mehr in ihre Heimat zurückkehren konnten, ließ der Herzog von Chou einen nach Süden zeigenden Wagen herstellen.«*

Bei diesem zuletzt erwähnten Gefährt handelt es sich mit größter Wahrscheinlichkeit um jenen Südanzeiger-Wagen, von dem auch später wieder in chinesischen Schriften aus dem Jahr 121 n. Chr. mehrmals die Rede ist. Hier wurde uraltes Wissensgut, einschließlich jenem, das dem erfindungsreichen Volk der Chi-Kung zuzuschreiben ist, lediglich in spätere Epochen transferiert, was bei manchen Historikern zu gewissen Irritationen geführt haben dürfte.

Die Kenntnis über die Herstellung derartiger Fluggeräte muß bis auf weiteres wohl als das alleinige »Copyright« der Chi-Kung angesehen werden. Leider kann dieses Volk ethnologisch vorläufig nicht erfaßt werden. Wir wissen einfach zu wenig über seine Herkunft – sofern sich dieser Menschenschlag überhaupt in unsere Ahnengalerie einordnen läßt und die Chi-Kung überhaupt *erdansässig* gewesen sind. Frappierend bleibt in jedem Fall die deckungsgleiche Bezeichnung der Fremden als »die Einarmigen«, was immer das im besonderen bedeutet haben mochte.

Den Entfernungsangaben zufolge lag die Heimat der chinesischen »Einarmigen« am anderen Ende des Globus. Interessant! Wo könnte das gewesen sein? Die Angaben über den Herkunftsort der »Einarmigen« sind sowohl in den Texten aus China als auch in jenen der Sagen aus Südtirol unergiebig, um nicht zu sagen: dürftig. Fernöstliche Überlieferungen nennen dabei eine zu überbrückende Entfernung von 40 000 Li. Nach heutigen Maßen etwa 26 000 Kilometer! Zweifellos lag damit ihr heimatliches Reiseziel *außerhalb* der chinesischen Landesgrenzen. Vage sind auch die Angaben in den legendären Berichten des Dolomitengebietes. Als Herkunftsort der »Einarmigen« wird darin »*eine sehr ferne Insel*« genannt. Handelte es sich da wie dort um den gleichen Ausgangspunkt? Zeigt dies an, daß die Chi-Kung *weltweit* in Erscheinung traten? Weil sie mittels ihrer fliegenden Wagen offenbar mühelos auch größere Entfernungen zu überbrücken vermochten, läßt sich das durchaus vermuten. Wo aber muß ihre »sehr ferne Insel« gesucht werden? Lag sie vielleicht im Atlantik? Handelte es sich dabei – um *Atlantis*? Oder kamen die Fremden von viel weiter her? War der Begriff »Insel« bloß allegorisch gemeint gewesen? Kamen die »Einarmigen« aus dem *Weltraum* – von einem fernen, fremden Planeten?

Das sind natürlich nur theoretische Spielereien – Überlegungen jedoch, die sich zwangsläufig ergeben, wenn man sowohl das dolomitische als auch das fernöstliche Schriftgut etwas genauer analysiert. Mir scheinen gewisse Zusammenhänge zwischen den chinesischen und den alpenländischen »Einarmigen« durchaus glaubhaft, dazu kommt, daß sie jeweils in Fluggeräten unterwegs waren – und daß sich die Geschehnisse in Südtirol und China jeweils in vorgeschichtlichen Epochen ereigneten.

Aber es gibt noch eine weitere merkwürdige Übereinstimmung: Chinas Chronisten nannten die Gäste des Kaisers »Chi-Kung«. Somit ein durchaus chinesisch klingender Name. Umso auffallender ist es, daß die Schwester von Spina de Mul – jenes Magiers, der der Sage nach den strahlenden Stein »Rayeta« nach dem Niedergang des Fanis-Reiches durch einen »Drachenvogel« durch die Lüfte entführen ließ – ausgerechnet Tsikuta hieß! Nur eine zufällige Namensähnlichkeit? Oder müssen hinter all diesen Dingen ursächliche Zusammenhänge vermutet werden?

Auch die Bezeichnung »Drachenvogel« für das (wahrscheinlich intelligent gesteuerte) Fluggerät des Zauberers scheint nicht zufällig gewählt worden zu sein. Der Drache ist ein fernöstliches Symbol und wurde dort, vor allem im alten China, als ein legendäres, fliegendes Transportmittel angesehen. Die »Himmelssöhne«, heißt es da, seien damit am Anfang der Zeiten von weither gekommen, und sie hätten sich in dem »Reich der Mitte« (wie China vormals bezeichnet wurde) angesiedelt.

Ob hier unmittelbare Zusammenhänge bestehen, vermag ich nicht zu sagen. Da müßten schon Mythenforscher aktiv werden – ihr spannender Forschungszweig könnte auf diese Weise lohnende Denkanstöße erhalten.

Das kreative Volk der Chi-Kung

Kehren wir aber vorerst wieder in Chinas weit zurückliegende Vergangenheit zurück. Und beschäftigen wir uns mit dem kreativen Volk der Chi-Kung. Leider ist über diese Kultur nur wenig überliefert. Wir müssen uns deshalb auf den spärlichen Rest beschränken, der in historischen und dichterischen Quellen erhalten geblieben ist. So erfahren wir in einem von dem Poeten Kuo P'o (270–324 n. Chr.) verfaßten Gedicht: *»Bewundernswert sind die geschickten Arbeiten des Chi-Kung-Volkes. In Verbindung mit dem Winde strengte er sein Hirn an und erfand einen fliegenden Wagen, Fei-lun, der, steigend und sinkend, je nach seinem Wege, es zum Kaiser T'ang brachte.«*

Aber auch in T'ao Hung Chings Werk »Chen kao«, in Jen Fongs Buch »Schu itschi« sowie in einer Schrift des Kaisers Yüan Ti – sämtliche dieser Werke entstanden um das fünfte Jahrhundert n. Chr. – werden »fliegende Wagen« beziehungsweise »fliegende Räder« als Transportmittel genannt. Und auch im 11. Jahrhundert war die Erinnerung an altchinesische Fluggeräte anscheinend noch keineswegs verblaßt, schrieb doch Su Tungp'o damals den bemerkenswerten Satz: *»Ich wollte, ich könnte besteigen einen fliegenden Wagen ...«*

Das im 14. Jahrhundert veröffentlichte Werk »I yü kuo chih« enthält jene bereits erwähnten (und auch im Bildteil dieses Buches dargestellten), mit Tusche produzierten Abbildungen von mit Passagieren besetzten altchinesischen Flugwagen, die auch Professor Giles seinerzeit in seinem Buch wiedergegeben hatte.

A. Schück veröffentlichte 1917 in der in Hamburg erschienenen »Astronomischen Zeitschrift« eine Übersetzung von Giles' Forschungen und wies in diesem Zusammenhang auf Auszüge hin, die aus dem Werk »Shang hai king« stammen und bereits am 8. November 1839 in der Zeitschrift »Journal Asiatique« zitiert worden waren. Darin wird von einem Königreich Kikengkue berichtet, das wahrscheinlich mit jenem der geheimnisvollen Chi-Kung identisch war. Der Titel des betreffenden Beitrags lautete: *»Sie verstehen es, fliegende Wagen herzustellen.«*

Der deutsche Altertumsforscher Richard Hennig – obgleich derartigen aus dem Rahmen fallenden Überlieferungen gegenüber eher skeptisch eingestellt –, räumte immerhin ein, daß »alle diese zahlreichen, in der Sache übereinstimmenden Berichte schwerlich ... als reine Fabel bewertet werden können und irgendein historischer Kern ihnen zugrunde liegen dürfte«, doch sei dieser aller Voraussicht nach dennoch »ziemlich banal«. Für ihn hatten »die ganzen geheimnisvollen Geschichten mit Luftflug und ›Fliegenkönnen‹« nicht das mindeste zu tun. Von seinem Verständnis (und natürlich seiner Zeit) ausgehend – man schrieb damals, wie bereits erwähnt, immerhin erst das Jahr 1928 – ist die ablehnende Haltung des Gelehrten begreiflich.

Hennig zitierte da lieber den zuvor erwähnten Historiker A. Schück, der dazu meinte: *»Es ist mir erinnerlich, gelesen zu haben, daß in einer Gegend Chinas die Fuhrwerke auf den Landstraßen Mast und Segel mit sich führen, die ihre Insassen aufstellen und beisetzen, sobald die Windrichtung für sie günstig ist, was ihre Fahrt beschleunigt ... Solches mit zwei Segeln (eines auf jeder Seite) ausgestattete Gefährt mag wohl wie ein geflügelter Wagen aussehen, woraus der berichtende Schreiber einen ›fliegenden Wagen‹ machte. Der ›gefiederte Wagen‹ ist mir auch erklärlich ...«*

Das kann man Schück wie auch Hennig nicht verdenken, denn diese Version eines *tatsächlich* fliegenden Wagens konnten wohl beide Forscher – aus ihrem zu ihrer Zeit gegebenen wissenschaftlichem Verständnis – natürlich weder begreifen noch akzeptieren. Schücks Übersetzung der Giles-Texte stammte immerhin aus dem Jahr 1917, Hennig schrieb seine Abhandlung nur elf Jahre später.

Nach Schücks Hypothese hätte der »fliegende Wagen« der Chi-Kung, seinen eigenen Ausführungen nach, folgendermaßen funktioniert:

»Eine den leichtesten Luftzug angebende Windfahne stellt man her, indem man kleine Scheiben von sehr leichtem Holz (Kork, Baummark) am Rande mit leichten Federn bespickt, mehrere auf einen dünnen Faden zieht und dessen eines Ende an einem Stock befestigt. Hat ein Chinese mehrere solcher Feder-Windfahnen statt kleiner Fähnchen an seinem Wagen aufgesteckt, so war dieser ›gefiedert‹, und es ist wohl möglich, daß solches geflügelte und gefiederte Fuhrwerk an einem Ort, an dem man dergleichen nicht kannte, die Einwohnerschaft in Aufregung versetzte. Um Schlimmeres zu verhüten, zerbrach es die Obrigkeit und gab als Ersatz ein landesübliches Gefährt.«

So einfach lassen sich völlig anders beschriebene Vorgänge, »weil nicht sein kann was (wissenschaftlich) nicht sein darf« uminterpretieren, respektive »wegwischen«.

Anders sah dies selbstverständlich Richard Hennig.

»In ebenso einfacher wie geistvoller und restlos einleuchtender Weise ist hier eine unbegreiflich wundersame Fabel auf eine kulturhistorisch durchaus wahrscheinliche und ›natürliche‹ Tatsache zurückgeführt worden …«, lobte er damals seinen Kollegen Schück und bezog sich anschließend auf jene »Segelwagen«, wie sie in Holland im 16. Jahrhundert in Verwendung waren. Einen dieser sogenannten »Windwagen« besaß dort Prinz Moritz von Oranien. Mit diesem Gefährt konnte man – bei einer Höchstgeschwindigkeit von 34 Kilometern in der Stunde – 28 Passagiere transportieren.

Daß hierbei keinerlei Ähnlichkeiten (geschweige Gemeinsamkeiten) mit den legendär erwähnten chinesischen Flugwagen festzustellen waren, wurde sowohl von Hennig als auch von dem Giles-Übersetzer Schück negiert. Hennig glaubte auf der richtigen (wissenschaftlich fundierten) Fährte zu sein, indem er sich auf Verse des Dichters Kuo P'o berief, in denen die Rede von einem fliegenden Wagen ist, der – »steigend und sinkend, *je nach seinem Wege*« – die Besucher zum Kaiser T'ang gebracht habe.

Der Altertumsforscher leitete davon ab, daß sich das Gefährt in Berg- und Talfahrten ausschließlich auf dem Erdboden bewegte, was jedoch zweifellos einem höchst selbstgefälligen Trugschluß gleichkam.

»Je nach seinem Wege«, das deutet nämlich nicht im Entferntesten darauf hin, daß sich das Gefährt ausschließlich auf der Erde fortbewegt haben muß, denn bekanntlich gibt es auch einen *Luftweg*. Hennig ignorierte bewußt einen deutlich gegebenen Hinweis aus einer etwas anderen Version der uns bekannten Chi-Kung-Legende. Demnach pflegten die Piloten jener Fluggeräte – ehe sie ihre Vehikel in Tätigkeit setzten – vorher stets eine »brennend heiße Flüssigkeit« in Anspruch zu nehmen, die sie, wie es in diesem Text heißt, in ihre fliegenden Wagen *»hineintaten«*, wie immer dies auch verstanden werden muß.

Erst *dann* vermochte ihr Gefährt »zu fliegen«, und war nunmehr imstande, selbst gewaltige Entfernungen (40 000 Li = 26 000 Kilometer) zurückzulegen.

Eine liebe Bekannte von mir (die aber leider bereits verstarb) – Margarete Schneider – beherrschte Chinesisch in Wort und Schrift. Sie übersetzte mir vor Jahren jene leicht abweichende Passage aus dem von mir eingangs zitierten Legendentext. Man hatte sie einer Tuschmalerei, auf welcher derartige Flugwagen dargestellt worden waren, beigefügt. Wörtlich heißt es darin:

»Das Land der Chi-Kung – früher machten die Menschen einen fliegenden Wagen, mit dem sie, dauernd vom Wind getrieben, leicht und weit reisen konnte, indem sie vorher eine brennend heiße Flüssigkeit hineingetan hatten. Sie benutzten den Westwind bis Yüchow. Hier zeigten sie dem Volk den Wagen. Nachdem sie wieder eine brennend heiße Flüssigkeit hineingetan hatten, bestiegen die Boten dieses Gefährt und verließen das Land mit 10 Li Ostwind am Tor des Westens, um viele Meilen zu fahren.«

Jene Skeptiker, die sich jetzt vielleicht an dem Wörtchen »fahren« stoßen sollten, und dies als möglichen Beweis für die Richtigkeit von Hennig und Schücks Hypothesen ansehen, sei in Erinnerung gebracht, daß beispielsweise nicht vom »Ballonfliegen«, sondern stets nur vom Ballon*fahren* die Rede ist. Und ebenso das Wort »Luft*fahr*zeuge« noch niemanden auf den Gedanken gebracht hat, hierbei könnte es sich um etwas anderes handeln als Flugzeuge, Helikopter oder sonstige im Himmelsraum operierende Objekte.

Wenn die Tuschmalerei keine Fälschung sein sollte (und nichts deutet bislang darauf hin), dann entspricht der zuvor wiedergegebene Inhalt des der Tuschmalerei beigefügten Textes in jeder Hinsicht der uns überlieferten Chi-Kung-Legende.

Welche konkreten Antriebsmittel den prähistorischen Flugexperten zur Verfügung gestanden haben könnten, läßt sich heute, anhand der leider nur vage vorhandenen Hinweise, nicht mehr feststellen. Was die Authentizität der »Fei-chi«-Darstellungen betrifft, ist allerdings Vorsicht geboten. Die uns aus dem Mittelalter überlieferten Tuschmalereien weichen mit ziemlicher Sicherheit von den ursprünglichen Vorbildern ab, wie ja auch der

Laie der Jetztzeit kaum imstande wäre, eine kompliziertere Maschinerie allein aus optischer Sicht korrekt als Zeichnung wiederzugeben.

Musterbeispiel »Cargo-Kult«

Oft sind es nur Äußerlichkeiten, die über Generationen hinweg in Erinnerung bleiben. So wie sich die beispielsweise nach dem Ersten Weltkrieg in Neuguinea entwickelte. Dort waren 1914 amerikanische Piloten gelandet, hatten mittels klugen Tauschhandels das Vertrauen der zunächst mißtrauischen Eingeborenen gewonnen, um dann mit ihren Flugzeugen nach einiger Zeit wieder nach Hause zurückzukehren. Eine derartige Vorgangsweise – die Kontaktaufnahme einer überlegenen mit einer primitiveren Kultur – wird allgemein als Cargo-Kult bezeichnet.

Viele Jahre später, als abermals Weiße die dunkelhäutige Bevölkerung Neuguineas besuchten, mußten sie überrascht feststellen, daß dort eine neue Religion entstanden war. Die Einheimischen beteten nämlich zu einer bisher unbekannten Gottheit und erhofften sich auf diese Weise himmlische Hilfe. Dieser Götze aber glich zur Verblüffung der weißen Besucher einer primitiven Flugzeug-Nachbildung, die aus Stroh und Holz angefertigt worden war.

Des Rätsels lapidare Lösung: Die Stammespriester hatten seinerzeit gut beobachtet und sehr bald erkannt, daß Landungen amerikanischer Flieger jeweils mit Geschenken für die hiesige Bevölkerung einher gingen. Also erhoffte man sich durch die Flugzeugimitation, der die Priester und übrigen Gläubigen des Stammes ihre Ehrerbietung in Form religiöser Rituale zu bestimmten Zeiten eindrucksvoll demonstrierten, ein neuerliches Erscheinen der großzügigen weißen »Götter«.

Die Priester dieser Insel wußten nichts von den Vereinigten Staaten und besaßen auch nicht die geringsten Kenntnisse über die eigentliche Identität US-amerikanischer »Donnervögel«. Sie hatten sich jedoch das ungefähre Aussehen der donnernden Maschinen eingeprägt und es auch ihren Nachfolgern übermittelt. Auf diese Weise kamen die primitiven Nachbildungen der Flugzeuge zustande.

Könnte es nicht sein, daß den chinesischen Künstlern seinerzeit die scheinbar feuerspeienden Himmelsfahrzeuge der »Drachengötter« (von welcher Art diese fliegenden Objekte auch immer gewesen sein mochten) für ihre späteren Tuschmalereien als ungefähres Modell dienten? Wäre das wirklich so ausgeschlossen?

8. UFOs in China: HEUTE – GESTERN – VORVORGESTERN

Für Hsing Sheng und Bi Jiang war es der ungewöhnlichste Sonnenaufgang ihres Lebens. Und doch konnte dieses helle weiße Licht, das sich da um 4.08 Uhr morgens über dem Bergland Changping, nahe der berühmten Chinesischen Mauer, so unversehens erhoben hatte, keinesfalls die Sonne sein. Das wußten die beiden Studenten, die mit ihren Fahrrädern am Vorabend des 24. August 1980 von Peking aus zum Zelten in das hügelige Gebiet rund um die Landeshauptstadt hinausgefahren waren, auf Anhieb. Der leuchtende Körper, der langsam höher und höher stieg, glich nicht im mindesten dem ihnen vertrauten Muttergestirn.

Neugierig geworden, und um die leuchtende Erscheinung besser beobachten zu können, kletterten Hsing Sheng und Bi Jiang näher heran. Was sie nun sahen, beschrieben beide Augenzeugen später als ein schwebendes Objekt, das drei Sternen geähnelt hätte, die wie zu einem auf dem Kopf stehenden »T« angeordnet schienen. Um ein dunkles Zentrum sei ein Lichtring zu sehen gewesen, und die Mitte des Objekts schien zu rotieren. Alles sei jedoch völlig geräuschlos abgelaufen.

Für Hsing Sheng und seinen Studienfreund war sehr schnell klar, was sie da vor Augen hatten: Bei dem leuchtenden Himmelskörper konnte es sich nur um ein – UFO handeln. Eines jener rätselhaften Gebilde, das weltweit und auch nicht zum ersten Mal über China gesehen werden konnte. Eine halbe Stunde blieb das fremdartige Objekt in Sichtweite, so daß die beiden Studenten reichlich Zeit fanden – Hsing Sheng hatte klugerweise einen Fotoapparat mitgenommen – das hell strahlende Ding zu fotografieren. Es schien fast, als habe das UFO einen Publicity-Tick, denn es verharrte einige Zeit bewegungslos über einem der Berghänge, ehe es plötzlich und unvermittelt aufzusteigen begann, um sich danach mit rasender Geschwindigkeit zu entfernen.

Es sei ganz wunderbar geflogen, gaben die beiden Studenten später beeindruckt zu Protokoll, als sie den Beamten einer Polizeistation von ihrem ungewöhnlichen Erlebnis berichteten. Daß die UFO-Sichtung schon bald in der gesamten Volksrepublik China zum Tagesgespräch wurde, dafür sorgten einmal mehr diverse Zeitungen sowie TV und Rundfunk.

Hsing Sheng hatte es selbstverständlich nicht verabsäumt, seinen Fotofilm einer Zeitungsredaktion zur Veröffentlichung zu überlassen. In diesem Fall waren es Journalisten der »Pekinger Abendnachrichten«, die in ihrem Labor die Negative entwickelten und leidlich gute Schwarzweiß-Bilder in ihrem Blatt als erste veröffentlichten. Allerdings erwies sich die hierzu ausposaunte Meldung der Zeitung als falsch, man habe zum ersten Mal Fotos von UFO-Erscheinungen in China wiedergegeben (und mußte deshalb am folgenden Tag diese Behauptung auch richtig stellen), denn recht bald meldeten sich zahlreiche aufgeregte Leser bei der Redaktion, die den erstaunten Journalisten eine Anzahl älterer, gut gelungener UFO-Fotos präsentierten, die sie selber über chinesischem Territorium in unterschiedlichen Regionen des Landes aufgenommen hatten.

So gibt es ein inzwischen weltweit publiziertes, wenn auch nicht besonders geglücktes Foto aus dem Jahr 1942. Die Aufnahme zeigt eine Geschäftsstraße in der Hafenstadt Tientsin, über welcher – zwar nur sehr klein und nicht besonders scharf – ein Objekt zu sehen ist, dessen obere Seite einen kuppelförmigen Aufbau trägt. Auch ein Foto aus Taiwan fand in der Zwischenzeit in chinesischen Blättern Verbreitung. Es entstand 1973 und zeigt zwei im Himmelsraum operierende Flugkörper unbekannter Herkunft.

Bei den »Abendnachrichten« meldete sich schließlich auch ein japanischer Handelsreisender und legte den Redakteuren einige Fotos vor, die er 1981 über Peking und Shanghai aufnehmen konnte.

Während meines zweiten China-Aufenthaltes im Jahr 1982 wurde mir all das und noch manches mehr von meinen Freunden Zhu Fu-zheng und Shi Bo aktuell berichtet. Wir diskutierten damals über das umstrittene Thema längere Zeit in meinem Hotelzimmer in Peking, wo mich beide UFO-Forscher aufgesucht hatten. Stolz zeigte man mir bei dieser Gelegenheit auch die neueste Nummer jener Zeitschrift, die damals von Zhu Fu-zheng und Shi Bo gemeinsam redigiert worden war. Die betreffende Ausgabe sei damals innerhalb von drei Tagen ausverkauft gewesen. Mir selbst wurde die Ehre zuteil, in dem monatlich erscheinenden Magazin – »The Journal of UFO-Research« – mit einem meiner früheren Sachbücher (»Feuer fiel vom Himmel«), in dem ich mich mit der rätselhaft gebliebenen Tunguska-Katastrophe über Sibirien aus dem Jahr 1908 beschäftigt hatte, auszugsweise veröffentlicht zu werden.

Inzwischen (so wurde mir bekannt) soll diese UFO-Zeitschrift leider eingestellt worden sein. Auch meine früheren schriftlichen Kontakte mit den beiden Chinesen sind leider abgerissen. Womit sich Zhu Fu-zheng heute beschäftigt – er hatte 1984 für mein damals erschienenes China-Sachbuch »...und kamen auf feurigen Drachen« das Vorwort »Glücksrede« beigesteuert –, ist mir nicht bekannt. Shi Bo hingegen, Jahrgang 1941, der schon 1965 ein Fremdsprachendiplom am *Diplomatischen Institut* in Peking erworben hatte, dann bis 1967 dort als Lehrer mit dem Fachbereichen französische Kultur und Forschungen im Bereich der französischen Politwissenschaften unterrichtete, danach bis 1986 als Übersetzer für die chinesische Nachrichtenagentur *Xinhua* tätig war, um schließlich von 1986 bis 1989 eine Professur am *Chinesischen Institut für Journalismus* in Peking anzunehmen, lebt, meines Wissens, seit dem Jahr 1992 als freier Schriftsteller und Übersetzer in Paris. Dort veröffentlichte er sein erstes UFO-

Sachbuch »La Chine et les extra-terrestres«, das 1997 als Ullstein-Taschenbuch unter dem Titel »UFO-Begegnungen in China« auch in deutscher Sprache erschienen ist.

Zhu Fu-zheng und Shi Bo waren als Redakteure des »Journal of UFO-Research« mit ihrem Magazin überaus erfolgreich. Stolz zeigte man mir damals die eben erschienene Ausgabe und informierte mich darüber, daß das Magazin bereits innerhalb *dreier Tage* (sic!) überall in der Volksrepublik vergriffen gewesen sei.

»Grünes Licht« für UFO-Forschung

Zhu Fu-zheng und Shi Bo waren in jenen Jahren selbstverständlich auch Mitglieder der *Gesellschaft für Zukunftsforschung*, einer Organisation (sie existiert meines Wissens noch heute) der damals rund fünfhundert Mitglieder – zumeist Studenten, Intellektuelle, aber auch ein paar Wissenschaftler, über zwanzig Provinzen des Landes verteilt – angehörten. Diese Vereinigung ist aber nicht mit jenen bei uns leider verbreiteten Gruppierungen dubioser UFO-Sektierer vergleichbar. Im Gegenteil: Sie genoß – und genießt (so weit ich informiert bin) – auch in wissenschaftlichen Kreisen Anerkennung. Das bewies in den 1980er Jahren die offizielle Sponsorentätigkeit der *Chinesischen Akademie der Sozialwissenschaften* in Peking, wurde damals aber auch durch das offenherzige Engagement von Fachleuten wie Zheng Wenguang und Sun Wuli unterstrichen, die von dem UFO-Phänomen ebenso fasziniert waren wie der in den USA lebende Chinese Lin Wenwei, Mitglied des amerikanischen Gegenstücks der chinesischen *Gesellschaft für Zukunftsforschung* – der *APRO*. Lin Wenwei, der bei den chinesisch-amerikanischen Handelsbeziehungen eine wichtige Rolle spielte, fungierte damals auch als Verbindungsmann zur *APRO*.

Zwei wesentliche Ereignisse hatten dazu geführt, der UFO-Forschung innerhalb Chinas vor nunmehr rund zwanzig Jahren »grünes Licht« zu geben. 1965 war die Vielmillionenstadt Peking von zwei hell leuchtenden, scheibenförmigen Objekten überflogen worden. Das führte damals zu beträchtlicher Aufregung unter der Bevölkerung. Zwei Jahre später ereignete sich über den Vororten der Stadt ein ähnlicher Zwischenfall: Tausende Menschen beobachteten die blitzenden roten Lichter eines globusartigen Objekts, das das Firmament über der Hauptstadt mit unglaublicher Geschwindigkeit durchschnitt, plötzlich – von einer Sekunde zur anderen – ruhig am Himmel verharrte, um dann seinen rasend-schnellen Flug fortzusetzen, bis es hinter dem Horizont verschwunden war.

Offizielle Stellen betrachteten beide Vorkommnisse als Verletzung des chinesischen Luftraums. Sie verdächtigten zunächst Taiwan, den Prototyp eines neuentwickelten Flugkörpers über der Volksrepublik China erprobt zu haben. Weil aber bei der Bevölkerung, die sich auf beide Erscheinungen am nächtlichen Himmel keinen Reim zu machen vermochte, die abenteuerlichsten Spekulationen überhand zu nehmen drohten – und weil man vermutlich in offiziellen Kreisen auch Angst vor einer unbekannten Superwaffe hatte –, wurde schließlich die Gründung einer akademischen UFO-Studiengruppe bewilligt. Zu diesem Zeitpunkt hatte sich allerdings auch an Chinas politischer Spitze ein tiefgreifender Wandel vollzogen, denn erst nach dem Ableben des »Großen Vorsitzenden« Mao Tse-tung sowie dem Sturz der sogenannten »Viererbande« – als gewisse liberale Tendenzen in den Führungsgremien des Landes deutlich wurden – wagten es einige Gelehrte, sich auch für typische Randgebiete der wissenschaftlichen Forschung zu interessieren. Bald kam es danach zu ersten publizistischen Veröffentlichungen. Am 13. November 1978 konnte sogar auf Seite 6 des offiziellen Zentralorgans der chinesischen Kommunistischen Partei, der »Pekinger Volkszeitung«, ein dort sicher aus dem Rahmen fallender Artikel gelesen werden. Die Schlagzeile des Blattes lautete geradezu revolutionär: »UFOs – ein ungelöstes Welträtsel.«

Der Verfasser war ein gewisser Sheng Heng Yen, Redakteur an der *Chinesischen Akademie der Sozialwissenschaften*. Das von ihm behandelte Thema wurde bald danach auch im Pekinger

Rundfunk gesendet, und weil jetzt sogar das bedeutendste Blatt der regierenden chinesischen Kommunisten darüber geschrieben hatte, wagten sich nunmehr auch andere Zeitschriften an das vordem so »heiße Eisen« näher heran. Die Zahl der Veröffentlichungen über UFO-Phänomene in China und auch anderswo auf Welt stieg sprunghaft an.

Am 21. September 1979 widmete sich die Wissenschaftsredaktion von Chinas zweitgrößter Tageszeitung »Guang Ming« dieser Thematik. »Existieren fliegende Untertassen?« fragte Chow Hsin Yen in einem der Artikel. Diese Veröffentlichung wurde später auch von der offiziellen chinesischen Nachrichtenagentur Volksrepublik *Hsinhua* (Neues China) übernommen. Chow Hsin Yen arbeitete als Chefredakteur in der Wissenschaftsabteilung für TV-Informationen beim landesweiten Zentralreisebüro *Lüxingshe*.

In seinem Bericht war zu lesen, daß eine Gruppe von Wissenschaftlern während einer Expedition in der Provinz Hebei unbekannte Flugobjekte beobachtet habe. Dieses Vorkommnis bestätigten weitere, nicht unbedeutende Augenzeugen: Soldaten der chinesischen Volksbefreiungsarmee, die in dem Sichtungsgebiet gerade Manöverübungen abgehalten hatten.

Danach dauerte es bis zum 12. Mai 1980, ehe in der Zeitung »Guang Ming« abermals ein Bericht über unbekannte Flugobjekte erschien. Er enthielt diesmal jedoch auch einige wichtige Aussagen von Piloten, Wissenschaftlern sowie Augenzeugen aus anderen Ländern, die angeblich UFO-Beobachtungen gemacht hatten. Dieser Artikel war mehr als früher erschienene in der Lage, überall in China die Neugier und das Interesse an dem weltweiten Phänomen zu wecken. So wurde etwa die Redaktion der Zeitschrift »Aerospace Knowledge« – sie befaßte sich vorrangig mit Dingen, die mit Atmosphäre und Weltraum zu tun haben – von Hunderttausenden Leserbriefen förmlich überschwemmt. Viele der Zuschriften wurden veröffentlicht, und fast einhellig appellierte man darin an die Regierung, eine offizielle Untersuchung der UFO-Vorfälle einzuleiten.

Was kaum für möglich gehalten wurde, trat ein: Die Lesermeinung führte in Chinas Provinzen zu einer beträchtlichen und durchweg zustimmenden Reaktion. Regierungsstellen genehmigten eine Untersuchung der rätselhaften Himmelserscheinungen und beauftragten die Universität von Wuhan, diese Aufgabe zu übernehmen.

So entstand der chinesische Studienverband, der sich schon bald unter der Bezeichnung *Gesellschaft für Zukunftsforschung* zu etablieren vermochte. Über die Grenzen Chinas hinaus wurde dieses Faktum allerdings erst fünf Monate später populär, als nämlich auch die offizielle Nachrichtenagentur des Landes am 4. Dezember 1980 davon Notiz genommen hatte.

Mit dem Ansteigen des UFO-Interesses begannen in der Volksrepublik China zwangsläufig auch die Diskussionen über Sinn und Unsinn einer Erforschung dieses Phänomens. Ching Tao, ein Redakteur der uns schon bekannten Tageszeitung »Guang Ming«, zeigte seine Geringschätzung für dieses Thema sehr deutlich in einer Fußnote, die er einem am 12. Mai 1980 in seinem Blatt veröffentlichten UFO-Artikel beigefügt hatte: *»Von dem in jüngster Zeit zugenommenen UFO-Interesse wird meiner Meinung zuviel Aufhebens gemacht. Wissenschaftlich gesehen sind die UFOs nur ein Teil im breiten Spektrum von Studie und Untersuchung«*, meinte er, um anschließend persönlich zu resümieren: *»Ohne eine wissenschaftliche Studie müssen UFOs als Produkte verwirrter Geister abgetan werden.«*

Die Meinungen waren jedoch keineswegs einhellig. Hsieh Chu, Chefredakteur der bereits erwähnten Zeitschrift »Aerospace Knowledge«, kommentierte: *»Man kann nicht leugnen, daß UFOs existieren, was durch die große Anzahl von Beobachtungen in diesem Land bestätigt wurde.«*

Nicht nur »Areospace Knowledge«, auch das Magazin »Wissenschaft und Leben« veröffentlichte in der Folge mehrere Berichte über UFO-Erscheinungen in China. So hatte beispielsweise der Arbeiter Chen Yufu an einem Herbstnachmittag des Jahres 1970 eine Begegnung der ersten Art.

Der in einer Kohlenwaschanlage in der Provinz Shaanxi tätige Mann erblickte am Firmament ein leuchtendes Objekt, das einem »Waschbecken« geähnelt haben soll. Dem UFO sei ein Schwanz von Auspuffgasen gefolgt, erzählte der Arbeiter später. Es flog angeblich in westlicher Richtung davon, wobei es kurzzeitig über der Energiezentrale der Fabrik haltgemacht habe, wurde in der Zeitschrift detailliert berichtet.

Sechs Jahre später – am 9. September 1976 gegen 18 Uhr – sahen Angestellte der chemischen Fabrik *Jiangxi 2* ein metallisch und kupferfarben schimmerndes Objekt, das die Form einer Orgelpfeife hatte. Der am Himmel fliegende Gegenstand soll sich, den Augenzeugen zufolge, während seines Manövers um die Längsachse gedreht haben. 1977 beobachtete ein Angestellter des astronomischen Observatoriums der Provinz Yünnan ein fliegendes Objekt über Chengdu, der Hauptstadt der Provinz Sichuan. Dieses UFO konnte im Umkreis von 180 Kilometern auch von anderen Menschen gesehen werden.

Schließlich gab es einige Aufregung im Kommandoturm des Flughafens der Provinz Gansu, als über dem Flugfeld am 23. Oktober 1978 um 8.40 Uhr ein riesiges rechteckiges Gebilde aufkreuzte. Seine Flughöhe wurde von neutralen Beobachtern auf sechs- bis achttausend Meter geschätzt. Maßstabgetreu übertragen, schien es an die tausend Meter lang zu sein.

Mysteriöse Entführungen

Auch mysteriöse Entführungsfälle scheint es in China (wie auch anderswo auf der Welt) gegeben zu haben.

Das ungewöhnlichste Vorkommnis ereignete sich im Jahre 1975 in einem Militärlager in Jianshui in der südchinesischen Provinz Yünnan. Dort waren zwei Angehörige der Volksbefreiungsarmee stationiert. Man hatte beide zum Wachdienst vor dem Kasernentor abkommandiert. Plötzlich wurden sie von einem riesigen, rot-orange leuchtenden Flugobjekt überrascht. Es war unerwartet am sternenklaren Nachthimmel über ihnen aufgetaucht und hatte die gesamte Umgebung des Militärcamps in ein grelles und gespenstisches Licht getaucht. Das UFO rotierte und manövrierte hin und her und schien Kaserne und Militärcamp in näheren Augenschein nehmen zu wollen.

Der erste Gedanke von beiden Wachhabenden war natürlich der, man habe es hier mit einem Spionageflugzeug einer feindlichen Nation zu tun. Einer der Soldaten eilte deshalb in die Kaserne, um dort dem Kommandanten den mysteriösen Vorfall zu melden. Als er kurz darauf mit Verstärkung zum Schauplatz des Geschehens zurückkehrte, war sein Kamerad spurlos verschwunden.

Der Kommandant des Lagers versetzte die gesamte Mannschaft in Alarmbereitschaft. Waffen und Munition wurden ausgegeben, denn man befürchtete einen Überfall. Eine großangelegte Suchaktion wurde sofort eingeleitet, aber von dem Verschwundenen fand sich keine Spur. Erst einige Stunden später wurden vier Soldaten des Suchtrupps – die Wachen waren inzwischen verdoppelt worden – auf ein leises Stöhnen aufmerksam. Zu ihrer Überraschung fanden sie ihren vermißten Kameraden halb besinnungslos vor dem Kasernentor. Der junge Soldat war zwar ansprechbar, machte aber dennoch einen ziemlich verstörten Eindruck.

Den unheimlichsten Aspekt an dieser offensichtlichen *Entführung* (der schon verstorbene »UFO-Papst« J. Allen Hynek nannte ein derartiges Geschehnis – als UFO-Terminus später gerne verwendet – »eine Begegnung der vierten Art«) bemerkten seine Kameraden aber erst bei näherem Hinsehen. In den wenigen Stunden seiner Abwesenheit waren dem Mann Kopf- und Barthaare so stark nachgewachsen, als habe er wochenlang weder den Truppenfriseur aufgesucht noch sich rasiert. Ein umso erstaunlicherer Umstand, wenn man in Betracht zieht, daß die Haartracht der chinesischen Soldaten auch heute noch auf wenige Millimeter gekürzt wird und Bärte in der Truppe überhaupt nicht geduldet werden. In der chinesischen Volksbefreiungsarmee ist Bürstenschnitt nach wie vor an der Tagesordnung.

Der Entführte selbst vermochte keinerlei plausible Erklärung für seine stundenlange Abwesenheit anzugeben. Die fehlende Zeit betreffend, klaffte in seiner Erinnerung ein großes »schwarzes Loch«. Seine Gedächtnislücke schien total. War der Soldat von den Insassen des unbekannten Flugobjekts »gekidnappt« worden? Hatte man mit dem Betroffenen, wie das von so vielen Abduktionen (Entführungen) in aller Welt berichtet worden ist, genetisch experimentiert und sein Erinnerungsvermögen durch eine posthypnotische Sperre blockiert?

An diesem Entführungsfall verblüffte auch, daß die Armbanduhr des Soldaten stehengeblieben war. Da sie jedoch leider keine Datumsanzeige aufwies, konnte man im Nachhinein nicht mehr feststellen, wie lange der Unglückliche womöglich aus unserem Raum-Zeit-Kontinuum »herausgefallen« war. Ebenso rätselhaft ist der Umstand, daß nicht nur die Uhr, sondern auch dessen Sturmgewehr *magnetisch* geworden waren.

Da der Fall, den mir Zhu Fu-zheng und Shi Bo in Peking berichtet hatten, schon einige Jahre zurücklag und sämtliche davon Betroffenen inzwischen aus dem Militärdienst ausgeschieden waren, konnten sie von den beiden UFO-Forschern nicht mehr ausfindig gemacht und hierzu detailliert befragt werden.

Fünfundneunzig Jahre früher ereignete sich ein nicht weniger mysteriöser Entführungsfall in einer anderen Region Chinas. Das Geschehnis ist im Kapitel 19 der Lokalgeschichte von Songxi in der Provinz Hebei nachzulesen.

Damals lebte nicht weit von der Stadt Songxi – und zwar in dem Dorf Xinian – ein Bauer mit dem Namen Tan. Am 8. Mai 1880 war Tan frühzeitig aufgestanden und in einem Waldstück hinter seinem Anwesen spazieren gegangen. Plötzlich erblickte er ein vielfarbig strahlendes Objekt, das in der Morgendämmerung grell leuchtete. Weil der naive Bauer im ersten Moment annahm, es wäre ein Feuer ausgebrochen, lief er in die Richtung der Erscheinung, um es rechtzeitig zu löschen. Unmittelbar darauf hatte der Mann jedoch das unbestimmte Empfinden, *»in einer Wolke«* zum Himmel zu fliegen. Dann vernahm er zu seiner

Überraschung ein leises, schwer zu beschreibendes Signal – und verlor auf der Stelle sein Bewußtsein.

Einige Augenblicke später – jedenfalls nach dem Zeitempfinden des Bauern – kam Tan wieder zum Boden zurück. Nachdem er das Bewußtsein wiedererlangt und sich mißtrauisch nach allen Seiten umgesehen hatte, bemerkte er zu seiner Verblüffung, sich nicht mehr am selben Ort zu befinden, sondern, für ihn völlig unerklärbar, in einem Gebirge ausgesetzt worden zu sein. Wie er allerdings hierher geraten war, vermochte Tan nicht festzustellen. Verzweifelt irrte er durch die Gegend, bis dem Bauer ein Holzfäller entgegenkam, der sich besorgt erkundigte, was dem Umherirrenden zugestoßen sei. Tan antwortete wahrheitsgemäß, aus Songxi in der Provinz Hebei zu sein, und erzählte dann von seinem unheimlichen Erlebnis. Jetzt vermochte auch der Holzfäller seine Überraschung nicht länger zurückzuhalten. Er eröffnete dem irritierten Bauer, sich nunmehr im Gebirge der Provinz Guizhou zu befinden. Diese Provinz war allerdings rund eintausend Kilometer von Tans Heimatstadt entfernt. Dann zeigte der Holzfäller dem Bauer die Richtung, die er einzuschlagen hätte, um wieder heil nach Hause zu gelangen. Tan machte sich sofort auf den Heimweg und erreichte nach 18 Tagen und Nächten sein Anwesen. Daheim hatte die Familie bereits um ihn getrauert, hatten Tan für tot gehalten. Umso erfreuter waren nunmehr die Angehörigen, ihr Familienoberhaupt zwar erschöpft, aber gesund wieder daheim begrüßen zu können.

UFO-Legenden

UFO-Erscheinungen gab es im Reich der Mitte offenbar schon immer. Bereits zur Zeit des mongolischen Eroberers Dschingis Khan, der im 13. Jahrhundert die Yüan-Dynastie in China eingeleitet hatte, sowie ein weiteres Jahrhundert danach, finden wir in alten chinesischen Schriften Aufzeichnungen über fliegende Schiffe und feuerspeiende Drachen, die damals angeblich häufig am Himmel kreuzten. Küstenbewohner bestaunten am 2. Dezember

1845 flammende Lichter, weit draußen auf der See von Ryook Phyoo. Deren Identität blieb jedoch ungeklärt.

Am 12. August 1910 fuhr der holländische Dampfer »Valentijn« durch chinesisches Gewässer. Da machte die Mannschaft eine aufregende Beobachtung. Ihr Funker kabelte: *»Sahen ungewöhnliches Phänomen. Vor uns auf der Wasseroberfläche erschien ein waagrecht liegendes, glühendes Rad, das sich in raschen Drehbewegungen knapp oberhalb* der *Wasseroberfläche bewegte und in rasendem Tempo verschwand.«*

Noch bekannter wurde in der Öffentlichkeit das Erlebnis des bekannten Forschungsreisenden Professor Nicolas Roerich. Während einer China-Expedition im Jahr 1926 wurde er auf dem Weg zum Karakorum-Gebirge mit einem UFO konfrontiert. Roerich:

»Es war Morgen und ein strahlender Sonnentag, die Sicht war ungetrübt, als ich und die übrigen Expeditionsteilnehmer plötzlich ein strahlendes Objekt am Firmament gewahrten, das in großem Tempo über den Himmel jagte. Neugierig beobachteten wir mit unseren starken Ferngläsern die Erscheinung. Es handelte sich um eine leuchtende Scheibe, die unvermittelt den Kurs wechselte und mit rasender Geschwindigkeit aus unserem Gesichtsfeld entschwand.«

Im Jahr 1926, das sei hier eingefügt, gab es auf der Welt noch kein Flugzeug, das imstande gewesen wäre, Zentralasien zu überfliegen. Seit dem ersten erfolgreichen Flug der Brüder Wright, 1903, waren immerhin erst knappe 23 Jahre vergangen. Woher mag also dieses unbekannte Flugobjekt gekommen sein? Roerich und seinen Gefährten Halluzinationen unterstellen zu wollen, wie das damals einige seiner ungläubigen Zeitgenossen taten, sind unsinnig. 1926 gab es weltweit noch keine UFO-Psychose, und einem versierten Forscher vom Rang eines Professor Roerich (wie auch den übrigen Expeditionsteilnehmern) darf man – meine ich jedenfalls – genügend Urteilsvermögen zubilligen, eine reale Sichtung als das einzustufen, was sie tatsächlich auch war: Eine hellstrahlende, über den Himmel jagende, fliegende Scheibe.

Eine nicht weniger aufregende Legende schilderte mir Zhu Fu-zheng in seinem (bereits früher erwähnten) Vorwort »Glücksrede«, das er mir 1984 für mein im selben Jahr erschienenes Sachbuch »... und kamen auf feurigen Drachen« freundlicherweise zur Verfügung stellte. Es lohnt, daraus und an dieser Stelle die darin enthaltene Überlieferung noch einmal zu erzählen.

»China ist ein uraltes Land. Seine vieltausendjährige Geschichte ist von den chinesischen Gelehrten stets gewissenhaft niedergeschrieben und der Nachwelt übermittelt worden.

In der Volksrepublik China gibt es auch heute sehr viele Menschen, die sich mit der Geschichte und den Aufzeichnungen Alt-Chinas beschäftigen. Sie sind jene Spezialisten, die alle in den Chroniken aufgeschriebenen großen Geschehnisse – dazu gehören auch die damals beobachteten Naturphänomene – aufmerksam analysieren und darüber engagiert diskutieren. In den vergangenen Jahren hat das Welträtsel der unbekannten Flugobjekte immer größere Beachtung gefunden und auch das Interesse der Gelehrten geweckt. Diese Spezialisten haben zusätzlich damit begonnen, die in altchinesischen Aufzeichnungen beschriebenen Erscheinungen, deren Identität bisher nicht geklärt werden konnte, aufmerksamer zu studieren.

Liest man diese alten Schriften, von denen es viele gibt, dann wird einem klar, daß unsere Vorfahren – etwa jene aus der Han-Dynastie, 139 v. u. Z. – ebenfalls UFOs beobachtet haben dürften. Aus sehr konkreten Aufzeichnungen geht nämlich hervor, daß damals am Nachthimmel ein leuchtender, zehn Meter großer Gegenstand erschienen sei.

Im Jahr 314 v. u. Z. sahen einige Leute am Himmel vier leuchtende Körper. Einer dieser Körper stürzte später zur Erde nieder, während die übrigen Objekte gemeinsam von West nach Ost davonflogen. Das abgestürzte UFO wurde mittels Zeichnung der Nachwelt erhalten.

Menschen aus dem Jahr 317 v. u. Z., so wird von den Chronisten berichtet, entdeckten ebenfalls drei strahlende Flugkörper. Sie sollen so intensiv geleuchtet haben, daß ihr Licht die Augen der Beobachter blendete. Die runden Körper dieser UFOs waren von einem Lichtkranz umgeben, der in seinem Zentrum rot schimmerte. Diese Objekte wurden auf einen Durchmesser von etwa zehn Metern geschätzt. Shen-Kuo, ein berühmter Wissenschaftler im alten China, hat UFO-Phänomene ausführlich beschrieben. So lesen wir in seinem bekannten Werk ›Meng-xi-Gespräch‹:

›Vom Jahre 1056 bis 1063 konnte man in der Stadt Yangzhou der Provinz Kiangsu eine fliegende ‚Perle' am Himmel beobachten. Am Anfang erschien diese ‚Perle' im Hügelgebiet des Tianchang-Kreises, dann flog sie oft über dem Bische-See, schließlich über dem Xinkai-See. Während einer Nacht bemerkte ein Schüler, der gerade ein Buch las, daß diese ‚Himmelsperle' zu ihm nieder schwebte. Zuerst sah er einen Spalt im Körper der ‚Perle', dann beobachtete er ein strahlendes Licht, das von dem Spalt des Gegenstandes ausging. Es sah aus wie ein goldener Faden. Im selben Augenblick öffneten sich an dieser ‚Perle' zwei kugelartige Schalen, wodurch sich das fliegende Objekt gewaltig vergrößerte. Das Licht ging nun von den beiden Kugelschalen aus und strahlte so hell, daß man die Augen davon abwenden mußte. Der grelle Strahl riß die Bäume über ein Gebiet von fünf Kilometer aus der Dunkelheit und ließ sie Schatten werfen. Es schien, als würde ein Feuer am Himmel brennen. Kurze Zeit später flog die ‚Perle' über das Wasser des Sees davon und entschwand in der Ferne.‹«

Soweit jene seltsame Geschichte, die der chinesische Gelehrte Shen-Kuo für die Nachwelt aufgezeichnet hat. Über ihn berichtet Zhu Fu-zheng:

»Shen-Kuo besaß umfassende Kenntnisse und Begabungen auf dem Gebiet der Mathematik, Astronomie und Archäologie. Sein ›Meng-xi-Gespräch‹, ein wissenschaftliches Werk, das er im hohen Alter schrieb, genoß bei Chinesen und Ausländern gleichermaßen großes Ansehen.

War nun die ›Himmelsperle‹ ein Raumschiff außerirdischer Besucher? Wenn nicht, was könnte dieses fliegende Objekt sonst wohl gewesen sein? Irdische Bewohner besaßen damals nirgendwo auf der Welt mechanisch angetriebene Flugmaschinen …«

Hier enden die geheimnisvoll klingenden Überlieferungen, die mir Zhu Fu-zheng vor nunmehr neunzehn Jahren in seinem für mich aufschlußreichen Vorwort übermittelte.

Auch sein Freund Shi Bo hat in seinem Sachbuch »UFO-Begegnungen in China« (Titel der deutschsprachigen Ausgabe) einige bemerkenswerte Episoden aus alter Zeit zusammengetragen. Ein paar davon möchte ich hier wiedergeben. Etwa jenen Bericht, der im siebten Kapitel des Buches »Von eigenartigen Dingen« von dem damals berühmten Autor Tao Zhongyi, der gegen Ende der Yuan-Dynastie (1320–1380) lebte, aufgezeichnet worden ist.

»Es war am 23. Januar des 15. Regierungsjahres des Kaisers Yuan Shun (am 5. Februar 1355), als sich die Sonne hinter den westlichen Bergen senkte und ich mich in meiner Wohnung im nordöstlichen Teil der Stadt Pingjiang befand (heute Stadt Suzhou, Provinz Jiangsu), da hörte ich plötzlich lautes Stampfen, als ob Truppen majestätisch vorbeimarschierten, als ob Pferde übers Pflaster trabten und Krieger laut ihre Trommeln schlugen.

Erschrocken stürzte ich aus dem Haus, um draußen nach dem Rechten zu sehen. Aber ich sah nichts, nicht einmal eine Katze. Unbewußt hob ich den Kopf zum Himmel, und wer malt sich mein Erstaunen aus! Ich erblickte eine große Wolke, in der sich Soldaten und Pferde zu tummeln schienen. Davor und dahinter waren unzählige Flammen zu sehen, einige groß wie Laternen, andere klein wie brennende Späne. Die Menschen- und Pferdewolke flog rasch dahin, wobei sie einen Zickzackkurs verfolgte, und verschwand bald in weiter Ferne in Richtung Nordwesten. Danach hörte ich mich bei Passanten in der Stadt um, die mir sagten, die Wolke habe zwischen dem Fengmen-Tor (dem Osttor der Stadtbefestigung) und dem Qimen-Tor (Nordtor) im Vorbeifliegen durch die heftige Luftbewegung Hausdächer abgedeckt sowie Betten und Möbel im Hausinneren umgestürzt. Die Lebensmittelhandlung einer Familie namens Dong in der Nähe der Chufang-

Brücke hatte mehr als tausend Pfund Reis und ein Faß eingesalzenen Sojaquark verloren, die vom Wind mitgerissen worden waren. Das ungewöhnliche Ereignis, dessen Zeuge ich wurde, ist allen unverständlich, was wahrhaftig zu bedauern ist.«

Der Vizebürgermeister von Peking a. D., Deng Du, der sich als bedeutender Historiker in China eines beachtlichen Rufes erfreut, verfaßte vor jetzt sechzehn Jahren unter dem Pseudonym Ma Nancun den Artikel »Das älteste Raumschiff«. Zwar ist dieser große Wissenschaftler inzwischen verstorben, doch sein Beitrag ist nach wie vor von großer Bedeutung. Der Artikel befaßt sich mit antiker Literatur und enthält zusätzlich zwei Beispiele über prähistorische Raumschiffe.

»Wiedererfindung« erzählt, was sich im vierten Jahrhundert v. Chr. abgespielt haben soll:

»Während der dreißigjährigen Regierung von Kaiser Yao schwebte ein riesiges Schiff auf den Wellen des Westmeeres. Auf diesem Boot erstrahlte nachts ein starkes Licht, das bei Tagesanbruch erlosch. Einmal innerhalb von zwölf Jahren machte das Boot eine Reise durch den Raum. Daher wurde es als Mondschiff oder Sternenschiff bezeichnet.«

Die Erzählung »Wiedererfindung« vermittelte uns der große Schriftsteller Wang Jia, der unter der Jin-Dynastie lebte (256–420).

Himmelsschiffe im 13. Jahrhundert?

Eine vielleicht noch eindrucksvollere Darstellung eines solchen »Himmelsschiffes«, wobei sich die vorangegangene Beschreibung – meint jedenfalls Shi Bo – wohl auf ein von anderswo auf unseren Planeten gelangtes Raumschiff bezogen haben dürfte, überlieferte hingegen Zhao Xigu, der seinen Bericht während der Song-Dynastie (960–1279) verfaßte:

»Es gab ein großes Himmelsschiff, das von einem gewissen Yan Zun gebaut worden und während der Tang-Dynastie im Palast der Tugenden ausgestellt worden war. Das über 50 Fuß lange Schiff klang hohl, als ob es aus Eisen und Kupfer wäre, und

war gegen jegliche Art von Verfall gefeit … Es erhob sich in die Lüfte, um wieder zurückzukommen.«

Es sei bemerkenswert, schreibt hierzu Shi Bo, daß der zuvor zitierte Abschnitt die exakten Maße des Schiffes wiedergibt und auch betont, daß es aus Metall hergestellt gewesen sei und sich frei im Himmel hätte bewegen können. Wobei Shi Bo nicht vergißt, darauf hinzuweisen, daß in der alten chinesischen Literatur das Wort »Schiff« oft für Flugapparat oder auch Fluginstrument benutzt worden sei. Shi Bo's Resümee:

»Nun ist allgemein bekannt, daß weder im Jahre 400 vor Christus noch im Jahre 1279 irgendwo irgendwer auf Erden irgendein Vehikel herzustellen vermochte, das sich übers Meer durch die Luft zu bewegen vermochte. Es stellt sich die Frage: Was sollen dann die Ausdrücke ›ungeheures Schiff‹ und ›mächtiges Himmelsschiff‹ bedeuten, wenn nicht ein Fluggerät, das wir heute UFO zu nennen pflegen? Das führt zwingend zur Schlußfolgerung, daß die Autoren der beiden Bücher ein UFO aus Metall beschrieben haben, in Schiffsform (oval), das in der Lage war, sich zwischen den Sternen und Erde hin und her zu bewegen.«

Die in China bislang beobachteten fliegenden Objekte unbekannter Bauart und Herkunft können bislang in drei Gruppen eingeteilt werden:

- *Achtzig* Prozent aller UFOs erschienen als scheibenförmige Objekte.
- *Zehn* Prozent der Flugkörper waren groß und rechteckig.
- Weitere *zehn* Prozent hatten ein undefinierbares Aussehen.

Das Auftauchen fliegender Untertassen blieb aber nicht auf die Gegenwart oder jüngste Vergangenheit Chinas beschränkt. Auch in legendären Zeiten des Reiches der Mitte gab es ganz offensichtlich UFO-Erscheinungen.

Im Yüeh-Gebiet, wo sich das mächtige K'un-lun-Gebirge befindet, kursieren nach wie vor zahlreiche Sagen, in denen von mysteriösen »fliegenden Glocken« die Rede ist. Diese glockenähnlichen Flugobjekte besaßen die Fähigkeit, auf geheimnisvolle Weise aufzutauchen, um auf ebenso undurchschaubare Art wieder zu verschwinden. Zweifellos sind die Erzählungen darüber uralt, denn bereits lange vor der Verbreitung des Buddhismus und des Christentums waren Glocken in China wohlbekannt.

Das Yüeh-Gebiet hat seinen Namen von dem »göttlichen« Baumeister Yü erhalten. Er soll, weiß man zu erzählen, gegen den »neunköpfigen Drachen« gekämpft haben …

9. Frühes Wissen über Erde und Kosmos

Mag sein, daß bei manchem Leser, der die nun folgenden Zeilen dieses Buches liest, eine gewisse Verwunderung herrschen wird, wenn er erfährt, wie ungemein überlegen die Kenntnisse chinesischer Gelehrter im Altertum und Mittelalter um die Wunder der Natur auf unserem Planeten Erde sowie die Gesetze des Kosmos im allgemeinen waren gegenüber jenen engstirnigen Lehren, wie sie in jenen Zeiten in Europas sogenannten Kulturnationen – beispielsweise in Italien oder Spanien (um davon nur zwei Länder zu nennen) – unverrückbar vorgeherrscht hatten. Und weil dort diese von der mächtigen päpstlichen Inquisition im römischen Vatikan selbstverständlich zum Dogma erhobenen durch und durch pseudowissenschaftlichen Behauptungen damals natürlich absolute Gesetzeskraft besaßen, mußten sie vom naivgläubigen Volk selbstverständlich auch angenommen und geglaubt werden.

Ein Giordano Bruno erlitt deswegen den dramatischen Feuertod auf dem Scheiterhaufen, weil er zuvor im universitären Klüngel – und völlig korrekt – die von ihm wissenschaftlich begründete Meinung vertreten hatte, daß sich unsere Erde, dank kosmischer Gesetzmäßigkeit, eindeutig um die Sonne drehe – und keineswegs die Sonne um die Erde, wie dies damals als besonders gebildet geltende und durchweg in päpstlichen Gnaden stehende Kleriker zwar ahnungslos, aber umso überheblicher behaupteten. Für sie galt nämlich damals unser Planet als der eindeutig schöpferische Mittelpunkt des gesamten Universums.

Auch ein Galileo Galilei sah sich später deshalb gezwungen,

um sein Leben zu retten und einem ähnlich gnadenlosen Schicksal wie Bruno zu entgehen (was ihm dennoch nicht vor einem päpstlichen Bann bewahrte und einer langjährigen Kerkerstrafe rettete), trotz seiner zuvor anderslautenden, jedoch penibel nachgewiesenen Forschungsergebnisse, seinen Lehren vor der vatikanischen Obrigkeit in aller Öffentlichkeit abzuschwören.

Ganz anders entwickelte sich hingegen die wissenschaftliche Richtung im alten China. Dort herrschten zwar ebenfalls mächtige Männer – die als kaiserliche »Himmelssöhne« besonders verehrt wurden und ihr »Reich der Mitte« *zum Zentrum der Welt* erhoben hatten –, bei ihnen aber standen die weisen Gelehrten zu allen Zeiten in hoher Gunst.

Und während die angeblich Wissenden des westlich-europäischen Abendlandes – unsere professoralen Gelehrten – so naive Vorstellungen über die Struktur des Universums von sich gaben, wie etwa die damals autoritär verkündete, uns modernen Menschen so unglaublich naiv wirkende Anschauung, die Erde sei nichts weiter als eine riesige Scheibe, über die sich der Himmelsdom spanne, wo die Sonne morgens am östlichen Horizont aufgehe, um über das Firmament zu wandern und abends wieder im Westen zu versinken, und die nächtlich am Himmel blinkenden Sterne nichts weiter *»als Löcher in der Himmelsdecke, durch die das Licht des Paradieses schimmere«*, erkennen wir heute überrascht, wie fortgeschritten damals, vor vielen Jahrtausenden, die altchinesische Wissenschaft bereits gewesen war.

Zu Zeit der Sung-Dynastie (420–479 v. Chr.) wußte der Philosoph Teng Mu offenbar bereits Bescheid über die Struktur des Universums und über den Aufbau des Weltalls. Musisch verbrämt, verbreitete er seine klugen Gedanken:

»Der leere Raum ist wie ein Königreich, und Himmel und Erde sind nichts weiter als einzelne Menschen innerhalb des Königreiches. An einem Baum befinden sich Früchte, und in einem Königreich leben viele Menschen. Wie unvernünftig wäre es, wenn man annähme, daß es neben Himmel und Erde keine weiteren Himmel und keine weiteren Erden geben könnte.«

Für Teng Mu war es also schon zu seiner Zeit völlig klar, daß wir Menschen nicht die einzigen intelligenten Lebewesen im Kosmos seien, sondern daß dieses Universum die Heimstatt vieler Zivilisationen sein muß. Ebenso sicher betrachtete er auch nicht unsere Erde als den einzigen bewohnten Planet im weiten All, sondern setzte selbstverständlich voraus, daß es noch viele andere Gestirne gäbe, auf denen Leben – und zwar natürlich *intelligentes* Leben – existiere.

Teng Mu war damals keineswegs der einzige schon weit über den »Tellerrand« blickende Weise. Bereits 2600 Jahre v. Chr. erkannte der Gelehrte Chi-Po treffsicher, die Erde sei von kugelförmiger Gestalt und schwebe schwerelos im Raum.

Und auch Chang Heng, dieser einfallsreiche Wissenschaftler, dessen Kreativität und Schaffenskraft wir bereits im 2. Kapitel des Buches »Geniale Erfinder« kennengelernt haben – er lebte von 78 bis 139 n. Chr. –, war sich einer Sache gewiß, die unsere modernen Astronomen und Weltraumforscher erst in jüngerer Zeit zu erkennen vermochten: Chang Heng verglich unseren Planeten in seinem Aussehen nämlich nicht mit einer Kugel, sondern mit einem Ei. Seine Achse deute nämlich auf den Polarstern. Wodurch sich für uns unweigerlich die Frage erhebt, *woher* der Chinese seine universelle Kenntnis gehabt haben könnte. Teleskope oder gar Satelliten hat es doch damals, so weit wir das heute wissen, bestimmt noch nicht gegeben. Oder sollten sich manche Dinge im einstigen Reich der Mitte bei den dort herrschenden Himmelssöhnen vielleicht doch etwas anders verhalten haben?

Chang Heng scheint auch das heliozentrische Weltbild richtig erkannt zu haben. Seine uns überlieferten kosmologischen Gedanken zeigen deutlich verblüffende Gleichklänge mit unserem heutigen Wissensstand. In seinem Weltbild gab es keinen Platz für »kristallene Sphären«, an die in Europa im frühen Mittelalter geglaubt wurde. Chang Heng wußte genauestens Bescheid über die Sonnen- und Mondfinsternis. Die Mondphasen wurden von ihm folgendermaßen und völlig korrekt beschrieben:

»Die Sonne gleicht dem Feuer und der Mond dem Wasser. Das Feuer strahlt Licht aus, das Wasser reflektiert es. Also wird die Helligkeit des Mondes durch die Sonnenstrahlen hervorgerufen; er ist dort dunkel, wo sie ihn nicht treffen. Die der Sonne zugewandte Seite ist gänzlich beleuchtet, die abgewandte Seite ist dunkel. Das von der Sonne ausgestrahlte Licht erreicht nicht immer den Mond, da die Erde dazwischentreten kann – das wird dann Mondfinsternis genannt. Wenn das gleiche mit einem Planeten geschieht, nennen wir es eine Bedeckung. Bewegt sich der Mond durch die Sonnenstrahlen, dann entsteht eine Sonnenfinsternis.«

Rund einhundert Jahre vor Christi Geburt schrieb Chi Meng in seinem Werk »Hsuan Yeh«, die blaue Farbe des Himmels sei auf eine optische Täuschung zurückzuführen. Für ihn stünde fest, daß Sonne, Mond und Sterne frei im leeren Raum schwebten und nicht – wie unsere neunmalklugen Altvorderen meinten – am Himmelszelt befestigt worden seien.

Der Aufbau des Kosmos und sein Entstehen war altchinesischen Wissenschaftlern offenbar nichts Fremdes. Sowohl im Buch »Huai Nan Tzu« (120 v. Chr.) als auch in der Schriftquelle »Lung Hang« (82 n. Chr.) wird in durchaus modern anmutenden Gedankengängen der universelle Schöpfungsvorgang wiedergegeben. Demnach seien die Welten einst aus verdichteten Wirbeln der Urmasse entstanden. Diese Beschreibung entspricht völlig unserer heutigen Anschauung über die Bildung von Milchstraßensystemen. Woher aber wurde Chinas prähistorischen Gelehrten diese Gedankenkombination zugänglich? Betrieben sie bereits damals praktizierte Wissenschaft? Hatten sie am Ende Zugang zu noch älterem Quellenmaterial untergegangener, hochtechnisierter Zivilisationen? Wurden sie womöglich sogar *außerirdisch* beeinflußt?

Solche Fragen stellen sich nicht aus bloßer Effekthascherei. Es muß in unserer Gegenwart einfach verwundern, wenn ein gewisser Hou-Yih, der auch unter dem Namen Chiand Tzu-Yu legendären Ruf besitzt und als der »technische Berater« des urzeitlichen, uns inzwischen wohlbekannten Kaisers Yao hervortrat, bereits vor 4000 Jahren das Aussehen der Mondoberfläche exakt mit »öde, kalt und glasartig« zu beschreiben wußte, was im übrigen ziemlich genau mit den Beobachtungen unserer neuzeitlichen US-Mondastronauten übereinstimmte.

Hou-Yih war mit Chang Ngo verheiratet, die sich ebenfalls wissenschaftlich betätigte. Nach einer rund 4300 Jahren alten Überlieferung soll diese initiative Frau schließlich selbst ein Raumschiff bestiegen haben, um ihrem Ehemann, der sich damals auf den Mond zurückgezogen hatte, nachzufolgen. Chang Ngo beschrieb den Erdtrabanten als *»leuchtende, wie Glas schimmernde Kugel von gewaltiger Größe und beträchtlicher Kälte«.* Für sie war es auch völlig klar, daß das Licht des Mondes *»in der Sonne geboren«* werde. Eine Aussage, der nichts mehr hinzuzufügen ist.

Warum lesen wir im »Shu-king«, dem berühmten Buch der Urkunden, folgende Passage und welche tiefere Bedeutung ist ihr zueigen?

»Als der Kaiser bei den Menschen nicht mehr die geringste Spur von Tugend wahrnahm, befahl er Chong und Li jede Verbindung zwischen Himmel und Erde abzubrechen. Seitdem gibt es keine Abstiege und Aufstiege mehr.«

Sollte es in China, in weit zurückliegenden Epochen, tatsächlich bereits Kontakte mit dem Kosmos und fremden extraterrestrischen Intelligenzen gegeben haben?

Die Antwort hierzu muß sich jeder Leser selber geben …

Götter-Kartographen im alten China

Wie in fast allen Ländern der Erde gibt es natürlich auch in der Volksrepublik China eine Reihe von hervorragenden Kartographen, die es sich angelegen sein lassen, sämtliche Regionen und Provinzen des über eine Milliarde Einwohner zählenden Staates geographisch zu erfassen und auf den entsprechenden Landkarten wiederzugeben. Derartige Aufgaben lassen sich heutzutage um so präziser lösen, als die hierfür zuständigen Fachleute inzwischen auch auf Hilfsmittel zurückzugreifen vermögen, die in früheren Zeiten nicht zur Verfügung standen: Bei diesen modernen Möglichkeiten handelt es sich beispielsweise um Luftaufnahmen mittels Flugzeug, durch welche die gesamte Landschaft überblicksartig erfaßt und entsprechend genau von den Kartographen zeichnerisch festgehalten werden kann.

Noch perfekter freilich funktioniert diese Methode, wenn man daran geht, das betreffende Gebiet mittels Satelliten aus dem Weltraum zu fotografieren, um es dann entsprechend genau auf Landkarten darstellen zu können.

Während unserer gemeinsamen Entdeckungsreise quer durch China, 1994, wurden wir, mein Partner und Co-Autor Hartwig Hausdorf und ich, allerdings mit einem archäologischen Fund konfrontiert, für den man lediglich eine einzige Bezeichnung wählen kann, die hierfür absolut angebracht ist: *sensationell*!

Lassen Sie mich, lieber Leser, aber zuvor berichten, wie es zu dieser Entdeckung gekommen ist.

Wulipai ist ein östlicher Randbezirk von Changsha, der Provinzhauptstadt von Hunan. Dorthin hatte uns beide – nach unserem leider nicht so ganz erfolgreichen Aufenthalt am Dongting-See – die Reiseroute geführt. Wir planten, in Changsha das städtische *Hunan-Museum* aufzusuchen, um hierorts eine historische Sehenswürdigkeit, von der wir bereits in Europa gehört und gelesen hatten, endlich auch persönlich in Augenschein nehmen zu können.

Daß dies inzwischen auch für die daran interessierte chinesische Allgemeinheit möglich wurde, muß – so makaber dies heute auch klingen mag – ausschließlich bestimmten militärischen Aktionen der sogenannten Volksbefreiungsarmee zugeschrieben werden, die natürlich ursprünglich nicht das geringste mit archäologischer Forschung zu tun gehabt hatten, schließlich aber zu jener Entdeckung führten, die vor allem kartographisch geradezu unglaublich anmutet.

Es war Anfang Januar 1972, und wieder einmal entzweite der

Kalte Krieg zwischen den Mächten des Westens und jenen des Kommunismus im Osten auch die übrige Welt. Auch Politik und Tagesgeschehen waren von dieser kritischen Situation betroffen. Im Vietnamkrieg bemühten sich amerikanische Soldaten vergeblich, die im Dschungel verborgen agierenden nordvietnamesischen Rebellen aus Südvietnam zurückzudrängen, und im Hintergrund drohte den USA jetzt auch ein militärisches Eingreifen der Volksrepublik China, die bereit schien, das rot-vietnamesische Regime nicht nur ideologisch zu unterstützen, falls sich die Kämpfe in Indochina noch weiter nach Norden verlagern sollten.

Eine Pionierabteilung der Volksbefreiungsarmee hatte sich deshalb in Changsha daran gemacht, am Fuße des Ma Wang Dui einen Stollen in den Hügel zu treiben. Es bestand der Plan, darin ein unterirdisches Militärlazarett einzurichten. Aber die Bohrungen erfuhren eine unvorhergesehene Unterbrechung: Etwa zehn Meter im Berginnern ereignete sich ein plötzlicher Erdrutsch, der die Arbeiten zum vorläufigen Stillstand brachte. Hingegen stießen die Pioniere auf eine weißliche Substanz, die sich bei näherer Prüfung als eine Art von Tonerde herausstellte, die aber hierorts normalerweise nicht vorkam. Unversehens war man auf eine bislang unentdeckte Grabanlage gestoßen.

Da an ein Weiterbohren zur Errichtung des unterirdischen Notlazaretts in der Folge nicht mehr gedacht werden konnte, entschloß man sich, eilends Archäologen aus dem nahe liegenden *Hunan-Museum* herbeizurufen.

Nur wenige Tage nach dieser eher zufälligen Entdeckung – und zwar am 16. Januar – wurde die später als »Grab Nr. 1« bezeichnete Begräbnisstätte im östlichen Abschnitt des Hügels freigelegt. Aber es sollten noch weitere drei Monate vergehen, bis sämtliche Ausgrabungen im Berginnern am 28. April 1972 abgeschlossen waren.

»Grab Nr. 2« entdeckte man im westlichen Teil des Hügels, während das »Grab Nr. 3« erst zu einem späteren Zeitpunkt gefunden werden konnte.

In sämtlichen drei Gräbern wurden wertvolle Funde sichergestellt, doch erst zwanzig Jahre später offenbarte sich die eigentliche Bedeutung vieler dieser Grabbeigaben.

In der zentralen Kammer des ersten Grabes stießen die chinesischen Archäologen überraschend auf die Konstruktion von vier ineinander verschachtelten Sarkophagen, deren innerster Sarg die noch völlig intakte Mumie einer Frau enthielt, die offenbar konserviert worden war: Sie schwamm nämlich in einer etwa 80 Liter umfassenden gelblichen Flüssigkeit, deren chemische Zusammensetzung im übrigen bis dato nicht herausgefunden werden konnte.

Die Verstorbene war 1,54 Meter groß, außergewöhnlich gut erhalten, und ihr mumifizierter Körper wog zum Zeitpunkt der Entdeckung 34,3 Kilogramm. Wem auch immer es gelungen war, den Leichnam für die Nachwelt in diesem geradezu perfekten Zustand zu erhalten, mußte über bemerkenswerte wissenschaftliche Kenntnisse verfügt haben. Zellstruktur und innere Organe waren, von ihrem Aufbau her, nach wie vor in einem hervorragenden Zustand. Das ergab jedenfalls eine an der medizinischen Fakultät in Changsha vorgenommene Autopsie. So hatte sich der gelbliche Teint der Haut nicht verfärbt, und auch die Muskeln der mumifizierten Leiche waren vollkommen elastisch geblieben. Die mit der Untersuchung beauftragte Ärzteschaft sprach später von einem »Wunder«, daß diese Mumie die Zeiten so unbeschadet zu überstehen vermochte.

Es bleibt eine Tatsache, daß die hier angewandte Technik der Konservierung als beispiellos bezeichnet werden muß. Und dies nicht nur in diesem Teil der Welt. Selbst in Ägypten fand man bisher keine so wunderbar erhaltene Mumie – im Gegenteil: So mancher dort einbalsamierte Tote war längst zu einem Wrack verfallen, und lediglich die Bandagen hatten dessen ungefährem körperlichen Aussehen annähernd die Form erhalten.

Bei der Toten von Ma Wang Dui, so fanden die Archäologen schließlich heraus, handelte es sich um Xin Zhui, die 168 v. Chr. (also vor fast 2170 Jahren) verstarb und mit Li Chang, einem hohe Adeligen aus dem Volk der Thai, verheiratet gewesen war.

Ihr Mann hatte während der Periode der westlichen Han-Dynastie das einflußreiche Amt eines Premierministers im Hofstaat des Prinzen von Changsha bekleidet.

Auch wenn im alten China die Mumifizierung keine Selbstverständlichkeit war, so ist Xin Zhuis Mumie weder die einzige noch die älteste dort gefundene. Weitaus mehr Jahre auf dem Buckel trägt die »Junge Lady von Loulan«, deren Mumie 1981 in der Provinz Xinjiang entdeckt worden war. Das Alter der Verstorbenen wird von Archäologen auf etwa 6400 Jahre geschätzt, womit sich die Tote durchaus mit den ältesten Mumien Ägyptens messen kann.

Ist sie unter Umständen sogar die älteste Mumie der Welt? Von manchen Experten wird die »Junge Lady von Loulan« jedenfalls dafür gehalten.

Auch Xin Zhui war zu ihrer Zeit eine hochrangige Persönlichkeit. Somit kann es nicht verwundern, daß man ihr, die im Alter von ungefähr 50 Jahren verstorben war, reichhaltige und kostbare Grabbeigaben in den Sarkophag gelegt hatte.

Was man sonst alles an Wertgegenständen im »Grab Nr. 1« und den beiden anderen Begräbnisstätten aufzufinden vermochte, sprengt den Rahmen unserer landläufigen Vorstellungen. Und auch unser Geschichtsbild muß aus diesem Grund wohl weitgehend korrigiert werden. So entdeckte man in Ma Wang Dui nicht weniger als zehn Bücher über Medizin, die durchaus in der Lage sind, den außerordentlich hohen Stand der Heilkunst im alten China zu beweisen.

Auch wenn unsere Gelehrten oft und gerne zu der Ansicht neigen, wonach etwa die Chirurgie erst in der westlichen Medizin der Neuzeit ihren heutigen Stellenwert erhalten habe, die traditionelle chinesische Heilkunst sich hingegen hauptsächlich auf die Herstellung von Medikamenten beschränkt hätte, so kann dieser Behauptung guten Gewissens widersprochen werden: Die in Ma Wang Dui aufgefundenen Werke beweisen nämlich nachdrücklichst, daß bereits vor mehr als zweitausend Jahren in der chinesischen Medizin ebenso komplizierte chirurgische Handlungen vorgenommen werden konnten, wie dies auch heute geschieht.

In dem Buch »Beschreibungen von 52 Krankheiten« findet man beispielsweise präzise Anweisungen für den Ablauf von auch schwerwiegenderen Operationen: etwa die Entfernung eines Tumors und manch andere schwierige Eingriffe.

Auch das Buch »Über die elf Arten des Pulses an Armen und Beinen« stellt ein exaktes Kompendium der angewandten Diagnostik dar. Darin werden die genauen Symptome einer in vielen Fällen tödlich verlaufenden Gefäßkrankheit angeführt, die der deutsche Pathologe Ludwig Traube erstmals 1872 zu beschreiben und zu kommentieren vermochte.

Woher wurde den altchinesischen Ärzten jene medizinischen Kenntnisse zuteil, die sie in ihren in Ma Wang Dui aufgefundenen Fachwerken der Nachwelt weitergaben? Derartige Erkenntnisse können auch vor 2100 Jahren nicht ad hoc in den kleinen grauen Zellen dieser Mediziner entstanden sein. Welche älteren Quellen hatten sie damals »angezapft«? Tatsache ist jedenfalls, daß unsere westliche Medizin viele hier zuvor genannten Fakten erst im ausgehenden 19. und dem beginnenden 20. Jahrhundert entdecken konnte.

Aber die phänomenalen Kenntnisse der alten Chinesen beschränkten sich keineswegs allein auf die Medizin. Auch in der Astronomie waren sie schon vor Jahrtausenden federführend.

Dieses Wissen um die Kenntnisse aus jener Zeit ist einem weiteren aufsehenerregenden Fund im »Grab Nr. 3« zu verdanken: dem darin aufgefundenen Manuskript »Umläufe von fünf Planeten«. Hierbei handelt es sich um eine auf Seide verewigte Beschreibung der Umlaufzeiten von den fünf Planeten Merkur, Venus, Mars, Jupiter und Saturn um unser Zentralgestirn. Verzeichnet sind in diesem Manuskript die relativen Positionen der Planeten Venus, Jupiter und Saturn zueinander für den Zeitraum von 246 bis 177 v. Chr. Besondere Aufmerksamkeit widmete man den Bahndaten unseres Nachbarplaneten Venus. Die Dauer eines synodischen Umlaufes – das ist das Zeitintervall, in welchem der Planet dieselbe relativ zur Sonne gesehene Position wieder einnimmt – wurde hier mit 584,4 Tagen angegeben. Dieser Wert differiert nur um 0,48 Tage zu dem von heutigen Astronomen errechneten synodischen Umlauf von 583,92 Tagen.

Der Inhalt dieser phänomenalen Aufzeichnungen wird den Astronomen *Gan De* und *Shi Shen* zugeordnet, zwei genialen Wissenschaftlern aus der unruhigen Periode der »rivalisierenden Staaten« (472–221 v. Chr.). Dieses Manuskript mit den darin wiedergegebenen akribischen Beschreibungen der Planetenbewegungen gilt in China als eine der ältesten astronomischen Aufzeichnungen der Welt. Sind derart epochale Erkenntnisse »lokalbezogen« allein auf Bewohner dieses Planeten zurückzuführen, oder war hierfür der *universelle* Einfluß chinesischer »Drachengötter« ausschlaggebend?

Eine topographische Landkarte

Aber das war noch längst nicht der Höhepunkt an sensationellen Artefakten, die in der Grabanlage von Ma Wang Dui aufgefunden werden konnten. Bereits früher hatte uns Professor Wang Shiping, den wir erstmals im Historischen Museum von Xian angetroffen hatten, auf eine Entdeckung hingewiesen, die seinerzeit auch unter seinen Kollegen für beträchtliches Aufsehen gesorgt hatte. Es handelt sich hierbei um eine topographische Landkarte, 96 mal 96 Zentimeter im Quadrat und auf feiner Seide dargestellt. Darauf sind die Regionen der aneinandergrenzenden Provinzen Guangxi, Guangdong und Hunan abgebildet. Insgesamt erstreckt sich diese Karte vom Distrikt Daoxian in der Provinz Hunan über das Tal des Xiao-Flusses bis zum Gebiet rund um die Stadt Nanhai in der Provinz Guangdong. Besonders verblüfft das im Maßstab 1:180 000 gehaltene Kartenwerk durch seine hohe Genauigkeit.

Professor Wang Shiping überraschte aber schon in Xian (als wir die in Ma Wang Dui aufgefundene Landkarte noch längst nicht zu Gesicht bekommen hatten) mit einer Einschätzung, auf die wir – wissenschaftliche Laien – in keiner Weise vorbereitet gewesen waren. Auf ihn mache dieses archäologische Fundstück den unbestreitbaren Eindruck einer aus großer Höhe aufgenommenen topographischen Erfassung. Wörtlich ließ er sich zu der riskant klingenden Aussage hinreißen: *»Wenn es nicht so phantastisch klingen würde, müßte man sagen, das Vorbild für diese Karte ist eine Satellitenaufnahme, die vor Jahrtausenden von einem fremden Satelliten aus dem Erdorbit gemacht worden ist.«*

Und wirklich: Zieht man hierfür eine vergleichbare, etwa vom *NASA-LANDSAT* aus vorgenommene, moderne Aufnahme heran, dann verblüffen die darauf sichtbaren landschaftlichen Parallelen. So die Wiedergabe von Flüssen und vieler anderer Details. Selbst ausgetrocknete Wasserläufe sind auf dieser phantastischen Karte in Form einer blasseren, sich aber vom Grundton unterscheidenden Farbe zu erkennen. All dies erinnert sehr an die nur bei der Kartographie aus großen Höhen gegebenen Möglichkeit, auch Einzelheiten zu erfassen, die sich dem Betrachter auf der Erde entziehen.

Auf diese Weise gelang es den Archäologen, Entdeckungen zu machen, die der Erdboden sowie die Vegetation längst verschlungen hatte. Erst durch die Luftaufnahmen konnten sie als blasse Umrisse wieder sichtbar gemacht werden. Die Gegenüberstellung beider Kartographien führt jede falls dazu, nachdenklich zu werden.

Unser auch ungewöhnlicheren Blickrichtungen aufgeschlossener Gastgeber in Xian gab denn auch unumwunden zu, daß es eben mehr Dinge zwischen Himmel und Erde gäbe, als sich die Wissenschaft zu erklären vermag. Professor Wang Shiping hat hierfür den durchaus passenden Ausdruck »heimliche Kultur« geprägt.

Eine von ihm gewählte, durchaus passende Umschreibung für die in frühester Zeit von den »Drachengöttern« den Menschen in China gewährte »Entwicklungshilfe«.

Professor Wang Shiping neigt im übrigen zu der Annahme,

wonach diese aus dem »Grab Nr. 3« stammende topographische Landkarte *nur einen Bruchteil* einer *gesamtkartographischen* Erfassung Chinas aus seiner vorgeschichtlichen Epoche darstellt.

Ist dies ein weiterer Hinweis für unsere Annahme, daß es bereits damals zu einer Kartierung unserer Erde durch raumfahrende, außerirdische Intelligenzen gekommen ist? Wofür auch die berühmten Weltkarten des türkischen Admirals Piri Reis als zielführendes Indiz dienen könnten.

Die Gegenüberstellung dieser etwa 2100 Jahre alten Landkarte mit einer modernen Satellitenaufnahme (beides ist im Bildteil des Buches dokumentiert), scheint tatsächlich provokant. Keineswegs behaupte ich hier, daß es sich bei dieser Grabbeigabe um ein Weltraumfoto gehandelt habe. So etwas wäre völlig absurd. Denkbar wäre hingegen, daß eine einst existente Satellitenaufnahme dieser Karte als Vorbild diente und später vielleicht kopiert und immer wieder kopiert worden sei. Wurden die Originale hierzu vor Tausenden von Jahren durch Raumfahrer aus fremden Galaxien angefertigt, nachdem sie unseren Planeten mit ihren Satelliten mehrmals umrundet hatten?

Was mich und meinen Co-Autor Hartwig Hausdorf im März 1994 in Chinas »verbotene Zonen« geführt und dort unter anderem mit jenem besonderen, weit mehr als zweitausendjährigen archäologischen Fund beeindruckt hatte – eine einstmals offenbar von »Götter-Kartographen« angefertigte Landkarte – hat inzwischen jedoch eine weitere Steigerung erfahren. Sobald hierfür endgültige und auch wissenschaftlich unwiderlegbare Beweise vorliegen sollten, wird dies dazu führen, dem Werdegang unseres Planeten einer gründlichen Revision zu unterziehen. Und dann muß wohl auch die Geschichte der Menschheit neu geschrieben werden.

Intelligente Menschen vor 120 Millionen Jahren?

Diese in Aussicht stehende historische Korrektur würde nichts weniger besagen, als daß es *intelligente* Menschen, also unsere Urahnen, bereits vor mindestens 120 Millionen Jahren gegeben hat. Das ist keine leere Behauptung, sondern beweist sich anhand eines ungewöhnlichen Fundes, der vor gar nicht so langer Zeit in der südlichen Uralregion der russischen Republik Baschkortostan gemacht werden konnte: Ein rätselhaftes Artefakt – eine tonnenschwere Steintafel. Darauf befindet sich eine dreidimensionale Landkarte der betreffenden Region. Nach einer genauen Untersuchung des Materials sowie des darauf wiedergegebenen Gebietes sind die damit befaßten Wissenschaftler sicher, daß diese steinerne Karte vor mindestens 120 Millionen Jahren entstanden sein dürfte und es sich bei diesen prähistorischen Kartographen um Angehörige einer fortschrittlichen Hochzivilisation gehandelt haben muß.

Die Entdeckung ist in erster Linie dem russische Mathematiker und Physiker Alexander Chuvyrov von der Baschkirischen Staatsuniversität zu verdanken. Eher zufällig stieß der Wissenschaftler vor einigen Jahren im Archiv des Generalgouverneurs der Stadt Ufa auf mehrere Notizen aus dem 18. Jahrhundert. Darin war von etwa 200 außergewöhnlichen Steintafeln die Rede, die bereits im 17. und 18. Jahrhundert von russischen Forschungsreisenden aufgefunden worden sein sollen. Es heißt, daß die »weißen Tafeln« mit seltsamen Runen beschriftet gewesen sein sollen.

Ihre Existenz wurde inzwischen durch Forschungsberichte des Archäologen A. Schmidt bestätigt, der jene Region südlich des Ural Anfang des 20. Jahrhunderts bereist und dabei die weißen Tafeln ebenfalls zu Gesicht bekommen hatte. Danach geriet der außerordentliche Fund wieder in Vergessenheit und wäre es wahrscheinlich auch weiterhin geblieben, wenn sich Professor Chuvyrov seit 1995 nicht einem Forschungsgebiet zugewandt hätte, das ganz und gar nicht seiner eigentlichen

Fachrichtung als Mathematiker und Physiker entsprach. Er betätigte sich vielmehr mit umso größerer Ambition als Altertumsforscher und vertrat in der Folge die Theorie, daß in prähistorischen Zeiten Völker aus China nach Sibirien sowie ins Uralgebiet eingewandert seien und sich dort angesiedelt hätten.

Gemeinsam mit seiner Assistentin Huan Hong, einer postgraduierten Studentin aus China, begab sich der Gelehrte in den folgenden Jahren auf die Suche nach möglichen Beweisen für seine Theorie.

Nicht vergeblich. Denn im Verlauf mehrerer Expeditionen in dieses Gebiet entdeckte Chuvyrov eine Reihe von Höhlenzeichnungen mit eindeutig altchinesischen Schriftzeichen. Inzwischen konnten die Runen entschlüsselt werden. Sie bestätigten den Verdacht des Wissenschaftlers von der Existenz einer frühen Kultur. Die Texte auf den Höhlenzeichnungen enthielten jedoch keine besonderen Mitteilungen und handelten in der Regel von vormaligen Handelsbeziehungen sowie seinerzeit registrierten Eheschließungen und Todesfällen.

Den Russen Chuvyrov ließen die im Archiv gefundenen Berichte über die geheimnisvollen weißen Tafeln nicht mehr ruhen. Er wollte deren Rätsel unbedingt lösen. Kurzentschlossen charterte er einen Helikopter und begann die gesamte Gegend nach den mysteriösen Artefakten abzusuchen. Es vermochte jedoch keine Spur von den Tafeln zu entdecken. Als er schon glaubte, lediglich einem wahrheitswidrigen Gerücht aufgesessen zu sein, war ihm das Glück des Forschers endlich hold.

Einer seiner Wege führte Professor Chuvyrov in das Dorf Chandar, wo er den früheren Vorsitzenden des örtlichen Landschaftsrates, Vladimir Krainov, kennenlernte. Dieser fragte ihn, ob er womöglich auf der Suche nach Steintafeln sei, und als der Wissenschaftler dies bejahte, eröffnete ihm sein Gastgeber: »Ich habe eine davon auf meinem Hof.«

Chuvyrov war darüber dermaßen verblüfft, daß er dieses Zugeständnis zunächst nicht allzu ernst nahm. Um aber Krainov nicht vor den Kopf zu stoßen, nahm er schließlich dessen Einladung an, ihn zu besuchen. Zudem wollte er sich selbst davon überzeugen, ob die Behauptung ernst zu nehmen war.

»Dieses Datum werde ich bestimmt nie mehr vergessen«, gesteht Professor Chuvyrov heute freimütig ein. »Es war der 21. Juli 1999.« Zunächst wollte er seinen Augen nicht trauen, aber dann gewahrte er unter der Veranda von Krainovs Wohnhaus tatsächlich eine aus dem Erdreich herausragende, gewaltige Steinplatte, auf der zahlreiche Einkerbungen zu sehen waren. Sie ihrer Größe wegen auszugraben, hätte jedoch die Kräfte beider Männer beträchtlich überfordert. Erst nach einer weiteren Woche kamen die von Chuvyrov aus Ufa angeforderte Verstärkung, mit deren Hilfe es nunmehr gelang, den riesigen Stein auszugraben und mit dann Hilfe von eigens dafür angefertigten Holzrollen vorsichtig aus dem Erdreich herauszuziehen.

Für Alexander Chuvyrov wurde es der Fund seines Lebens. Er nannte ihn zu Ehren seiner kleinen Enkeltochter, die gerade tags zuvor auf die Welt gekommen war: »Daschkin kamen« – zu Deutsch: Daschkas Stein.

Der Fund seines Lebens

Die Steinplatte ist 1,48 Meter lang, 1,06 Meter breit, 16 Zentimeter dick und etwa eine Tonne schwer. Ihre gesamte Oberfläche ist mit einer großen Anzahl von reliefartigen Linien überzogen, bei welchen Professor Chuvyrov mit dem geübten Auge des Wissenschaftlers sofort erkannte, daß es sich dabei keineswegs um eine natürlich entstandene Gesteinsformation handeln konnte. Ganz im Gegenteil. Die Platte war irgendwann in vergangenen Zeiten regelrecht bearbeitet worden. Und der Altertumsforscher glaubte sich auch nicht zu täuschen, das auf dem Steinkoloß Dargestellte als Landkarte identifizieren zu können. Allerdings schien es sich dabei nicht, wie anderwärtig oft gesehen, um einen primitiv in die Oberfläche des Steins geritzten Lageplan zu handeln, sondern um eine geradezu sensationelle, absolut hochwertige *dreidimensionale* Reliefwiedergabe.

Gemeinsam mit Kollegen der Baschkirischen Staatsuniversität, die der Wissenschaftler über seinen außergewöhnlichen Fund informiert hatte, versuchte Professor Chuvyrov herauszufinden, welche Region dieses Relief zeigte. Relativ rasch gelangte man zu einem Ergebnis, zeigte es sich doch, daß einer der Plattenränder offensichtlich die Gegend um die heutige Stadt Ufa darstellen sollte. Das bewiesen die eingeritzten, deutlich erkennbaren Hügelketten, die sich seit Millionen von Jahren geologisch kaum verändert hatten.

Das Alter der Steintafel wurde von den Forschern zunächst auf höchstens einige tausend Jahre geschätzt. Chuvyrov wunderte sich allerdings, auf ihr eine so fein gearbeitete Reliefdarstellung zu sehen und nicht die üblichen Nachbildungen von Mammuts, Hirschen und anderen prähistorischen Tieren. Aber die nächste, gänzlich unerwartete Überraschung sollte noch folgen: Zeigte doch die Karte einen südlich von Ufa, in Richtung des heutigen Sterlitamak, dargestellten (in dieser Form jedoch nicht mehr existenten) Canyon. Geologische Recherchen des Professors ergaben, daß es dort – in erdgeschichtlich längeren Zeiträumen durch die Tektonik der Erdkruste – offensichtlich einige Verschiebungen gegeben hat. Diese überraschende Erkenntnis veranlaßten Chuvyrov, gemeinsam mit wissenschaftlich geschulten Kollegen einen Arbeitsstab zu bilden: Kartographen, Geologen, Physiker, Mathematiker, Chemiker sowie Kenner der altchinesischen Sprache waren nunmehr bestrebt, das Rätsel des verschwundenen Canyons zu lösen. Die gemeinsamen Anstrengungen führten schließlich zu einem befriedigenden Ergebnis: Es gelang, den früheren Standort des Canyon zu bestimmen: Er befand sich im heutigen Bett des Urshak-Flusses.

Da sämtliche Darstellungen auf der steinernen Karte exakt ausgeführt waren, mußten die Forscher um Professor Chuvyrov davon ausgehen, sie seien zu einer Zeit angefertigt worden, als der Canyon tatsächlich noch von Ufa aus in Richtung Sterlitamak verlaufen war. Was nur eines bedeuten konnte: »Daschkas Stein« besaß ein tatsächliches Alter von *vielen Millionen Jahren*!

Dieser epochalen Erkenntnis folgte schon bald die nächste. Relativ rasch konnten auch die weiteren auf der Karte verzeichneten Details nachgewiesen und treffsicher identifiziert werden. Auf diese Weise ergab sich eine exakte, maßstabgetreue sowie dreidimensionale Reliefdarstellung der Region Baschkortostan mit den Flüssen Bjelaja, Ufimka und Sutolka. Sie umfaßte das gesamte Gebiet bis hinunter zur Stadt Salawat. Die Landschaft selbst glich der eines früheren Erdzeitalters.

Für die mit der Untersuchung befaßten Wissenschaftler war dies ein Anstoß, den Stein genauer in Augenschein zu nehmen. Noch hielt man es für möglich, einer Laune der Natur aufgesessen zu sein. Hatten sich die Forscher von einer überraschenden Ähnlichkeit der Oberflächenstruktur mit dem Relief der Region täuschen lassen?

Keineswegs, wie sich bald herausstellte. Es zeigte sich nämlich, daß der Stein nicht nur eindeutig *künstlich* bearbeitet worden war, sondern auf ein technisches Know-how zurückgeführt werden mußte, wie dies nur einer Hochzivilisation möglich gewesen wäre. Bei »Daschkas Stein« handelte es sich nämlich nicht um einen x-beliebigen Stein, vielmehr bestand der Fund aus drei höchst unterschiedlichen Schichten, von denen zwei künstlich aufgetragen waren.

Die unterste etwa 14 Zentimeter dicke Schicht entpuppte sich als eine natürliche Steinplatte und besteht aus hartem Dolomitengestein. Die darüber befindliche Schicht aus Diopsidglas ist dagegen bloß zwei Zentimeter stark. Allerdings wissen wir über die Technik, mit deren Hilfe sie seinerzeit aufgetragen worden war, bis heute nicht Bescheid. Diese Glasschicht diente als Grundlage für das eigentliche Relief. Darüber legte man noch eine knapp zwei Millimeter dicke weiße Schicht aus Calcium-Porzellan. Sie war anscheinend dafür angefertigt worden, um die empfindliche Oberfläche stoß- und schlagfest zu machen und dem Stein das charakteristische Aussehen zu verleihen.

Diesbezüglich geäußerte Zweifel verschiedener Skeptiker, weshalb es einer Hochzivilisation, die es angeblich verstanden haben soll, jene außergewöhnliche 3D-Reliefkarte herzustellen, bloß möglich gewesen war, ihr Kunstwerk in eine gewöhnliche Steintafel zu ritzen (obwohl den alten Chinesen und Ägyptern – und das schon *vor* Christi Geburt – der Gebrauch von Papier längst geläufig war), versuchte das Berliner Autorengespann Grazyna Fosar und Franz Bludorf (»Gottes Landkarte«) wie folgt plausibel zu beantworten:

- *Wir wissen nicht, was für Technologien eine mögliche Hochkultur in so ferner Vergangenheit im einzelnen benutzt haben mag. Tatsache ist jedoch, daß die einzigen Artefakte, die überhaupt eine Chance hätten, nach so langer Zeit noch gefunden zu werden, aus Stein sein müßten.*
- *»Daschkas Stein« ist keineswegs das Werk primitiver Steinzeitmenschen, die mit Faustkeilen aus Feuerstein irgend etwas in eine Steinplatte ritzten, sondern eine technische Leistung der Sonderklasse. Durch Röntgenaufnahmen kann man beweisen, daß für die Ausarbeitung des Reliefs hochentwickelte Präzisionswerkzeuge notwendig waren.*

Professor Chuvyrov und seine Mitarbeiter entdeckten auf der Tafel auch zahlreiche unbekannte Schriftzeichen. Da diese *vertikal* angeordnet waren, vermuteten die Forscher zunächst, sie dem Altchinesisch zuordnen zu können, weil diese Sprache noch bis zum 3. Jahrhundert v. Chr. benutzt worden war. Sehr schnell stellte sich jedoch heraus, daß diese Vermutung in keiner Weise zutraf. Chuvyrov war nämlich von den chinesischen Behörden die Erlaubnis erteilt worden, sich insgesamt 40 Minuten in der Staatsbibliothek in Peking aufzuhalten, um dort in der Kürze der Zeit seltene historische Bücher aus dem früheren Reich der Mitte anzuschauen. Keines dieser Werke bestätigte seinen Verdacht. Ähnlich aussehende Schriftzeichen waren darin nicht enthalten. Darüber hinaus geführte Gespräche mit chinesischen Sprachwissenschaftlern veranlaßten Professor Chuvyrov schließlich, seine Hypothese endgültig aufzugeben. Sicher scheint beim gegenwärtigen Stand der Erkenntnis nur eines zu sein: Bei den ominösen Schriftzeichen handelt es sich um eine hieroglyphenähnliche

Silbenschrift unbekannten Ursprungs. Sie konnte jedoch bisher nicht entschlüsselt werden.

Je länger sich Alexander Chuvyrov mit der rätselhaften Steinplatte auseinandersetzte, desto mehr Überraschungen wurden ihm zuteil. Auf der Reliefkarte war nicht nur die natürliche Landschaft mit ihren Bergen und Flußbetten dargestellt worden, sondern ebenso deutliche Spuren einer alten Zivilisation. Dabei stach den damit befaßten Wissenschaftlern ein umfangreiches Bewässerungssystem von Kanälen und Dämmen von geradezu gigantischen Ausmaßen in die Augen. Jeder dieser Kanäle und Dämme besaß eine Breite von rund 500 Metern, war bis zu 3000 Meter tief und zudem etliche Kilometer lang.

»Im Vergleich zu diesen Kanälen würde unser heutiger Wolga-Don-Kanal nur wie ein unbedeutender Kratzer in der Oberfläche wirken. Man hat damals das Bett des Bjelaja-Flusses eindeutig künstlich verändert. Die heutige Menschheit wäre nur in der Lage, einen Bruchteil dessen zu bauen, was auf der Karte dargestellt ist«, konstatierte Professor Chuvyrov einigermaßen verblüfft.

Schwierig erwies sich in der Folge, das Alter der Steintafel zu bestimmen. Weder die im archäologischen Bereich übliche Radiokarbonmethode noch das Scannen der Gesteinsschichten mit Hilfe von Uran-Chronometern führte zu überzeugenden Ergebnissen. Hingegen fand man an der Oberfläche der Tafel zwei fossile Muscheln, die offenbar absichtlich eingesetzt worden waren, um bestimmte Punkte auf der Karte zu markieren. In der Paläontologie werden Muscheln häufig besonders gerne als wichtige Leitfossilien herangezogen, um das Alter einer Gesteinsschicht festzustellen. Muscheltiere sind sehr langlebig, und ihre Art durchläuft zudem eine relativ schnelle Evolution. Eine dieser beiden Muscheln wurde als Navicopsina munitus identifiziert. Sie lebte vor ungefähr 500 Millionen Jahren. Die andere – Ecculiomphalus – war hingegen jüngeren Datums und »nur« 120 Millionen Jahre alt.

Natürlich war es jenen Leuten, die die dreidimensionale Karte auf der Steintafel angefertigt hatten, zuzutrauen, sich bereits damals einer versteinerten, uralten und längst toten Muschel zu bedienen, aber für Professor Chuvyrov hat sich die Zahl »120 Millionen Jahre« für das von ihm vermutete Alter der Karte längst zu einer Arbeits-Hypothese verfestigt. Die Zahl stimmt nämlich durchaus mit einer Analyse der Ausrichtung von mikroskopischen Metallteilchen überein, wie sie auch bei Porzellan- und Keramikarbeiten für deren Altersbestimmung herangezogen werden können. Demnach wurde die Beschichtung der Tafel zu einer Zeit vorgenommen, als sich der magnetische Nordpol noch nicht an seiner heutigen Position befand, sondern in der Gegend von Franz-Josef-Land, einer zu Rußland gehörenden Inselgruppe östlich von Spitzbergen – was nach aktuellen Erkenntnissen vor etwa 120 Millionen Jahren letztmals der Fall war.

120 Millionen Jahre! Diesen Zeitabstand zur Gegenwart muß man sich erst einmal auf der Zunge zergehen lassen. *Wem* war es wichtig, in dieser unfaßbar weit zurückliegenden Vergangenheit eine präzise 3D-Karte des Uralgebiets anzufertigen? Vor allem aber: *Wer* besaß bereits Kenntnisse und Fähigkeiten, etwas Derartiges herzustellen?

War unser Planet damals nicht nur ausschließlich von Dinosauriern bevölkert? Jenen Monstern die Anfertigung einer 3D-Karte zuzutrauen, scheint mir denn doch zu weit hergeholt zu sein. Gleiches gilt gewiß auch für die damaligen Säugetiere des Kreidezeitalters – kleine, rattenähnliche Biester. Die mögen vielleicht raffinierter und pfiffiger gewesen sein als die plumpen Dinos, doch auch sie kommen für die Präzisionsbearbeitung einer Steinplatte (sowie zusätzlicher Beschichtung mit technisch aufwendigen keramischen Werkstoffen) bestimmt nicht in Frage.

Somit muß die Vermutung erlaubt sein, daß es damals – vor 120 Millionen Jahren – bereits eine menschliche (oder zumindest menschenähnliche) Rasse gegeben hat. Aber immer noch stellt sich die Frage, ob diese Ur-»Feuersteins« bereits die notwendige Intelligenz besaßen, wie sie eigentlich nur den Angehörigen einer auch technologisch versierten Hochzivilisation zugebilligt werden kann. Und selbst hier scheint Vorsicht geboten. Kamen doch die im *Zentrum für historische Kartographie* in der amerikanischen Stadt Wisconsin tätigen Wissenschaftler, denen Professor Chuvyrov seine Reliefkarte gezeigt hatte, zu einer höchst eigenwilligen Ansicht, wobei deren Auffassung in jedem Fall zum Nachdenken anregt.

Wer auch immer diese Präzisionskarte angefertigt haben mag – ist man sich bei den US-Kartographen sicher –, der tat dies ausschließlich aus Gründen der *Navigation*. Was zusätzlich voraussetzte, daß es schon damals die Möglichkeit gegeben haben muß, diese Arbeit aus größeren Höhen durchzuführen. Gab es also vor 120 Millionen Jahren bereits Fluggeräte? Konnten deren Benutzer sogar außerhalb der Erdatmosphäre, also im Orbit, agieren? Um eine derart präzise 3D-Karte herstellen zu können, ist es erforderlich, die Oberflächendetails zu erfassen – und eine solche Vermessung kann nur aus der Luft vorgenommen werden. Bei den Amerikanern weiß man, wovon man redet: Ist doch die *NASA* gerade dabei, mit Hilfe von Space-Shuttles ebenfalls einen dreidimensionalen Weltatlas herzustellen. Er soll bis spätestens 2010 vorliegen. Somit wird es also ein gleichwertiges Gegenstück zu der in Rußland aufgefundenen kartographischen Steintafel erst jetzt, im 21. Jahrhundert, geben. *In sieben Jahren!*

Für einen derartigen Atlas benötigt man heute jedoch die Leistungsfähigkeit von Supercomputern sowie die vom Shuttle aus gesteuerten modernsten Gerätschaften für Altimetrie. Nicht nur für die US-Experten erscheint es deshalb ziemlich lächerlich, unseren – nach herkömmlicher Auffassung primitiven – Vorfahren derartige wissenschaftliche Kenntnisse zuzumuten.

Was die amerikanischen Wissenschaftler zu der Auffassung kommen ließ, daß jene 3D-Karte vor 120 Millionen Jahren von einer Intelligenz hergestellt worden sein muß, die ihre Präzisionsarbeit ausschließlich aus größerer Entfernung vom Erdboden verrichtete. Das beweist nicht zuletzt auch der Umstand, wonach auf der Reliefkarte weder Straßen noch sonstige Landwege zu finden sind. War diese Intelligenz vielleicht gar nicht auf unserem Planeten ansässig? Kam sie von außen – aus dem Weltraum?

Manche der Forscher äußerten in diesem Zusammenhang sogar die Vermutung, daß es sich damals um eine Art Erkundungsmannschaft gehandelt haben könnte, deren Aufgabe es war, das Terrain sowohl zu sondieren als auch zu kartographieren.

Extraterrestrische Besucher?

Alexander Chuvyrov, darauf angesprochen, äußerte sich dazu als Wissenschaftler verständlicherweise nur sehr vorsichtig: »Ich rede nicht über Dinge wie UFOs und Außerirdische«, meinte er kurz angebunden. Sicherheitshalber nennt er den Urheber des Reliefs »den Schöpfer«.

Entdeckte er die »Landkarte Gottes«?

Die inzwischen weitergediehenen Untersuchungen haben nunmehr bei den damit betrauten Wissenschaftlern die Ansicht laut werden lassen, daß es sich bei dieser steinernen 3D-Karte möglicherweise lediglich um ein Fragment eines viel größeren Artefakts handeln könnte – vielleicht sogar um eine Reliefdarstellung der ganzen Erde, wie sie derzeit auch von der *NASA* vorbereitet wird.

Alte, bereits aus dem 18. Jahrhundert stammende Aufzeichnungen wußten von etwa 200 existenten Steintafeln. Untersuchungen von Erdproben ergaben, daß sich dieses Artefakt ursprünglich in einer Schlucht der Sokolinaja-Berge befunden hatte. Durch die Vergletscherung der gesamten Region während der Eiszeit dürfte die ursprünglich 340 mal 340 Meter große Tafel (meint jedenfalls Professor Chuvyrov) in unzählige Teile zerbrochen sein, um sich danach beim Abschmelzen des Eises in verschiedene Richtungen zu verteilen. Anhand des Archivmaterials, vermutet der russische Forscher, sei es ihm inzwischen bereits gelungen, ein paar dieser Bruchstücke zu lokalisieren. So konnte er Teile dieser Platte beispielsweise unter dem Haus des Kaufmanns Khasanov in Chandar sowie unter einer Brücke der lokalen Schmalspurbahn auffinden. Schon die genannten Örtlichkeiten machen deutlich, daß es nicht einfach sein wird, diesen archäologischen Jahrtausendfund ohne Schwierigkeiten zu bergen.

Für viele Wissenschaftler in Rußland ist der Fund von Chandar weltweit beispiellos. Mit Ausnahme eines Chalzedons, eines kleinen Halbedelsteins. Er trug an seiner Oberfläche ein kleines Relief, das jenem des Daschka-Steins überraschend ähnelt. Es erweckte den Eindruck, als hätte jemand, der zuvor die große Karte gesehen hatte, danach versucht, das Original in Miniaturform zu kopieren. Wer aber mag wohl dieser Jemand gewesen sein, und weswegen hatte er das getan?

Sind diese Informationen authentisch?

Das Berliner Autorenduo Grazyna Fosar und Franz Bludorf, dessen Informationen ich hier im wesentlichen wiedergegeben habe, ist jedoch von der Authentizität seiner Quelle – der Moskauer Tageszeitung »Prawda« – nicht restlos überzeugt. Auch wenn »Prawda« zu Deutsch Wahrheit bedeutet, melden die beiden Verfasser in ihrem im Dezember des Vorjahres veröffentlichten Internet-Beitrag »Gottes Landkarte« gewisse Zweifel an:

»So spektakulär und spannend die ganze Geschichte auch ist, so sehr sind an dieser Stelle auch einige kritische Anmerkungen angebracht, die sich ausdrücklich nicht gegen Professor Chuvyrov und seine Arbeit, sondern allenfalls gegen die (notgedrungen) für den nicht-wissenschaftlichen Leser vereinfachte Darstellung in der Moskauer Zeitung ›Prawda‹ richten kann, auf deren Artikeln diese Story im wesentlichen beruht.

Es hat auf jeden Fall den Eindruck, daß Alexander Chuvyrov und sein Team bei ihren Untersuchungen alle gebotene wissenschaftliche Sorgfalt walten ließen. Allerdings sind auf der Basis des momentan vorliegenden Materials die Forschungsergebnisse für den Leser nur schwer nachzuvollziehen. Vergleicht man zum Beispiel den (heutigen) realen Verlauf des Bjelaja-Flusses ... mit dem vertikalen Spalt auf dem Stein, so sind Ähnlichkeiten kaum erkennbar.

Paradoxerweise könnte dies gerade für die Echtheit des Steins sprechen, denn auf ihm soll ja die Landschaft in prähistorischer Zeit dargestellt sein.

Man muß sich vor Augen halten, daß unser Globus in so ferner Vergangenheit ein vollkommen anderes Aussehen hatte als heute. Nicht nur, daß sich unsere heutigen Gebirgsformationen durch Auffaltung und Erosion in der Gestalt ändern – in so langen Zeiträumen, wie sie hier zur Diskussion stehen, haben sich die Kontinente als Ganzes erheblich gegeneinander verschoben.

Im Jurazeitalter vor etwa 150 Millionen Jahren ... bildeten Südamerika, Afrika, Indien, die Antarktis und Australien noch einen gemeinsamen Kontinent, den die Geologen Gondwana genannt haben. Zentralasien und China waren nach Norden in Richtung Nordpol verschoben, und fast ganz Europa lag vollkommen unter dem Wasserspiegel des eurasischen Ur-Ozeans. Interessanterweise lag der Höhenzug des Ural, der damals schon existierte, nicht wesentlich anders als heute.

Im nachfolgenden Kreidezeitalter, etwa vor knapp 100 Millionen Jahren, ... sah die Situation schon ganz anders aus. Afrika, Indien und Australien befanden sich schon auf dem Weg zu ihren heutigen Positionen, und Europa begann langsam aus den Tiefen des Meeres aufzutauchen. Interessanterweise finden wir den Ural weiterhin ungefähr an seiner heutigen Stelle.

Diese Beispiele verdeutlichen, wie schwer es für die Wissenschaft ist, zum Beispiel für die Zeit vor 120 Millionen Jahren abzuschätzen, wie etwa einige Flüsse, Bergrücken und Täler in einer eng umgrenzten Region sich entwickelt haben. Um es überhaupt möglich zu machen, benötigt man komplizierte Computersimulationen, die die bekannten erdgeschichtlichen Kontinentalwanderungen berücksichtigen können.«

Fosar und Bludorf sehen auch die Untersuchung des »Daschka-Steins« vor diesem Hintergrund. Hatte doch Professor Chuvyrov in einer Online-Pressekonferenz der »Prawda« am 6. Juni 2002 angegeben, daß die Identifizierung des Reliefs vor 120 Millionen Jahren als Region um Ufa nicht durch bloßen Augenschein erfolgt sei, sondern als Ergebnis umfangreicher Computerberechnungen.

Zwar sind bei dem Fall noch verschiedene Fragen offen geblieben, doch weigerte sich Professor Chuvyrov von Anfang an, sich an den jetzt weltweit aufgeflammten Spekulationen über die möglichen Urheber der 3D-Kartc zu beteiligen. Der russische Wissenschaftler sieht seine alleinige Aufgabe darin, den Stein zu untersuchen, sowie das Material, aus dem er angefertigt worden war, um auch sein Alter festzustellen. So war es ihm möglich, nachzuweisen, daß dieses Artefakt nicht auf natürliche Weise entstanden ist. Nachdem er nunmehr seine Forschungsergebnisse veröffentlicht hat, überläßt er es weltweit anderen Berufskollegen, weiterführende Beweise für die Richtigkeit seiner Forschungen zu erbringen.

Sicher ist jedenfalls: Sollte die Steintafel jene archäologische Sensation darstellen, für die sie von Alexander Chuvyrov gehalten wird, würde sich unser Weltbild total verändern, und die Geschichte der Menschheit müßte neu geschrieben werden.

Wäre es also denkbar, daß Chinas »Drachengötter« bereits vor 120 Millionen Jahren erstmals in der Gegend des Ural aktiv wurden und dort ihre »Handschrift« hinterließen? Daß sie, ehe sie sich für einige Zeit im Reich der Mitte niederließen, das gesamte Gebiet vom Weltraum aus (mittels Raumschiff oder Satellit) durch Kartographie kenntlich machten, ehe sie danach jenen dreidimensionalen Weltatlas aus Stein schufen, um damit ein deutliches Zeichen ihrer früheren Anwesenheit auf unserem Planeten zu hinterlassen?

Professor Alexander Chuvyrov könnte es gelungen sein, hierfür den endgültigen Beweis zu erbringen.

10. Sie kamen aus den Wolken

Es ist jetzt auch schon wieder mehr als dreißig Jahre her, seit am 24. März 1973 ein hoffnungsfroher jüngerer Mann mit einem Flieger der *Austrian Airlines* von Wien aus nach Moskau abhob, um dort einem der bekanntesten Buchautoren der vormaligen Sowjetunion seine Aufwartung zu machen. Alexander Kasanzew, geborener Sibirier, hatte sich während des Zweiten Weltkrieges in seiner Heimat vor allem als Physiker einen Namen gemacht. Aber auch als Verfasser von Science-Fiction-Romanen wurde er in Rußland bekannt.

Besondere Aufmerksamkeit erweckte der Schriftsteller jedoch erst mit seiner gewagten Hypothese, wonach ein bis dato unaufgeklärt gebliebenes Phänomen des vorigen Jahrhunderts – der Niedergang eines angeblichen Meteoriten über der tunguskischen Taiga Sibiriens am 30. Juni 1908 – in Wahrheit kein natürlicher Himmelskörper gewesen sei, sondern Absturz und atomare Explosion eines intelligent gesteuerten *außerirdischen* Raumschiffes.

Der wißbegierige *AUA*-Passagier hatte zu jenen ersten Europäern gehört, denen im Mai 1972 eine Reise durch die damals für ausländische Touristen nicht zugängliche Volksrepublik China gestattet worden war. Er war nunmehr von dem Wunsch beseelt, während seines Aufenthaltes in Rußland präzisere Informationen über eine Legende zu erhalten, die aus dem Reich Mao Tsetungs inzwischen auch in anderen europäischen Ländern größere Aufmerksamkeit erregt hatte.

Jene Legende nämlich über 716 diskusförmige Granitscheiben, die – in der ungefähren Größe von Langspielplatten – in

Höhlengräbern von Baian-Kara-Ula, einem zwischen China und Tibet liegenden Gebirgsmassiv, Ende der dreißiger Jahre des vorigen Jahrhunderts entdeckt worden waren und – was diesem Fund eine noch pikantere Note verlieh – angeblich eine außerirdische Botschaft enthalten hatten.

Vergeblich war unser China-Reisender während seines dreiwöchigen Aufenthaltes in der Volksrepublik bemüht gewesen, Näheres über diese rätselhaften steinernen Artefakte in Erfahrung zu bringen. Doch alle seine Versuche, mit chinesischen Wissenschaftlern in Kontakt zu treten, hatten ihm die Behörden verweigert. Der Grund hierfür war offensichtlich: Damals war in China die von seinem »Großen Vorsitzenden« vom Zaun gebrochene »Kulturrevolution« immer noch in vollem Gang, und die chinesischen Dolmetscher, die man der durchweg aus österreichischen Touristen bestehenden europäischen Reisegruppe zur Verfügung gestellt hatte, duldeten (schon aus reiner Parteidisziplin) keinerlei Abweichungen von der vorgeschriebenen Route quer durch ihr riesiges Land.

Umso mehr Informationen erhoffte sich unser neugieriger Rußland-Reisender von Seiten Alexander Kasanzews, dem umfangreiche Kenntnisse auch über chinesische Legenden und Funde nachgesagt wurden.

Der bewußte Reisende des Jahres 1973 – war ich selbst!

Obwohl mir bei meiner Ankunft in Moskau sogar das Wetter gewogen schien – der 27. März begrüßte mich mit strahlendem Sonnenschein –, verlief letztlich mein vormittägliches Rendezvous im Domizil meines immens freundlichen und durchaus auskunftsbereiten Gastgebers eher enttäuschend. Was mir der (inzwischen hochbetagt verstorbene) Schriftsteller über die chinesischen Steinscheiben zu berichten wußte, deckte sich im wesentlichen mit meinen eigenen spärlichen Informationen. Aber auch beweiskräftige Fotos solcher Artefakte, von denen ich erhofft hatte, solche bei Alexander Kasanzew vorzufinden, gab es keine. Wie mir der Russe glaubhaft versicherte, hatte er Aufnahmen dieser Art noch nie zu Gesicht bekommen.

»Wissen Sie«, gestand der russische Erfolgsautor offen ein, als ich ihm damals in dessen Wohnung (in Begleitung eines staatlichen Dolmetschers) auf dem Lomonossowsky Prospekt in Moskau gegenüber saß, »China ist für mich nach wie vor ein Buch mit sieben Siegeln. Leider weiß ich viel zu wenig über dieses sagenumwobene Land.« Mit dieser negativen Auskunft erlosch für mich jede Hoffnung, von dem prominenten Sibirier endlich Aufschlußreicheres über jene Gerüchte in Erfahrung zu bringen, die im fernen China ihren Ausgang genommen hatten und höchst Seltsames über mehrere hundert diskusartige Zeugen aus Granitgestein sowie über zwei (ausgestorbene?) Volksstämme berichteten. Basierten diese Erzählungen auf realen Wiedergaben? Hatten die darin behandelten Geschehnisse wirklich stattgefunden? Oder jagte ich (wie manch anderer) bloß einer trügerischen »Fata Morgana« hinterher?

Enttäuscht und ziemlich desillusioniert trat ich meine Heimreise an.

Schon in zwei früheren Publikationen, in denen mich legendäre Überlieferungen aus Chinas rätselhafter Vorgeschichte beschäftigten (»... und kamen auf feurigen Drachen«, 1984, sowie »Satelliten der Götter«, 1995), habe ich über meine Bemühungen, den Wahrheitsgehalt der wissenschaftlich umstrittenen Baian-Kara-Ula-Story herauszufinden, ausführlich berichtet.

Bevor ich aber etwas präziser auf deren Inhalt eingehe, scheint es mir angebracht, jenen Lesern, die meine beiden Bücher noch nicht kennen und die deshalb die Geschehnisse rund um die darin beschriebene archäologische Entdeckung des Jahres 1938 nicht zu beurteilen vermögen, mit wichtigen Details vertraut zu machen. Erst mit den nötigen Kenntnissen über den Verlauf der damaligen Ereignisse kann das Nachfolgende in seiner zweifellos epochalen Auswirkung verstanden werden.

Für mich ging es darum, verschiedene, unbewiesene Behauptungen wirksam zu widerlegen, die – ohne jemals von unseriösen Gerüchteverbreitern überprüft worden zu sein – verbreitet wurden. So hieß es beispielsweise, die Baian-Kara-Ula-Story sei lediglich erfunden worden, wobei man nicht davor zurückschreckte, auch persönlich zu diffamieren.

Lassen Sie mich aber zuvor eine Geschichte erzählen. Sie klingt zugegeben ziemlich phantastisch – unterscheidet sich aber trotzdem von einem »gewöhnlichen« Märchen. Denn sie hat sich wirklich ereignet.

Vor zwölf Jahrtausenden.

Vor zwölftausend Jahren

Es war an einem dieser wolkenverhangenen Tage, wie sie in den Gebirgsgegenden Chinas keine Seltenheit darstellen. Die in kärglichen Verhältnissen lebenden Angehörigen der Cham, einer der vielen chinesischen Volksstämme, hatten sich vor 12 000 Jahren in diesem Gebiet angesiedelt. An die hier herrschenden Wetterumschwünge hatten sie sich im Lauf der Zeit gewöhnt. Auch diesmal rechneten sie wieder mit heftigen Gewittern und damit einhergehenden ergiebigen Niederschlägen. Baian-Kara-Ula, jene langgezogene Gebirgskette, die das kaiserlich regierte Reich der Mitte von dem damals nicht weniger autoritär verwalteten Priesterstaat Tibet trennt, zeigte sich nämlich den dort lebenden Menschen nur höchst selten von der sonnigen Seite. Eilig traf man deshalb alle Vorbereitungen, seine wenigen Habseligkeiten in primitiv angelegten Unterkünften – den zahlreichen Gebirgshöhlen – zu verstauen, um nichts aus dem spärlichen Besitztum dem zu erwartenden Unwetter zum Opfer fallen zu lassen.

Aufgeregte Rufe Einzelner machte unversehens andere Stammesangehörige aufmerksam. Zum Himmel weisende Arme ließen die Cham verwundert zum düsteren Firmament emporblicken. Was sie dort sahen, war ihnen noch niemals zuvor begegnet und geeignet, die naiven Beobachter in Angst und Schrecken zu versetzen. Unheimliche Gebilde schwebten dort oben und waren gerade dabei, sich langsam zur Erde niederzusenken. Das konnten wohl nur gefährliche Dämonen sein, vermeinten die abergläubischen Priester der Cham sofort erkannt zu haben. Wie auf ein unsichtbares Kommando flüchteten alle auf dem schnellsten Weg in jede für sie erreichbare Felsöffnung, wo sie für gewöhnlich ihre Wohnstatt aufgeschlagen hatten. Mit Entsetzen mußten sie erkennen, daß die himmlischen Schwebeapparate inzwischen auf ihrem Versammlungsplatz, einem großen, freien Gelände vor ihren Gebirgshöhlen, gelandet waren. Und es dauerte auch nicht lange, dann zeigten sich die Insassen der Schwebefahrzeuge – jene vermeintlichen »Dämonen« – auch selbst. Überrascht bemerkten nunmehr die Cham in ihren Verstecken, daß das Aussehen der Fremden sich nicht allzu sehr von dem ihren unterschied, sah man vom Größenunterschied ab. Denn diese »Dämonen« waren von kleiner Statur, gelblicher Hautfarbe, besaßen nur schmale Schultern und spindeldürre Körper. Im konträren Verhältnis dazu hatten sie jedoch ungemein große Köpfe. Insgesamt wirkten sie für die Cham häßlich und abstoßend.

Schon bald hatten die unbekannten Besucher die Anwesenheit der Gebirgsbewohner entdeckt und deren ängstliches Verweilen in ihren Höhlenverstecken erkannt. Sie gaben sich nunmehr alle Mühe, die irritierten und erschrockenen Einheimischen durch Zeichen und Gebärden zu beruhigen und ihnen deutlich zu machen, daß sie nichts Böses gegen sie im Schilde führten. Dennoch dauerte es einige Tage und Nächte, bis das Mißtrauen der Cham so weit geschwunden war, daß sie es endlich wagten, sich den Fremden zu nähern.

Diese nahmen sich nun mit größter Sorgfalt der Gebirgsbewohner an, nachdem sie zuvor immer wieder – wenn auch vergeblich – versucht hatten, ihre bei der Landung beschädigten Luftschiffe wieder startklar zu machen. Es schien, als hätten sich die Zwergwesen damit abgefunden, nicht mehr weiterfliegen zu können und sich im Wohnbereich ihrer unfreiwilligen Gastgeber anzusiedeln.

Dafür sprachen auch die nunmehr eingeleiteten Versuche, zunächst einmal die bestehende Sprachbarriere zu überwinden, und weil inzwischen auch die Priesterschaft der Cham Zutrauen zu den ihnen freundlich gesinnten Fremden gefaßt hatte, klappte es schließlich auch mit der gegenseitigen akustischen Verständigung.

Die Zwergwesen nannten sich Dropa, und nach einiger Zeit entstand zwischen den beiden Gruppen so etwas Ähnliches wie Freundschaft und Sympathie. Völlig konträr verhielt es sich hingegen mit den im Umkreis der Cham lebenden sonstigen Gebirgsstämmen. Diese ekelten sich geradezu vor dem andersartigen Aussehen der kleinwüchsigen Himmelsbesucher, und sie benahmen sich deshalb ausgesprochen feindselig und kriegerisch. Immer wieder versuchten sie die ihnen suspekten Fremden auf jede ihnen nur mögliche Weise zu töten – was ihnen manchmal durch List und Geschick auch gelang. Zwar besaßen die Dropa durchaus gefährliche und ihren Gegnern in ihrer Wirkung klar überlegene Waffen, dennoch mußten sie bei vereinzelten, überraschenden Überfällen immer wieder Verluste an Leben in Kauf nehmen.

Nach und nach kam es zwischen den beiden Rassen auch zu geschlechtlichen Verbindungen, wofür die Dropa zuvor aber bestimmte, für die Cham völlig unverständliche Vorarbeiten geleistet hatten. Im Verlauf der nächsten Jahrzehnte und Jahrhunderte kam es zwischen diesen beiden Rassen zu einer Art Symbiose, und man lebte künftig neben- und miteinander in friedlicher Eintracht.

Unerwünschte Forschung

Der Rektor der *Pekinger Akademie für Vorgeschichte* glaubte seinen Augen nicht trauen zu können, als er die Arbeit mehrerer seiner Institutskollegen näher überprüfte: Waren da doch fünf etablierte Professoren nach der Übersetzung von zunächst für undefinierbar gehaltenen Schriftzeichen zu der einhelligen Ansicht gekommen, auf *außerirdische* Spuren gestoßen zu sein. Die Schriftzeichen waren auf einigen anscheinend aus prähistorischer Zeit stammenden Granitscheiben entdeckt und danach in mühsamer Kleinarbeit teilweise entschlüsselt worden. Man schrieb 1962, und seit dem Fund dieser (insgesamt 716) Artefakte waren inzwischen vierundzwanzig Jahre vergangen. Jeder steinerne Diskus wies in seinem Zentrum eine fingerdicke, kreisrunde Öffnung auf, von deren Ende bis hin zu seinem äußeren Rand runenartige Schriftzeichen rillenförmig angeordnet waren.

Begonnen hatte alles im Jahr 1938. Damals war eine von dem chinesischen Archäologen Chi Pu Tei geleitete Expedition in dem in der Provinz Qinghai befindlichen, nur mühsam zugänglichen Gebirgsmassiv von Baian Kara Shan auf Felshöhlen gestoßen, die den früher dort angesiedelt gewesenen Bewohnern als Wohn- und vermutlich auch als Begräbnisstätten gedient hatten. Professor Chi Pu Tei und seine Begleiter fanden darin die Skelette kleinwüchsiger Lebewesen, deren Anatomie sich beträchtlich von jener normal gewachsener Menschen unterschied: Der Körperbau der Verstorbenen wirkte geradezu zierlich, im Gegensatz zu ihrem außerordentlich großen Schädel.

Jedem Toten war zusätzlich ein sonderbar anmutender Gegenstand mit in sein Felsengrab gelegt worden: Ein zentimeterdikker, mit Schriftzeichen übersäter und aus Granit angefertigter Diskus mit einem fingèrdicken, durchlochten Mittelpunkt, von dem aus sich zahlreiche, vorerst unentzifferbare Schriftzeichen bis zum Rand der Scheibe hinzogen.

Chi Pu Tei und seine Gefährten wußten mit ihrem ungewöhnlichen Fund zunächst nicht allzu viel anzufangen. Auch die auf den Höhlenwänden sichtbaren Zeichnungen, die von unbekannter Hand eingeritzt worden waren, bereiteten den Expeditionsteilnehmern einiges Kopfzerbrechen. Zwar vermochte man die dargestellten Motive als eine Art Planetenkarte unseres Sonnensystems zu identifizieren – deren eigentliche Bedeutung blieb hingegen rätselhaft: gestrichelte Linien zwischen dem als Venus erkannten Gestirn und unserem ebenso realistisch wiedergegebenen Planeten Erde.

Nachdem man Skizzen jener Ritzzeichnungen angefertigt und gemeinsam mit den kindergroßen Skeletten sowie den 716 Disken nach Peking transportiert hatte, legte sich die erste Aufregung um diese ungewöhnliche archäologische Entdeckung. Zusätzlich sorgten die kriegerischen Ereignisse des Zweiten Weltkrieges sowie der damit einhergehende Zwist zwischen China und Japan dafür, daß man weitere wissenschaftliche Untersuchungen des mysteriösen Baian-Kara-Ula-Fundes für eine Weile ad acta legte. Skelette und Granitscheiben dümpelten fortan in einem Archiv der *Pekinger Akademie der Wissenschaften* unbeachtet vor sich hin.

Diese Zwangspause dauerte mehr als zwei Jahrzehnte. Erst Anfang der 1960er Jahre ereignet sich im dortigen universitären Bereich eine unerwartete Überraschung: Ein hierorts tätiger Gelehrter, dessen Name mit Tsum Um Nui durch die Medien geisterte, war zufällig auf die Unterlagen und Aufzeichnungen seines Kollegen Chi Pu Tei gestoßen und hatte sich in deren Inhalt vertieft. Schon eine erste Sichtung des archäologisch hochinteressanten Fundes weckten bei dem Pekinger Professor den Forscherinstinkt. Binnen kurzem glückte es ihm, vier weitere Akademiemitglieder für die Baian-Kara-Ula-Akte zu interessieren – und gemeinsam machten sich die fünf Wissenschaftler daran, das vorhandene Material auszuwerten. Um zu einem brauchbaren Ergebnis zu gelangen, überließ man nichts dem Zufall. Selbst uralte Überlieferungen aus jener Gebirgsgegend wurden keineswegs ignoriert. Dabei stießen die fünf Gelehrten im Zuge ihrer Nachforschungen auf eine uralte chinesische Sage, die von einem Volksstamm *»kleiner gelber Männer«* erzählt, welcher in vorgeschichtlicher Zeit *»aus den Wolken«* zur Erde gekommen und mit seinen *»Himmelsgleitern«* im Gebiet von Baian-Kara-Ula gelandet sei.

Was Professor Tsum Um Nui und seine Mitarbeiter jedoch ganz besonders überraschte, war der Umstand, daß diese kleinwüchsigen Wesen sich in ihrem Aussehen ganz offensichtlich beträchtlich von dem der sonst dort lebenden Gebirgsbewohner unterschieden. Abgesehen von ihrer geringen Größe, die mit etwa 1,30 Meter angegeben wird, besaßen sie (laut der vorliegenden Beschreibung) spindeldürre Körper, im Gegensatz dazu aber ausgesprochen voluminöse Schädel. Merkmale also, wie sie auch bei den in den Gebirgshöhlen vorgefundenen, noch gut erhalten gebliebenen Zwergskeletten festgestellt werden konnten.

Handelte es sich somit in beiderlei Hinsicht – die Sage wie auch den Skelettfund betreffend – um ein und dieselbe Rasse?

In der von Professor Tsum Um Nui und seinen wissenschaftlichen Mitarbeitern aufgefundenen Legende wird ferner hervorgehoben, daß die Fremden (nach irdischen Maßstäben gemessen) *»von abstoßender Häßlichkeit«* gewesen seien. Chi Pu Tei und seine Mitarbeiter waren 1938 zu der Auffassung gelangt, wonach es sich bei den Toten um eine *Gebirgsaffenart* handeln würde. Die Frage, was wohl die Bestatter veranlaßt haben mochte, neben jede dieser angeblichen Tierleichen eine beschriftete Granitplatte als Grabbeigabe zu deponieren, wußten die Archäologen hingegen nicht zu beantworten.

Für Professor Tsum Um Nui und sein Team stand spätestens nach der teilweisen Entschlüsselung der Schriftzeichen fest, daß zwischen der mythischen Überlieferung und dem Gräberfund ein unmittelbarer Zusammenhang bestehen mußte. Das bewies vor allem jene Textstelle, welche die fünf Wissenschaftler in gemeinsamer Anstrengung übersetzt hatten, und die dann später einer Kommission von Experten ihrer Akademie vorgelegt wurde. Dabei wurde deutlich, daß es zwischen den toten Dropa und den Runen auf den Granitscheiben unübersehbare Berührungspunkte gab. Sie führten auch die These ad absurdum, wonach es sich bei dem Skelettfund lediglich um die Reste einer Gebirgsaffenart handle. Wörtlich schilderten die Cham, was damals geschah: *»Die Dropa kamen aus den Wolken mit ihren Schwebeapparaten. Zehnmal bis zum Sonnenaufgang versteckten sich unsere Männer, Frauen und Kinder in den Höhlen ... Dann verstanden wir endlich aus den Zeichen und Gebärden der Dropa, daß diese gegen uns nichts Böses in Sinne führten.«*

Aus dem vorliegenden Text gewannen Tsum Um Nui und seine Freunde die Gewißheit, daß das Bergvolk der Cham vor ungefähr 12 000 Jahren mit der Landung *außerirdischer* Besucher konfrontiert worden war. Um dieses epochale Ereignis auch der Nachwelt nicht vorzuenthalten, hatten sie es später (oder einer der noch lebenden Dropa) in 716 Granitscheiben geritzt und als Grabbeigabe den toten Außerirdischen mit auf ihrem letzten Weg gegeben.

Diese außergewöhnlichen Relikte einer weit zurückliegenden Vergangenheit hatten es Tsum Um Nui und seinen Mitarbeitern besonders angetan. Sie begnügten sich nicht allein damit, die Aussage der darauf eingeritzten Runen zu entschlüsseln, sondern unternahmen auch sonst alles Mögliche, um die eigentliche Bedeutung der Granitscheiben heraus zu finden. Dabei kam dem Gelehrten-Quintett zugute, daß Anfang der 1960er Jahre die kommunistische Achse China–UdSSR noch intakt war, daher damals auch auf wissenschaftlichem Gebiet noch gedeihliche Eintracht herrschte. Tsum Um Nui und seine Leute nutzten diese günstige Situation. Nachdem einige der Steinscheiben von anhaftenden Staubresten befreit und entsprechend gesäubert worden waren, sandte man die Artefakte in die sowjetische Hauptstadt Moskau, um sie dort einer genaueren chemischen Analyse unterziehen zu lassen.

Tsum Um Nui hatte richtig kombiniert: Tatsächlich enthielten diese wertvollen archäologischen Fundstücke große Mengen Kobalt sowie einige andere metallische Elemente. Sowjetische Geologen unterzogen den Höhlenfund noch einer zusätzlichen oszillographischen Untersuchung – und entdeckten auf diese Weise eine weitere Besonderheit: Die Scheiben begannen nämlich in einem völlig unerwarteten Rhythmus zu *vibrieren* – so als ob sie *elektrisch geladen* und Teile eines elektrischen Zirkels wären. Auch das Alter der Disken wurde dabei eruiert. Die Sowjets bestätigten solcherart die Schätzungen, die schon zuvor von ihren chinesischen Kollegen Chi Pu Tei und Tsum Um Nui vorgenommen worden waren: Sie veranschlagten die Entstehung der Granitplatten auf eine Zeit vor ungefähr zwölftausend Jahren!

Diese Festlegung traf sich zugleich auch mit der vermuteten Entstehung jener Legenden aus der Baian-Kara-Ula-Region und der Epoche, in welcher es zu dem überlieferten Aufeinandertreffen zwischen den »aus den Wolken« gekommenen Dropa und dem Gebirgsvolk der Cham gekommen sein mochte.

Für die fünf Wissenschaftler hatte es sich dabei als überaus nützlich erwiesen, auf jene uralte Legende aus der betreffenden Bergregion zurückgreifen zu können. Andere Textstellen auf den steinernen Artefakten informierten die Forscher aber auch darüber, daß die kleinwüchsigen Wesen aufgrund ihres von uns Menschen abweichenden Äußerem die Abscheu anderer dort lebender Volksstämme erregten und von diesen mit »flinken Rossen« unbarmherzig gejagt und (wo es möglich wurde) getötet wurden.

Von den Fremden dürfte ursprünglich auch nicht beabsichtigt gewesen sein, sich im Gebiet von Baian-Kara-Ula anzusiedeln, doch entnahmen Tsum Um Nui und seine Helfer aus den von ihnen übersetzten Angaben, daß die Himmelsfahrzeuge der Dropa bei ihrer offenbar unfreiwilligen Landung in dieser Bergregion dermaßen beschädigt worden waren, daß sie in der Folge nicht mehr startklar gemacht werden konnten.

Hält man diese Botschaft für wahr, dann scheint es mit der Wehrtüchtigkeit der Fremden nicht weither gewesen zu sein. Ermangelte es ihnen der hierfür erforderlichen Waffen? Oder waren diese bei der Bruchlandung untauglich geworden?

Sowohl die Dropa wie auch die Cham galten bis vor kurzem als ausgestorben. Bis mich ein überraschender Hinweis (auf den ich später detaillierter eingehen werde) eine unerwartete Fährte finden ließ.

Tsum Um Nui und seinen ambitionierten Mitarbeitern war kein Erfolg beschieden. Im Gegenteil: Die Leitung der *Pekinger Akademie für Vorgeschichte* untersagte dem kühnen Professorenteam zunächst jegliche Publikation ihrer Forschungsergebnisse. Skeptisch eingestellte Kollegen ignorierten das vorgelegte Material, und selbst vor Verspottung der fünf Wissenschaftler scheute man nicht zurück. Tsum Um Nui blieb jedoch hartnäkkig. Seine Anstrengungen führten schließlich dazu, daß die Veröffentlichung der umstrittenen Texte wenigstens im internen, universitären Bereich gestattet wurde.

Unter dem – zugegebenermaßen provokanten – Titel »Inschriften in Verbindung mit Raumschiffen, die vor 12000 Jahren existierten«, wurde die betreffende Publikation der fünf Außenseiter veröffentlicht. Wieder fegte ein Sturm der Entrüstung aufgebrachter Kollegen über die mutigen Verfasser hinweg. Vor allem prominente Vertreter der wissenschaftlichen Forschung in Peking mokierten sich lautstark über das Geschriebene und bezeichneten Überlegungen dieser Art – was die mögliche Herkunft der Dropa betraf – schlichtweg als unseriös und nicht fundiert genug, um darüber im universitären Bereich zu diskutieren.

Schließlich hatte Professor Tsum Um Nui die Nase voll. Noch bevor in der Volksrepublik China Maos Kulturrevolution losbrach, kehrte der Gelehrte dem Land den Rücken und setzte sich nach Japan ab. Dort hoffte der gekränkte Mann auf mehr Verständnis bei den Fachleuten zu stoßen und seine wissenschaftlich untermauerten Annahmen entsprechend publizieren zu können. Schon bald veröffentlichte er seine ungewöhnliche Hypothese über das kleinwüchsige Bergvolk von Baian-Kara-Ula in Buchform, aber – wie sich bald zeigte – mit ebenso wenig Resonanz im wissenschaftlichen Bereich. Die Enttäuschung über die Ignoranz seiner Kollegen dürfte wohl mit ein Grund gewesen sein, weshalb Tsum Um Nui in der Folge mit gesundheitlichen Problemen zu kämpfen hatte und er sich frustriert nach und nach aus der Öffentlichkeit zurückzuziehen begann. Ein plötzlich auftretendes schweres Leiden fesselte ihn zusätzlich ans Krankenbett und ließ langsam seine Kräfte schwinden. 1965 starb der Gelehrte als ein verbitterter Mann, dem für seine ambitionierte Forschungsarbeit die verdiente Anerkennung seiner Kollegen versagt bleiben sollte und welcher durch deren völliges Unverständnis für seine Forschungstätigkeit jeglichen Glauben an sich selbst nicht mehr zu finden vermochte.

Hatte sich Tsum Um Nui tatsächlich in eine hirnrissige Idee verrannt? War er einer trügerischen Fährte gefolgt?

Ein umstrittener Name

Als ich Anfang der 1960er Jahre erstmals der Authentizität dieser phantastisch klingenden Story nachzugehen begann, stellten sich mir sehr bald unerwartete Hindernisse in den Weg. China war weit, Nachforschungen »vor Ort« damals völlig ausgeschlossen. Es gab (ganz abgesehen von dem Bericht selbst) keinerlei sonstiges Material, das mir als weiterführende Quelle dienen konnte. Meine zunächst durchaus begründete Annahme, während meiner ersten sich so unverhofft erfüllenden dreiwöchigen Chinareise – im Mai 1972 – an die entsprechenden Unterlagen schriftlicher oder (wenigstens) mündlicher Informationen heranzukommen, erfüllte sich leider in keiner Weise. Ich war gezwungen, stets bei meiner kleinen Reisegruppe zu verharren, und alle meine Bemühungen, Zutritt zur Akademie der Wissenschaften in Peking, zu einer der Universitäten der Hauptstadt oder wenigstens zu irgendeinem Museum zu erlangen, schlugen fehl. Immer wenn ich um die entsprechende Erlaubnis bat, wurde mir beschieden, daß diese Institute vorläufig geschlossen seien und der Öffentlichkeit nicht zugänglich gemacht werden könnten.

Auch meine zweite Hoffnung, die mir in China verwehrten Auskünfte im Jahr danach zu erhalten – als ich im März 1973 mehrere Tage in der damaligen Sowjetunion weilte und (wie bereits erwähnt) Gelegenheit erhielt, in Moskau den prominenten Schriftsteller Alexander Kasanzew zu besuchen –, erfüllte sich leider ebensowenig. Zwar »fütterte« mich mein durchaus auskunftsbereiter Gastgeber mit hochinteressantem Material aus seinem Forschungsbereich, der umstrittenen Baian-Kara-Ula-Legende vermochte er jedoch keine zusätzlichen Informationen hinzuzufügen.

Ein von mir nach Peking abgesandter Brief an die dortige Archäologische Akademie, in welchem ich eindringlich darum gebeten hatte, mir präzisere Informationen über die Vorkommnisse rund um die scheibenförmigen Artefakte aus den Höhlengräbern der Dropa zugänglich zu machen, wurde zwar beantwortet, doch enthielt dieses Schreiben lediglich ein totales Dementi, das da lautete: *»Soviel uns bekannt ist, wurden in China niemals ›Steinteller‹ gefunden, die Sie in Ihrem Brief erwähnt hatten. Der Bericht über den Fund jener sogenannten ›Steinteller‹ in China entbehrt jeder Grundlage. Wir wissen auch nichts von einem Professor Tsum Um Nui. Mit herzlichen Grüßen, Wang Chung-Su, Sekretär des* Archäologischen Institutes Academica Sinica.«

Während meiner zweiten Chinareise, 1982, erhielt ich zwar eine Audienz in der *Archäologischen Akademie der Wissenschaften* in Peking, doch als ich den zuständigen Verantwortlichen, Professor Xia Nai, dann auch nach dem Verbleib der ominösen Steinscheiben aus den Höhlengräbern von Baian-Kara-Ula befragte, reagierte der Gelehrte darob äußerst ungehalten. Danach schickte er einen seiner Sekretäre ins Archiv. Das Schreiben, das er sich dort hatte aufheben lassen und mir nunmehr mit gerunzelter Stirn vor die Nase hielt, erwies sich zu meiner Verblüffung als genau jener Brief, den ich zehn Jahre zuvor nach Peking geschickt hatte und der dort abschlägig beantwortet worden war.

Aber manchmal wenden sich selbst hoffnungslos scheinende Fälle zum Guten, denn schon kurz nachdem ich aus China wieder heimgekehrt war, meldete sich bei mir ein Mann, den ich bereits sieben Jahre zuvor kennengelernt hatte. Dem Betreffenden war es 1974 geglückt, während seiner damaligen Tour durch die Volksrepublik zwei der geheimnisumwitterten Granitscheiben in einer Vitrine des *Banpo-Museums* von Xian ausfindig zu machen. Da der Tourist zu jenem Zeitpunkt nur über eine einfach funktionierende Polaroid-Kamera verfügte, waren die Fotos, die er – mit ausdrücklicher Erlaubnis der Museumsleitung – von den steinernen Artefakten hergestellt hatte, relativ unscharf ausgefallen. Zwar wurde mir von ihm damals spontan zugesagt, mich zu sich nach Hause einzuladen, um mir diese sensationellen Fotos zu zeigen, doch erst 1982 erfüllte er sein Versprechen. Im Januar

1983 holte mich DI Dr. Ernst Wegerer (so der Name meines wichtigen Informanten) von zu Hause ab, um mir endlich die so ersehnten Aufnahmen der Baian-Kara-Ula-Relikte vorzuführen. Danach überließ er mir freundlicherweise mehrere seiner Fotos, die ich 1984 in meinem zweiten China-Sachbuch »... und kamen auf feurigen Drachen« zum ersten Mal außerhalb von Chinas Grenzen veröffentlichte.

Keinerlei Aufschluß jedoch erhielt ich nach wie vor über die Identität von Professor Tsum Um Nui. Im Gegenteil. Mehr und mehr schienen sich Person und Name als plumpe Fälschungen zu demaskieren.

Seit Jahren gibt es vielfältige Anstrengungen, diesem Namensmysterium auf den Grund zu gehen. Skeptiker und Gegner von Verfechtern eines möglichen Besuches außerirdischer Raumfahrer auf unserem Planeten vor Jahrtausenden, die deshalb auch die Baian-Kara-Ula-Legende als reine Phantasterei zu bezeichnen pflegen, stoßen sich vor allem an dem Namen Tsum Um Nui. Die darin enthaltene Silbenfolge besäße keinerlei sprachliche Normalität, behaupten sie, und sei deshalb wohl bloß erfunden.

Bereits während meiner zweiten Chinareise, im Jahr 1982, bezweifelte auch mein damaliger deutscher Reiseleiter Dr. Udo Weiss die Authentizität dieses Namens, die ihm reichlich dubios erschien. Anderseits wollte er (der die chinesische Sprache perfekt beherrschte) aber auch kein vorschnelles Urteil fällen. Zwar wären die einsilbigen Wörter »Tsum«, »Um« oder »Nui« im Hochchinesischen – dem sogenannten Mandarin – nicht enthalten, doch hütete sich Dr. Weiss davor, prinzipiell auszuschließen, daß derartige Wörter unter Umständen in einem der zahlreichen Unterdialekte dieser Sprache vorkommen könnten. So gibt es beispielsweise im Kantonesischen eine Namenssilbe »Tsim«, was anhand zahlreicher Straßennamen in den Städten Guangzhou und Hongkong nachgeprüft werden kann.

Aber es scheint auch noch eine andere Möglichkeit zu bestehen: Nämlich die, daß der Namensträger ganz bewußt eine Änderung (um nicht zu sagen: eine Verdrehung) seiner Namensherkunft vorgenommen hatte. So fällt auf, daß Tsum Um Nui die letzten Jahre seines Lebens außerhalb Chinas, und zwar in Japan, verbrachte. Da wir über seine familiäre Herkunft leider überhaupt nichts wissen, scheint es denkbar, daß dieser Wissenschaftler in Wahrheit nicht auf dem chinesischen Festland zu Hause war, vielleicht sogar japanischer Abstammung gewesen ist!

Das könnte auch der Grund dafür gewesen sein, daß der Gelehrte jenes Buch, welches er über seine chinesische Forschungsarbeit rund um Baian-Kara-Ula und die Dropa verfaßte, nicht in China, sondern ausschließlich in Japan veröffentlichte. Vermutlich kränkte es Tsum Um Nui ganz besonders, daß sein wissenschaftliches Werk auch »im Land der aufgehenden Sonne« (wie Japan gerne genannt wird) keinerlei Resonanz in der Fachwelt zu finden vermochte und heute irgendwo in einem Universitätsarchiv seiner Heimat (?) unbeachtet verstaubt.

Sollte also Tsum Um Nui, unser verkannter Professor, seiner Herkunft nach tatsächlich ein Japaner gewesen sein, dann wäre es wohl die besondere Aufgabe von »Literatur-Detektiven«, den eigentlichen (vielleicht japanisch geprägten) Namen von Tsum Um Nui heraus zu finden. Japaner, von mir darauf angesprochen, ob eine derartige Überlegung einen realistischen Hintergrund besitzen könnte, bejahten dies und halten den von mir geäußerten Verdacht sogar für sehr wahrscheinlich. Es könnte sich im bewußten Fall nämlich durchaus um eine von Tsum Um Nui gewollte »geographische Angleichung« gehandelt haben, die der Wissenschaftler mit seinem ursprünglichen (japanischen) Namen (nachdem er bereits frühzeitig in die Volksrepublik China übersiedelt war) – vielleicht aus *beruflichen* Rücksichten – danach in die Wege geleitet hatte. Dazu wäre es für ihn nur notwendig gewesen, die japanische Silbenfolge der chinesischen Sprachform »anzupassen«. Ähnlich, wie etwa ein deutscher Auswanderer in den angelsächsischen Raum seinen Namen »Schmied« kurzerhand in »Smith« verwandelte. Somit scheint hier die eventuelle Lösung um den richtigen Namen von Tsum Um Nui – in

Verbindung mit seiner möglichen japanischen Abstammung – eher eine komplizierte Suche nach der berühmten »Stecknadel im Heuhaufen« geworden zu sein. Mir selbst fehlten, um dieses Rätsel endlich zu lösen, die hierfür notwendigen Anhaltspunkte: Der Ursprungsname des Professors, der Titel seines verschollenen Buches und die Kenntnis der Örtlichkeit, wo es heute möglicherweise aufbewahrt ist.

Nachforschungen in dieser Richtung verliefen jedoch bisher ergebnislos.

Ein Mantel des Schweigens

Ein chinesischer Agenturbericht aus dem Jahr 1995 brachte mir die Baian-Kara-Ula-Legende erneut in Erinnerung. Zwei Boulevardblätter aus Deutschland und Österreich (»Bild« und »Täglich Alles«) veröffentlichten damals, fast zeitgleich, eine Meldung, wonach Anthropologen der Volksrepublik China kürzlich 180 noch lebende Angehörige einer bislang unbekannt gewesenen Volksgruppe in zwei Orten der Provinz Sichuan entdeckt hätten. Was die Sache für mich so interessant machte, war der Umstand, daß es sich bei diesen Leuten um durchweg kleinwüchsige Menschen handelte. Keiner dieser Erwachsenen wäre größer gewachsen als etwa 1,15 Meter; der kleinste Bewohner messe gar nur 63,5 Zentimeter. Entsprechend »mini« hätten diese Leute auch ihre Umwelt gestaltet, schrieb die Autorin des Artikels – Lucretia Williams. Unter dem Titel »Das chinesische Dorf der Zwerge« berichtete sie weiter, daß die Bewohner der beiden Ansiedlungen ausschließlich mit Kinderfahrrädern unterwegs seien und ihre Dörfer zudem im »Puppenhaus-Stil« errichtet hätten: Kleine Türen, niedrige Stufen, kurze Betten usw.. Experten stünden – was den extremen Kleinwuchs beträfe – vor einem Rätsel. Im Normalfall, stellten sie fest, würde nur eines von 20 000 Neugeborenen mit einer vererbten Wachstumsstörung geboren werden. Manche Forscher in China vermuteten deshalb, daß Umweltgifte schuld am Zwergwuchs sein könnten, während andere Wissenschaftler in der Volksrepublik der Ansicht seien, daß ein besonderes Gen das normale Wachstum verhindert habe.

Diese Meldung allein hätte mich aber keineswegs veranlaßt, der ungewöhnlichen chinesischen Quelle übertriebene Aufmerksamkeit zu schenken, doch war ich von meinem US-Informanten Walter Motloch zusätzlich darüber informiert worden, daß diese kleinwüchsigen Menschen ursprünglich aus der Gegend von Baian-Kara-Ula gekommen seien und sich erst später in die Provinz Sichuan angesiedelt hätten.

Gab es hier womöglich überraschende Zusammenhänge mit der Tausende Jahre alten Legende über das geheimnisvolle Volk der Dropa?

Über meinen Briefpartner erfuhr ich später auch die genauen Bezeichnungen der Orte, in denen die Zwergenmenschen leben. Es handelt sich um die beiden Dörfer Huilong (nahe der Stadt Jianyang) und Zizhong. Letztere Ortschaft liegt 200 Kilometer ostwärts von Huilong, südlich der Stadt Chengdu). Während aber Huilong nur mehr an die 60 Einwohner beherbergt, leben in Zizhong immerhin noch 120 Angehörige dieses zwergwüchsigen Volksstammes.

Ein weiterer Bericht der betreffenden chinesischen Nachrichtenagentur schien jedoch bald die körperliche Abnormalität der Dorfbewohner aufzuklären. Wurde doch gemeldet, daß es chinesischen Ärzten inzwischen gelungen sei, die eigentliche Ursache des Kleinwuchses dieser Leute festzustellen: Eine dort im Trinkwasser auftretende hohe Konzentration von Quecksilber.

Diesem offenbar offiziellen medizinischen Forschungsergebnis chinesischer Fachleute widersprach jedoch umgehend der in München ansässige Toxikologe Dr. Norbert Felgenhauer. In seiner Replik meinte er:

»Quecksilber führt zu Störungen im zentralen Nervensystem, schädigt Magen, Darm und Nieren. Je nach Dosierung kann auch der Tod eintreten. Auf keinen Fall kann Quecksilber-Aufnahme eine Veränderung der Chromosomen bewirken, das be-

deutet: Quecksilber wirkt sich nach westlichen Erkenntnissen nicht auf das Wachstum aus.«

Unabhängig davon ließ mich mein Informant Walter Motloch wissen, daß inzwischen in einer Tageszeitung in Shanghai gemeldet worden sei, daß die chinesische Lokalverwaltung für das Dorf Huilong Gelder bereitgestellt hätte, um dort eine neue Anlage zur Trinkwasserversorgung zu errichten.

Alle diese recht widersprüchlichen Angaben machten mich neugierig. In mir erwachte der Wunsch, ein weiteres Mal nach China zu reisen, die dort in der Provinz Sichuan angesiedelten Zwergbewohner aufzusuchen und nach ihren historischen Wurzeln zu befragen.

Mit meinem vormaligen Co-Autor Hartwig Hausdorf war ich schnell einig. Wir wollten es gemeinsam noch einmal versuchen. Er nahm Kontakt mit der Chinesischen Botschaft in Bonn auf, um sich dort über die Einreisebedingungen in die Provinz Sichuan zu erkundigen. Aber sein Schreiben blieb, trotz Reklamation, unbeantwortet. Also startete ich in Wien einen zweiten Versuch. Ich schrieb am 12. März 2001 an die Kulturabteilung der chinesischen Botschaft in Wien und bat den zuständigen Kulturattaché um eine Audienz. Sie wurde mir zu meiner Genugtuung binnen kurzem gewährt. Auf diese Weise erhielt ich die Gelegenheit, Herrn Bai Yang über mein nicht alltägliches Anliegen zu informieren. Der Botschaftsrat (das ist der offizielle Titel des Kulturattachées) empfing mich überaus freundlich und versprach mir nach längerem Gespräch, sich für meine Sache zu verwenden. Er zeigte sich durchaus willig, die zuständigen Stellen in seiner Heimat über mein Ansinnen, gemeinsam mit meinem deutschen Buchpartner die Provinz Sichuan zu bereisen und dort den zwergwüchsigen Volksstamm zu besuchen, entsprechend zu informieren.

Es dauerte geraume Zeit, bis sich Herr Bai Yang wieder bei mir meldete. Zu meinem Leidwesen teilte er mir mit, daß seine Anstrengungen, für mich eine Einreise in die Provinz Sichuan zu erwirken, vergeblich gewesen seien. Er gab mir dann aber den tröstlichen Ratschlag, es nochmals bei der österreichischen Botschaft in Peking zu versuchen, da dort vielleicht größere Erfolgsaussichten bestünden, die chinesischen Behörden günstig zu stimmen.

Also schrieb ich am 16. Oktober 2001 an den österreichischen Botschafter in China, Dr. Erich Buttenhauser.

Ich stellte mich und meine berufliche Tätigkeit als Sachbuchautor erst einmal vor, schilderte ihm mein Anliegen, und bat Dr. Buttenhauser, für mich bei den zuständigen chinesischen Stellen für mein Anliegen zu intervenieren.

Zwei Monate lang herrschte Funkstille zwischen Peking und Wien. Fast hatte ich schon resigniert – da erhielt doch noch ein Lebenszeichen aus China.

Am 17. Dezember 2001 faxte mir der Erste Botschaftssekretär Mag. Christoph Meyenburg folgende Antwort:

»Sehr geehrter Herr Krassa! Gestatten Sie, daß ich in Vertretung von Botschafter Dr. Buttenhauser – er befindet sich derzeit auf Dienstreise – Ihr Schreiben vom 16. Oktober beantworte, welches bedingt durch den österreichisch-chinesischen Postlauf leider erst recht spät an der Botschaft einlangte …

Im Zusammenhang mit der – laut Beilage Ihres Schreibens wohl aufgrund von Umweltschädigungen verursachten – Zwergpopulation in der Provinz Sichuan kann die Botschaft allerdings leider aufgrund fehlender Informationen keine Auskunft erteilen.

Auch eine Befassung der chinesischen Behörden zwecks Informationsbeschaffung ist nach Erfahrung der Botschaft wegen des problematischen Charakters der Anfrage (durch schwere Umweltschäden verursachter Zwergwuchs der Dorfbewohner!) im vorliegenden Fall nicht zielführend, da eine Antwort nicht erfolgen würde und auch mit einer ernsthaften Verstimmung der chinesischen Behörden gerechnet werden müßte …

Mit freundlichen Grüßen,

Mag. Christoph Meyenburg (Erster Botschaftssekretär)

Diese Mitteilung war für mich höchst unbefriedigend. Ich hatte den unbestimmten Eindruck, daß die chinesischen Behörden offenbar nicht bereit waren, ausländischen Interessenten den Zugang zu jenen 180 Bewohnern der beiden Zwergansiedlungen Huilong und Zizhong zu ermöglichen. Soll hier irgend etwas vertuscht werden? Hat man deshalb den »Mantel des Verschweigens« über diese höchst merkwürdige Geschichte gebreitet? Verbirgt sich dahinter womöglich eine Weltsensation? Gibt es tatsächliche Zusammenhänge zwischen den von den chinesischen Behörden von ihrer Umwelt bewußt isolierten Angehörigen eines weitgehend ausgestorbenen Volksstammes und jenen kleinwüchsigen Wesen, die uns in der Baian-Kara-Ula-Legende begegnen? Handelt es sich bei den Zwergbewohnern der Provinz Sichuan um Nachkommen *außerirdischer Havaristen*, die vor 12 000 Jahren in Chinas Bergwelt strandeten?

Alle diese provokanten Fragen harren einer klärenden Antwort aus China. Werden wir sie jemals erhalten?

Expedition nach Baian-Kara-Ula

Man soll niemals aufhören zu hoffen. Dieser Grundsatz sollte allgemein zur Maxime erhoben werden. Denn wie sich zeigt, ist auch in China der Forscherdrang, ungeklärte Rätsel aus dem wissenschaftlichen Bereich – selbst im Abstand von mehr als sieben Jahrzehnten – irgendwann einer zufriedenstellenden Lösung zuzuführen, durchaus intakt.

Jedenfalls plant das in der Volksrepublik herausgegebene Magazin »China Daily«, gemeinsam mit einer Reihe von mehreren dort erscheinenden großen Printmedien, in nächster Zeit eine von renommierten Wissenschaftlern geleitete Expedition zu finanzieren. Sie soll den Spuren jener chinesischen Unternehmung folgen, die im Jahr 1938 mehrere Anthropologen um Professor Chi Pu Tei in das Gebiet von Baian-Kara-Ula geführt hatte. In Höhlengräbern waren dort damals die sterblichen Überreste kleinwüchsiger Wesen aufgefunden worden. Fälschlicherweise hatte man sie dann im Nachhinein als unbekannte Gebirgsaffenart klassifiziert.

Weit mehr noch rätselte man aber damals über die Bedeutung von Grabbeigaben, die man jedem einzelnen Verstorbenen mitgegeben hatte: 716 aus Granit gefertigte Scheiben. In ihrer Größe ähnelten sie auffallend dem Aussehen von modernen Langspiel-Schallplatten. Jeder einzelne Diskus besaß in der Mitte ein etwa fingerdickes, kreisrundes Loch, von dem eine runenartige Schrift rillenförmig zum Rand der Scheibe führte. Sie war in das Material des Artefakts eingeritzt worden.

Chi Pu Tei bezifferte 1938 das Alter der Zwergskelette und der granitenen Grabbeigaben auf 12 000 Jahre. Dieser Einschätzung schlossen sich 1962 auch Professor Tsum Um Nui sowie seine vier Akademie-Mitarbeiter vollinhaltlich an.

Bei einem am 7. Juli 2002 erfolgten Interview der Chefredakteurin des »City Weekly Magazine« (der größten in China erscheinenden englischsprachigen Wochenzeitschrift) mit Hartwig Hausdorf, dem Co-Autor meines 1995 veröffentlichten Buches »Satelliten der Götter« (der für dieses Blatt die Titelstory zum Thema »UFOs und Paranormales in der VR China« verfaßt hatte), stellte sich nunmehr heraus, daß dort derzeit großes Interesse an dem Thema »außerirdisches Leben« besteht. Auch die Frage, ob es möglicherweise in frühgeschichtlichen Zeiten Chinas bereits Kontakte mit fremden, nichtirdischen Intelligenzen gegeben haben könnte, wird hierorts lebhaft diskutiert. In diesem Zusammenhang stößt auch der legendär überlieferte, angebliche Absturz eines extraterrestrischen Raumschiffes im Bereich von Baian-Kara-Ula auf besonderes Interesse. Das nicht nur bei Amateurforschern, Buch- und Zeitungskonsumenten sowie bei interessierten Journalisten. Selbst durchaus etablierte chinesische Wissenschaftler sind, wie es scheint, neugierig geworden, diesem bislang ungelösten Rätsel wieder nachzuspüren und seine Authentizität zu überprüfen.

In den kommenden Monaten wird sich deshalb eine entsprechend ausgerüstete Expedition nach Baian-Kara-Ula begeben, um auch in dieser Sache endlich Klarheit zu gewinnen.

Chinas Wissenschaftler im Alien-Fieber

Nach wie vor scheint China zahlreiche Geheimnisse unter Verschluß zu halten. So erregte am 25. Juni 2002 eine Kurzmeldung der staatlichen Nachrichtenagentur *Xinhua* in westlichen Breiten beträchtliches Aufsehen. Darin wurde von dem Fund einer rätselhaften, 50 bis 60 Meter hohen Pyramide in der westchinesischen Provinz Qunghai berichtet. Neun chinesische Wissenschaftler entdeckten im Inneren des Bauwerkes drei höhlenartige Räume mit dreieckigen Öffnungen sowie nicht näher definierten, rostigen Schrott und eigenwillig bearbeitete Steine und rotgefärbte Röhren, die sowohl in den Berg als auch zu einem nahegelegenen Salzwassersee führen.

Parallel dazu wird in diesem Zusammenhang von alten chinesischen Legenden berichtet, daß dieses Bauwerk am Fuß des Baigong-Berges, der sich etwa 40 km südwestlich von Delingha im Grenzgebiet zwischen der Mongolei und Tibet befindet und aus dem Qaidam-Becken herausragt, einst eine Art Abschußrampe für außerirdische Raumfahrer gewesen sein soll.

Die Forscher wurden in der Folge von einem buchstäblichen »Alien-Fieber« befallen. Ausdrücklich wird in der Agenturmeldung darauf hingewiesen, daß hier zum ersten Mal überhaupt Wissenschaftler ernsthaft diese Theorie zu überprüfen gedenken, die insbesondere von Einheimischen in Umlauf gebracht wurde.

Nördlich des Baigongs befinden sich zwei Seen, die im Volksmund seit jeher als die »Seen der Liebenden« bezeichnet werden. Diese Zwillingsseen besitzen eine recht seltsame Eigenschaft: Einer enthält nämlich frisches *Süß*-, der andere im Gegensatz hierzu *Salz*wasser.

Die sogenannte ET-Struktur befindet sich am Südufer des salzhältigen Gewässers. Wie eine Pyramide ragt dort ein mächtiges – offensichtlich *künstliches* – Denkmal empor. Es enthält jene drei Höhlen mit jeweils dreieckigen Eingängen. Die mittlere Höhle ist die geräumigste. Ihr Boden befindet sich in zwei, die Höhlendecke in acht Meter Höhe. Ihr Durchmesser beträgt etwa sechs Meter. Innerhalb dieser Höhle stieß man auf eine halbförmige Röhre mit einem Durchmesser von 40 Zentimetern, die von der Höhlendecke zum inneren Ende der Höhle führt. Ein weiteres Rohr verläuft direkt im Boden und ist noch zum Teil sichtbar.

Oberhalb der Höhle befindet sich ein Dutzend weiterer Rohre mit einem jeweiligen Durchmesser zwischen zehn und vierzig Zentimetern, die in den Berg hineinverlegt worden waren.

Die gesamte Anlage überraschte die Wissenschaftler vor allem deshalb, weil darin ein hohes Können in bezug auf die angewandte Montagetechnik zum Ausdruck kommt. Sämtliche Röhren sind von einer rot-bräunlichen Färbung, ebenso wie das sie umgebende Gestein.

Nach übereinstimmender Ansicht der Forscher macht die Höhle insgesamt den Eindruck, von intelligenten Wesen angelegt worden zu sein. Ihr Boden ist mit purem Sand bedeckt. Die beiden kleineren Höhlen sind zur Zeit nicht begehbar, da sie eingestürzt sind.

Um die drei Höhlen herum sowie am Ufer des Salzsees befindet sich eine große Anzahl rostiger Teile sowie Röhren mit unterschiedlichem Durchmesser und seltsam geformten Steinen.

Einige der Röhren laufen direkt in einer Ost-West-Ausrichtung in den See hinein, der sich in etwa 80 Metern Entfernung befindet. Ihr Durchmesser beträgt teilweise bloß zwei bis 4,5 Zentimeter, und sie weisen die seltsamsten Formen auf. Manche davon sind so dünn wie ein Zahnstocher, dennoch sind sie selbst nach so langer Zeit in ihrem Inneren nicht verstopft. Besonders eigenartig mutet es an, daß es auch Röhrchen gibt, die direkt in den See hineinführen und nur knapp unter dem Wasserspiegel enden.

Laut einer Stellungnahme von Tsin Jianwen, dem Leiter der Öffentlichkeitsabteilung des Governements von Delingha, wurde inzwischen bereits eine erste Analyse des antiken rostigen Materials vorgenommen. Dabei ergab sich ein erstaunliches Resultat: Die Artefakte enthalten 30 Prozent Eisenoxid, eine große Menge Siliziumdioxid sowie Kalziumoxid. Acht Prozent der

Materialzusammensetzung konnten hingegen bislang nicht identifiziert werden.

»Der große Gehalt von Siliziumdioxid und Kalziumoxid kann nur durch eine lange Wechselwirkung zwischen Eisen und Sandstein entstanden sein. Die Röhre müssen also vor sehr langer Zeit hergestellt worden sein«, ist sich der für die Untersuchungen herangezogene Ingenieur Liu Shaolin sicher. »Das uns vorliegende Ergebnis macht die Lage noch rätselhafter«, stimmt Tsin Jianwen inzwischen mit seinem Kollegen überein.

Das Gebiet, in dem diese außergewöhnliche Entdeckung gemacht werden konnte, liegt abseits jeder Zivilisation und ist fast überhaupt nicht bewohnt. Hier gibt es auch keine industriellen Ansiedlungen. Lediglich ein paar Nomaden fristen im Norden des Berges ihr kümmerliches Dasein. Das Klima selbst ist zudem ziemlich rauh und die Luft dünn und sehr klar, ein Umstand, der besonders Phantasiebegabte zu der Behauptung verleitete, daß außerirdische Besucher vor langer, langer Zeit ihren Landeplatz vor allem deswegen hier angelegt hätten, weil sich diese Gegend geradezu ideal für astronomische Beobachtungen eignen würde …

Was inzwischen auch ihre praktische Bestätigung gefunden hat. Nur siebzig Kilometer von der rätselhaften Fundstelle entfernt installierte die *Chinesische Akademie der Wissenschaften* das »Mountain Observatory«.

Das »Alien-Fieber« scheint auch die dort tätigen Astronomen befallen zu haben. Jeder von ihnen weiß über den archäologischen Sensationsfund bestens Bescheid. Yang Ji, einer von ihnen, wird jedenfalls mit der überraschend mutigen Aussage zitiert: *»Die Hypothese von den ET-Relikten ist durchaus nachvollziehbar und wert, näher betrachtet zu werden. Wissenschaft bedeutet nämlich auch, daß bewiesen werden muß, was wahr ist und was sich als falsch erweist.«*

Jetzt muß allerdings erst einmal abgewartet werden, wann man die Forschungsergebnisse veröffentlichen wird. Bislang schweigt man sich in dieser Hinsicht noch aus. Selbst die Namen der an der Expedition beteiligten Wissenschaftler wurden bisher nicht publiziert.

Seit nunmehr drei Jahrzehnten

Die Veröffentlichung dieses Sachbuches über weitere ungelöste Rätsel im alten China stellt für mich gewissermaßen auch ein kleines literarisches Jubiläum dar. Denn vor ziemlich genau dreißig Jahren – im Herbst 1973 – erschien meine erste Publikation über das Reich der Mitte: »Als die gelben Götter kamen«.

Natürlich war ich sehr stolz auf mein Premierenwerk. Wozu noch kam, daß der damals in fast allen Bestsellerlisten obenauf rangierende Autor Erich von Däniken das Vorwort hierfür geschrieben hatte. Unsere Freundschaft (die seit nunmehr über drei Jahrzehnten anhält), hat bis zum heutigen Tag keine Einbuße erfahren und wird sicher und unvermindert weiterbestehen.

Inzwischen kann ich auf insgesamt 23 von mir veröffentlichte Bücher (darunter auch zwei Romane sowie ein Kinderbuch) verweisen. Vier davon (die vorliegende Neuerscheinung mit eingerechnet) hatten die mythologischen Überlieferungen über das Volk der asiatischen »Himmelssöhne« zum Thema. 1984 publizierte ich »... und kamen auf feurigen Drachen«, elf Jahre später – gemeinsam mit Hartwig Hausdorf – »Satelliten der Götter«.

Man soll zwar nie »nie« sagen, doch dürfte mein viertes China-Sachbuch »Sie kamen aus den Wolken« – dem augenblicklichen Stand der Dinge entsprechend – die wohl letzte von mir verfaßte schriftliche Arbeit über Alt-China werden. Deshalb scheint es mir am Platz, am Ende dieser Buchveröffentlichung auch ein paar philosophische Gedanken zu verlieren.

Ich weiß nun nicht, ob es das Phänomen der sogenannten Wiedergeburt wirklich gibt. Die Buddhisten schwören jedenfalls darauf. Sie behaupten steif und fest, schon viele Male und in den unterschiedlichsten Identitäten auf diesem Planeten geweilt zu haben. Auch ich soll angeblich *re*-inkarniert worden sein. Vielleicht sogar schon mehrere Male. So wurde es mir jedenfalls vor zehn Jahren versichert, als ich eine der Palmblattbibliotheken in Südindien besuchte. Sollte diese Behauptung der Wahrheit entsprechen (erinnern kann ich mich daran freilich nicht), dann war ich in jenem *Vor*-Leben ein indischer Priesterschüler.

Ich habe da so meine Zweifel, aber wenn es die im buddhistischen und hinduistischen Glauben verankerte Wiedergeburt tatsächlich geben sollte, dann neige ich gefühlsmäßig eher dazu, irgendwann einmal – ein Chinese gewesen zu sein. Denn mit China, dem vormaligen, legendenumwobenen Reich der Mitte, verbindet mich eine von mir nicht zu leugnende innige Beziehung.

Von Anfang an, seit meiner ersten persönlichen Begegnung mit diesem riesigen Land – im Jahr 1972 –, empfand ich uneingeschränkte Sympathie für den dort lebenden Menschenschlag. Mein großes Interesse für China ist nach wie vor nicht abgeflaut. Ja, es gibt nicht wenige unter meinen Freunden, die mir attestieren, gewisse »chinesische« Merkmale in meinen Gesichtszügen festgestellt zu haben. Ob da bloß die Phantasie mit ihnen durchgegangen ist oder ob sich in meiner Mimik unbewußt meine frühere Identität bemerkbar machen sollte, vermag ich nicht zu sagen. Sicher ist für mich nur eines: daß mich die Wesensart der Chinesen seit jeher faszinierte und darüber hinaus zu animieren vermochte, mich auch mit der rätselhaft anmutenden Vorgeschichte dieses Landes zu befassen.

Es überrascht mich keineswegs, daß ausgerechnet Chinas Werdegang von einem Schleier des Geheimnisses umhüllt zu sein scheint. Daß man dort lange Zeit in besonderer Weise bemüht war, sich vom Rest der Welt zu distanzieren. Dazu diente letztlich auch die Errichtung der berühmten »Großen Mauer«. Sie schützte das Land vor unwillkommenen Eindringlingen.

Das alte China erscheint uns modernen Menschen wie eine schon seit langem versunkene Welt. Dennoch sollten wir uns davor hüten, seine einstige Existenz zu vergessen. Seinen klugen Köpfen verdanken wir nämlich heute große Teile unseres globalen und kosmischen Wissens.

Ich habe mich auf den vorangegangenen Buchseiten bemüht, alles so anschaulich wie möglich darzustellen. Ob es ausreichend gelungen ist, muß jeder Leser für sich selber beurteilen. Für meine ambitionierten Bestrebungen habe ich mir eine alte chinesische Weisheit zum Leitspruch erwählt, die da lautet:

»Fürchte dich nicht vor dem langsamen Vorwärtsschreiten,
fürchte dich nur vor dem Stehenbleiben.«

Danksagung

Ein belletristisch tätiger Schriftsteller hat es in gewisser Weise etwas leichter. Ihm genügt es, seinen Pegasus auf den Weiden der Phantasie grasen zu lassen, um ein schöpferisch anspruchsvolleres Werk in die Wege zu leiten. Bei einem Sachbuchautor läßt sich solches nicht so einfach in die Tat umsetzen. Denn der benötigt – um eine entsprechend detailgerechte Publikation zu veröffentlichen – unbedingt stichhaltiges Quellenmaterial.

Um es sich zu sichern, bedarf es für ihn vor allem guter und glaubwürdiger Informanten. Ich habe mich sehr bemüht, mir beides in ausreichendem Maß zu verschaffen, und hoffe, daß mir mein Unterfangen – nebst der Einbringung eigener Erfahrungen – annähernd gelungen ist.

In zwangloser Reihenfolge möchte ich mich deshalb nachstehend bei all jenen Freunden aufrichtig bedanken, die mir wichtige und wertvolle Dokumente für dieses Buch zur Verfügung stellten. Das betrifft sowohl schriftliche als auch illustrative Unterlagen.

Vorweg sei hier mein Freund Hartwig Hausdorf genannt, mit dem ich 1994 verschiedene (damals für Ausländer »verbotene«) Bereiche in der Volksrepublik China besuchen konnte und mit dem ich im Jahr danach gemeinsam das Sachbuch »Satelliten der Götter« veröffentlichte. Er erklärte sich, auf Anfrage von mir, spontan bereit, zu diesem Buch das Vorwort zu verfassen. Dafür sei ihm herzlichst gedankt.

Mein »Dankeschön« gilt gleichermaßen auch meinen Freunden Klaus Dona, Hans-Werner Sachmann, Ekki Steinhäuser, Grazyna Fosar, Franz Bludorf, Jörg Dendl, Walter Motloch und

Reinhard Habeck, die ebenfalls ihr inhaltlich gestaltendes Scherflein zur Niederschrift dieses Buches beigetragen haben. Zu danken habe ich in besonderem Maße auch Adriano Forgione, Herausgeber des italienischen Magazins »Hera«, für sein hervorragendes Bildmaterial aus russischen Quellen, und natürlich meiner lieben Freundin Christa Aldea, die wesentlich dazu beitrug, meine spanische Klausur zu organisieren, wo es mir möglich wurde, wesentliche Abschnitte meines Buchmanuskripts fertigzustellen.

Keinesfalls unerwähnt darf hier auch Erwin Köller bleiben: Er gewährte mir im Rahmen dieser Arbeit jedwede ideelle und materielle Hilfe.

Und schließlich – last but not least – bin ich meinem Freund und Verleger Jochen Kopp einen herzlichen Dankesgruß schuldig. Er ermöglichte es mir, das vorliegende Sachbuch in seinem Verlag zu veröffentlichen.

Peter Krassa

Literaturnachweis

Baur, Adrian (Hrsg.): *Sagen aus China*, Frankfurt/Main 1980

Breuer, Hans: *Kolumbus war Chinese*, Frankfurt/Main 1970

Bürgin, Luc: *Rätsel der Archäologie*, München 2003

Charroux, Robert: *Phantastische Vergangenheit*, München 1966

ders.: *Verratene Geheimnisse*, München 1967

ders.: *Unbekannt – Geheimnisvoll – Phantastisch*, Düsseldorf 1970

ders.: *Die Meister der Welt*, Düsseldorf 1972

ders.: *Vergessene Welten*, Düsseldorf 1974

Chih Fei: *Opening the Gates of Heaven* (in: *China Reconstructs*), Peking 1961

Christie, Anthony: *Chinesische Mythologie*, New York 1964

Cotterell, Arthur/Yong Yap: *Das Reich der Mitte*, Bern/München 1981

Däniken, Erich von: *Erinnerungen an die Zukunft*, Düsseldorf 1968

ders.: *Zurück zu den Sternen*, Düsseldorf 1969

ders.: *Aussaat und Kosmos*, Düsseldorf 1972

ders.: *Meine Welt in Bildern*, Düsseldorf 1973

ders.: *Habe ich mich geirrt?*, München 1985

ders.: *Der Götter-Schock*, München 1992

Dendl, Jörg: *Chinas phantastische Vergangenheit* (in: *G.R.A.L.*-Sonderband 11), Berlin 1998

Drake, W. Raymond: *Spacemen in the Ancient East*, London 1965

Eberhard, Wolfram: *Monumenta Serica – die Lokalkulturen des Südens und Ostens*, Peking 1942

Ferguson, J. C.: *Chinesische Mythologie*, New York 1964
Florenz, Karl: *Japanische Mythologie*, Tokio 1901
Fosar, G./Bludorf, F.: *Gottes Landkarte,* www.fosar-bludorf.com/ural/2002
Fu, Juyou/ Chen, Songchang: *The Cultural Relicts unearthed from the Han Tombs at Ma Wang Dui*, Changsha 1992
Giles, Herbert: *Spuren der Luftfahrt im alten China* (in: *Astronomische Zeitschrift*, Nr. 9), Hamburg 1917
Grünwedel, Albert: *Mythologie des Buddhismus in Tibet und in der Mongolei*, Leipzig 1900
Guter, Josef (Hrsg.): *Chinesische Märchen*, Frankfurt/Main 1973
Hausdorf, Hartwig: *Die weiße Pyramide*, München 1994
ders.: *Chinesische Expedition nach Bayan Kara Ula* (in: *Sagenhafte Zeiten*, Nr. 5), Bonstetten 2002
ders.: *Chinas Pyramiden* (in: *Magazin 2000plus*, Nr. 175), Marktoberdorf 2002
Hausdorf, Hartwig/Krassa, Peter: *Satelliten der Götter*, München 1995
Hennig, Richard: *Beiträge zur Frühgeschichte der Aeronautik* (in: *Jahrbuch des Vereines deutscher Ingenieure*, Band 8), Berlin 1918
ders.: *Zur Vorgeschichte der Luftfahrt* (in: *Jahrbuch des Vereines deutscher Ingenieure*, Band 18), Berlin 1928
Kohlenberg, Karl F.: *Enträtselte Vorzeit*, München 1970
Kolosimo, Peter: *Woher wir kommen*, Wiesbaden 1972
ders.: *Unbekanntes Universum,* Wiesbaden 1976
Krassa, Peter: *Phantome des Schreckens,* Wien 1980
Krassa, Peter: *Als die gelben Götter kamen*, München 1973
ders.: *... und kamen auf feurigen Drachen*, Wien 1984
ders.: *Tunguska*, Frankfurt/M.-Berlin 1995
Krassa, Peter/Habeck, Reinhard: *Das Licht der Pharonen*, München 1992
dies.: *Die Palmblatt-Bibliothek,* München 1993
Laufer, Berthold: *The Prehistory of Aviation*, Chicago 1928
Legge, James: *The Chinese Classics*, Hongkong 1960

Needham, Joseph: *Monumentale Geschichte der Wissenschaft in China*, Cambridge 1954
Olschak, B. C.: *Tibet: Erde der Götter*, Zürich 1960
dies.: *Stufenwege der Erleuchtung*, Basel 1967
O. V.: *Mysteriöses Röhrensystem – von ETs erbaut?* (in: *Sagenhafte Zeiten*, Nr. 5), Groß-Gerau 2001
O. V.: *Forscher inspizieren Ufo-Startrampe* (in: *Spiegel Online*), Hamburg 2002
Sachmann, H.-W.: *Die Sache mit dem »China-Walkman«* (Sonderdruck, in: *Sagenhafte Zeiten*, Nr. 5), Groß-Gerau 2001
Schafer, Edward: *China – das Reich der Mitte*, Reinbek/Hamburg 1971
Shi Bo: *UFO-Begegnungen in China*, Berlin 1997
Simbriger, Heinrich: *Geheimnis der Mitte*, München 1961
Stumpf, Hans E.: *Das Abenteuer der biblischen Forschung*, Wiesbaden 1966
Temple, Robert K. G.: *Das Land der fliegenden Drachen*, Bergisch-Gladbach 1990
Waley, Arthur: *Lebensweisheit im alten China*, Hamburg 1952
Xia Nai: *Essays on Archaelogy of Science and Technology in China*, Peking 1979

Register

R

S

T

W

X

Y

Z

Eine hochaktuelle Neuinterpretation des beunruhigenden Dritten Geheimnisses von Fatima – und ein Blick hinter die Kulissen des Vatikans!

1917, im Schicksalsjahr des 20. Jahrhunderts, erschien drei Hirtenkindern im Hochland von Portugal die Madonna mit einer Botschaft der Warnung und einer eindrücklichen Mahnung zur Umkehr.
Detailliert sagte sie Aufstieg und Fall des Kommunismus, den Ausbruch des Zweiten Weltkriegs und das Attentat auf den Papst voraus. In einem »dritten Geheimnis«, das erst im Jahre 2000 vom Vatikan veröffentlicht wurde, sahen die Seherkinder eine Welt in Trümmern, einen vernichtenden Anschlag auf die Spitzen der Kirche durch die Feinde des christlichen Glaubens. Eine symbolische Vision von einem gottlosen Jahrhundert oder eine konkrete Warnung vor einem Ereignis der Zukunft?
Minutiös rekonstruiert der Historiker und Vatikan-Journalist Michael Hesemann die Ereignisse von Fatima. Detailliert zeigt er auf, wie sie die päpstliche Geheimpolitik im 20. Jahrhundert beeinflußten – und letztendlich zur Öffnung des Eisernen Vorhangs, zur Wiedervereinigung des gespaltenen Europas, beitrugen. Der Papst selbst ist überzeugt, von Fatima inspiriert, zum Instrument göttlicher Vorsehung geworden zu sein.
Jetzt versucht Johannes Paul II. alles, um auch den letzten Wunsch Mariens zu erfüllen – nach Moskau zu reisen und die Christenheit des Westens und des Ostens miteinander zu versöhnen. Nur durch eine Erneuerung des Glaubens, so hatte sie erklärt, könne die Welt vor einer drohenden Katastrophe, einem neuen großen Krieg, bewahrt werden. Doch die Zeit, die ihm dazu bleibt, wird knapp …

gebunden
320 Seiten
zahlreiche Abbildungen
ISBN 3-930219-44-1
19,90 EUR

KOPP VERLAG
Graf-Wolfegg-Straße 71
D - 72108 Rottenburg
Telefon (0 74 72) 9806-0
Telefax (0 74 72) 9806-11
Info@kopp-verlag.de
http://www.kopp-verlag.de